赢聚力

团队从管理策略到场景沙盘

何立 编著

化学工业出版社
·北京·

本书从“团队管理，赢在人心”入手，主要介绍了打造卓越的团队、创建共同的团队愿景、构建良好的团队关系、实施有效的团队激励、锻造非凡的团队领导力、培养优秀的团队成员、进行有效的团队沟通等方面的内容。

本书立足于管理心理学、社会心理学、人才测评学与人力资源管理学的理论精华，通过对理论、实践、故事与案例的综合介绍分析，可以帮助读者更好地基于心理学理论来理解团队管理行为，真正了解管理与人性的关系。

图书在版编目（CIP）数据

赢聚力——团队从管理策略到场景沙盘/何立编著. —北京：化学工业出版社，2018.6

ISBN 978-7-122-31889-3

Ⅰ.①赢… Ⅱ.①何… Ⅲ.①组织管理学 Ⅳ.①C936

中国版本图书馆CIP数据核字（2018）第065462号

责任编辑：陈　蕾　　　装帧设计：尹琳琳
责任校对：宋　玮

出版发行：化学工业出版社（北京市东城区青年湖南街13号　邮政编码100011）
印　　刷：三河市延风印装有限公司
装　　订：三河市宇新装订厂
710mm×1000mm　1/16　印张$13^{3}/_{4}$　字数239千字　2018年8月北京第1版第1次印刷

购书咨询：010-64518888（传真：010-64519686）　售后服务：010-64518899
网　　址：http://www.cip.com.cn
凡购买本书，如有缺损质量问题，本社销售中心负责调换。

定　价：58.00元　

前 言

中国兵法有云："攻心为上，攻城为下""不战而屈人之兵"。当今无数实例也证明，优秀的企业管理者无不是个"世事洞明、人情练达"的心理学实践专家。在当今企业内部和外部竞争环境不断变化的背景下，企业的管理层需要不断优化管理方式，增强团队领导力，凝聚人心，提高管理成效和团队效能，才能抓住机遇，迎接挑战，立于不败之地。

"管理人心，征服人心"是最好的管理方法。高效的管理，既要管控绩效与成本，又要顺应人心，激发员工发自内心的信念和动力，以增强他们敬业专注的驱动力！所以，心理管理是一种最为根本的人力资源管理方式。人的心智是比市场和技术更为重要的企业资源。它有助于调动人的积极性，改善组织凝聚力和管理绩效，提高工作生活质量，建立健康的组织内人际关系，达到提高团队管理质量和企业效益的目的。

目前，对于如何凝聚人心、认同愿景，许多管理者仍感到困难重重。针对这种情况，编著者与一批具有丰富理论和实践经验的心理专家进行深入研讨，通过本书将为您详细解读"带出高效能团队、实现职场飞跃"的心理管理秘诀，分享在理论与实践中的宝贵心得以及管理案例。本书期望通过在专业领域的研究和探索，针对"经理人如何运用心理技能带好团队的问题"，弥补企业战略与制度落地缺失的关键一环——人心管理问题。本书将从心理管理方法与艺术、团队愿景、和谐团队人际关系、管理者影响力、心理管理艺术、心理沟通和辅导等多个角度，全面介绍管理团队中的心理管理技能、方法和工具，以提高管理者的个人魅力和领导力，帮助管理者带好团队，推动企业战略，获得员工的真心拥护和用心执行，最终提升整个团队的凝聚力和绩效水平。

本书从团队管理，赢在人心入手，分为打造卓越的团队、创建共同的团队愿景、构建良好的团队关系、实施有效的团队激励、锻造非凡的团队领导力、培养优秀的团队成员、进行有效的团队沟通七章进行讲述。

本书的写作风格，力求兼顾理论与实务，关键是讲清楚"是什么"和"怎么做"的问题，而较少谈"为什么"的问题。所以，本书立足于管理心理学、社会心理学、人才测评学与人力资源管理学的理论精华，通过对理论、实践、故事与案例的综合介绍，努力使理论部分与实务部分达到3∶7的比例。这样既能够保证本书具有一定的专业性，以帮助读者更好地基于心理学理论来理解团队管理行为，又能够保证具有一定的实践性，输出具体的管理技术和管理工具，帮助管理者改善管理行为，发挥本书应有的社会传播价值。

同时，本书与编著者的版权课程《团队心理管理“赢聚力”——从管理策略到场景沙盘》在内容和结构上相辅相成、各有特色，希望本书与版权课程能够为管理实务界注入一些新的理念、策略和方法，帮助读者真正了解管理与人性的关系。

我也深知，管理员工的心理学理论与方法有多种，无法在一本书中阐述完全。所以本书的内容体系将围绕“团队管理”这一主题，结合编著者多年在科研探索和实践经历中总结的问题解决思路，力求通过清晰的主线、简明的理论、具体的方法，实现对团队心理管理策略与实务这一主题的有效突破。不全面之处，还望读者海涵。

在本书的构思和写作过程中，得到了很多良师益友的热情支持和指导。感谢我的导师凌文辁教授、师母方俐洛研究员多年来给予我在心理学理论方面的指导！感谢广东省人力资源研究会秘书长陈国海教授帮助支持的一些心理管理实践项目！感谢深圳课匠堂唐平老师，以及李旭博士、徐旭东老师、胡连新老师、何晓宇老师前期提供的重要理论思路！感谢广州市恒缘企业管理顾问有限公司李振光总经理在前期项目开发方面做出的努力！感谢我的妻子彭莉莉帮助我创造良好的写作环境，安顿好家庭内务！感谢我的女儿何静渊让我在辛苦写作的间隙，得到无比的快乐！感谢身边所有帮助过我，给我指导、关心和支持的各位领导、专家、同事、朋友！

同时，为本书提供资料和帮助的有王建伟、刘春海、刘俊、李洋、李旭升、罗玲、齐艳茹、赵艳荣、何春华、黄美、赵慧敏、郭梅、杨巨云、郑时勇、郭媛媛、郭晓安、黄俊程、梁嘉仪、林显泉、林晓莉、刘金红、宋翔、赵冲稳、周敏、匡仲潇等人。在此，对他们付出的劳动一并表示感谢！

静渊道朴心理工作室首席顾问

广东省人力资源研究会副秘书长

博士

2018年3月

目 录

导读 团队管理，赢在人心

第一章 打造卓越的团队

第二章　创建共同的团队愿景

第三章　构建良好的团队关系

第四章　实施有效的团队激励

第五章　锻造非凡的团队领导力

第六章　培养优秀的团队成员

第七章　进行有效的团队沟通

导读
团队管理，赢在人心

场景导入

小王于三年前入职××公司营销部做销售员，由于自己的努力，加上公司领导的重视与信任，最近刚升为业务部经理。这本是一件高兴的事，可是刚升职的小王，面对自己的团队却有点儿力不从心，不是这个工作情绪不高，就是那个工作效率低下；不是这个想跳槽，就是那个想加薪……总之，每天都会被这些“琐事”所困扰。

这不，周末的时候小王就去向一个老同学请教（这个同学是××公司品管部经理，一年前刚升经理的时候也和小王有着同样的遭遇，可是现在的他却干得如鱼得水），想看看他有没有什么“灵丹妙药”。同学听了小王的倾诉，建议他去参加有关团队管理方面的培训，并说自己当初也是参加了这方面的培训，工作起来才得心应手的。

说来也巧，周一上班后，总经理就找小王谈话，说鉴于公司目前的状况和今后的发展，下周准备聘请一位专家来为大家进行有关团队的建设与管理方面的培训，希望他安排好时间，准时参加培训。

小王从总经理办公室出来，立即着手安排手头事宜。很快新的一周就到来了，这天早上九点，小王和公司同事一起走进了培训室。

大家都落座后，培训师何立博士（后文均称为何老师）在公司领导的陪同下走进来，并作了简单的自我介绍：“大家好！很高兴认识各位，我是这次培训课程的老师，我叫何立，不介意的话，大家可以叫我‘何老师’。在座的各位都是贵公司的精英，今天很荣幸能与各位共同分享与交流有关团队管理方面的知识。”

大家纷纷鼓掌，然后公司的领导也向何老师一一介绍了在座各位的情况。这时，小王高兴地说道：“何老师，您来得太及时了，这段时间，我真是有点焦头烂额，正好趁这个机会跟您好好学习了。”

何老师笑道：“大家共同学习，共同交流。按我个人的经验来说，管人就是管人心，带团队就是带人心。简单地说，团队管理，赢在人心。”

中国兵法有云，“攻心为上，攻城为下”“不战而屈人之兵”。当今无数实例也证明，优秀的管理者无不是个“世事洞明、人情练达”的心理学实践专家。在当今企业内外部竞争环境不断变化的背景下，企业的管理层需要不断优化管理方式，增强团队领导力，凝聚人心，提高管理成效和团队效能，才能抓住机遇，迎接挑战，立于不败之地。

管人就是管人心，带团队就是带人心，这才是最好的团队管理方法。高效的管理，既要管控绩效与成本，又要顺应人心，激发员工发自内心的信念和动机，以增强他们敬业专注的内在驱动力！如何才能管好人心，关键要把握下图所示的四个原则。

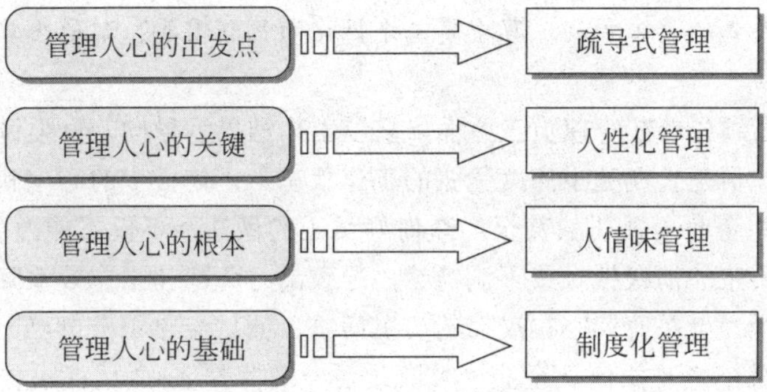

管好人心的四个原则

一、管理人心的出发点——疏导式管理

大禹治水，疏胜于堵。管理人心，更应顺应人心，而不是任意围堵大家的合理诉求。《荀子·王制篇》说：“传曰：‘君者，舟也；庶人者，水也；水则载舟，水则覆舟’。”唐·魏徵《谏太宗十思疏》言：“怨不在大，可畏唯人；载舟覆舟，所宜深慎。”管理团队、管理员工，就要从人的心理发展规律中找到立足点，从人的需求、动机、愿望和意志等方面培养顺应人心、合理引导的管理理念和管理方法，做到理解员工、关心员工、尊重员工、帮助员工，避免使用简单粗暴的惩罚、围堵方式，想员工之所想，以此为管理人心的出发点，就一定能够得到广大员工的真心回馈，提高团队的凝聚力和战斗力。

民意如水，在现代民主思想日渐发展、员工自我维权意识不断加强的背景下，管理层在面对员工的诉求时，如果还采取故作不知或不作为的消极态度，只会让民怨不断积累，由量变引发质变，并可能造成难以控制的局面。

比如，有些企业由于忽视了员工对工作环境或工资福利改善的长期要求，从而引发了破坏性的群体事件，对企业的生产和声誉都造成了不良影响，也给企业造成了较大的直接损失（生产设备破坏）和间接损失（停工影响）。如果这些企业之前注意进行积极沟通，及时听取员工意见，做出适当改变，即使不立即增加工资福利，也能够缓解员工的不满情绪，避免事态的恶化和事件的发生。

二、管理人心的关键——人性化管理

在企业管理和团队管理中，人性化的管理方式要以完善的规章制度为基础，将人性管理融入制度管理中，使每一位员工能够在公平完善的规章制度指导下，既能感受到制度的约束性，也能体会到制度的人情味，从而更好地认同企业的文化，遵守企业的规范，这就是人性化管理希望达到的状态。

比如，一些企业利用下班后的休闲时间，组织一些励志活动或员工生日晚会，或设计自助餐式的员工福利，尊重员工个性化的福利需要，都是比较有效的人性化管理方式。

如果团队领导者在管理员工方面，只以工作结果为导向，只强调高效率、高绩效，就会让员工长期处于高度紧张的工作状态下，使员工的心理和情感需求被压制。而一些企业动辄罚款甚至当众侮辱员工的做法，不仅不能改善管理效果，而且会引发员工的消极抵触或不满情绪，导致离心离德和工作效率降低的不利结果。对于一个“身在曹营心在汉”的员工而言，他只会忠实于自己，缺少对企业的忠诚，并时刻想着如何从企业“吸取最后一滴营养”，之后谋求更好的发展平台。这些“心不在焉”的员工，将成为企业的负累和隐患。

三、管理人心的根本——人情味管理

管理人心，关键要让管理富有“人情味”，要做到“己所不欲，勿施于人”。《孟子·离娄下》道：“君子以仁存心，以礼存心。仁者爱人，有礼者敬人。爱人者，人恒爱之；敬人者，人恒敬之。”所以，管理者对员工表示“仁”，是一种将心比心、推己及人的共情精神，也是一种管理赋能的力量，这必将得到员工对等甚至超额的回报。因此，应换位思考，更不能将自己的喜好强加于员工身上。

比如，在有些企业里，由于办公条件的限制，只能提供经理人员的工作餐厅，而让其他普通员工自谋午餐。这时不妨由公司出面，帮员工在外面集体采购工作餐，就是一个很好的换位思考解决方案。

四、管理人心的基础——制度化管理

人性化管理，并不等于任性化管理。对于现代企业，发展战略、组织结构和规章制度是企业立足的根基。所谓“没有规矩，不成方圆”，就说明了规范和制度的重要性。如果企业缺乏制度管理和严格考核，就脱离了人性化管理的根基，让企业管理走向随意化和人治化，其结果就会越发不公平、不近情理，让少数人得利、多数人受害。所以我们不要把人性化管理当作一个“大箩筐”，把什么管理思想都往里面装，其结果只会破坏人性化管理的理念和目标。

事实上，人性化管理是指在严格的制度管理中，融入“人性”和“柔性”的一面，把对人的管理和对物的管理区别开，以制度约束人，以真情感化人，才能既引导好员工的正确工作方向，又能发挥员工的积极性和创造性，让企业保持旺盛的生命力和活力。所以人性化管理，本质上是一种刚柔相济的管理。

人物简介

培训讲师：何老师，企业培训讲师、人才测评师、全国人才专业能力测评（EST）EAP高级讲师，是一位企业管理（人力资源管理方向）博士、应用心理学硕士、人力资源管理师，专注于管理心理学领域的研究与实践，将心理学理论在人力资源管理及企业管理中加以应用，在团队心理管理、人才评价、员工自我管理、职业素养发展等方面，具有深入的研究和丰富的实践。

受训对象：营销部的王经理、人力资源部的苏经理、品控部的黄经理、研发部的沈经理、财务部的朱经理、生产部的廖经理、采购部的方经理、物流部的曾经理、设备部的杨经理，以及部分优秀主管和副主管等人员。

第一章
打造卓越的团队

场景导入

短暂的休息后，何老师再次与大家回到培训室。

何老师："在座的各位，都是各部门的负责人，都是团队的带头人，那我想问一下大家，你们对团队是如何理解的？"

人力资源部的苏经理首先发言："我觉得团队是由员工和管理层组成的一个共同体，它合理利用每一个成员的知识和技能协同工作，解决问题，达到共同的目标。"

"不愧是做人力资源的，苏经理的解释很正确。"何老师说道，"当今的世界是一个合作的世界，作为一名企业的员工，单凭个人力量是无法完成大规模的项目的。企业的命运和利益包含着每一个员工的命运和利益，没有哪个员工可以使自己的利益与企业相脱节。只有整个团队获得更多利益，个人才有希望得到更多利益。因此，每个员工都应该具备团队精神，融入团队，以整个团队为荣，在尽自己本职工作的同时与团队成员协同合作。

什么叫团队？也许狼群能够给我们更加恰当的阐释。一群狼在一起，具备团队精神的很多明显特征：

一是团结合作；

二是分工明确；

三是领导示范；

四是利益共享。

拥有这四种团队合作的要素，能使狼群常常无往而不胜。一个团队如果想要有效合作，共创大业，也必须具备以上四大要素，否则，就构不成完美的团队。"

第一节　组建真正的团队

所谓团队，就是一群人以项目或任务为导向，成员之间同心协力，用群体的智慧结合成巨大的创造力，高效地实现团队共同的目标。美国著名的管理学教授、组织行为学权威专家斯蒂芬.P.罗宾斯的解释为："团队就是由两个或者两个以上的相互作用、相互依赖的个体，为了特定目标而按照一定规则结合在一起的组织。"

一、团队的定义

团队的通俗定义是什么呢？顾名思义，即"团队就是团结的队伍"。也许这样的定义太直白，但确实能表述出一个团队最重要的特征，那就是一个团队首先要团结。没有团结就没有团队，团结就是力量。人与人的经历不同，追求不同，人生观、价值观也不同，因此将一群人团结起来，建立一个团队不是件很容易的事情，那么建立一个高效率的团队就更难了。

西游智慧

《西游记》中唐僧的团队堪称为真正的团队。他们有共同的目标，那就是要取到真经。唐僧这个领导者虽然没有什么能力，但他目标坚定、品德高尚；三个成员之间也是各有本领、各显神通、各尽所能。在取经途中，他们相互磨合、相互信任；有了矛盾相互沟通，共同寻求解决办法；有了困难，团队成员之间分工协作，精诚合作，同时又有观音菩萨这个"外部资源"的大力支持。最后，终于战胜了困难，取得了真经。

在这个团队中，唐僧的使命感很强，是一个目的性很强的人，目标明确，就是去西天取经。唐僧这样的领导不一定要会说话，以慈悲为怀，这样的领导很多企业都有。孙悟空呢？能力很强，品德很好，但是缺点也很明显，企业对这样的人是"又爱又恨"，这样的人才每个企业都有，而且有很多。猪八戒呢？好吃懒做，一个企业没有"猪八戒"是不正常的。沙僧呢？认真踏实，挑担牵马，八小时工作制，这样的人也有很多。

这是一个平凡的团队，这是严格创造的团队，然而正是因为这个平凡的团队历经了九九八十一难，才取到了真经，历练成了真正的团队。

那什么是团队呢？团队就是有两个或两个以上，相互依赖的，遵守共同的规则，具有共同的愿景，愿意为共同的目标而努力的互补技能成员组成的群体，通过相互的沟通、信任、合作和承担责任，产生群体的协作效应，从而获得比个体成员绩效总和大得多的团队绩效。

二、团队的特征

现在的组织常把“团队”这个词挂在嘴上，但绝大多数的管理者都遗忘了团队的真正意义。一个团体一定要具备下图所示的七种特性，才能算是真正的团队，也才能发挥最大的作用。

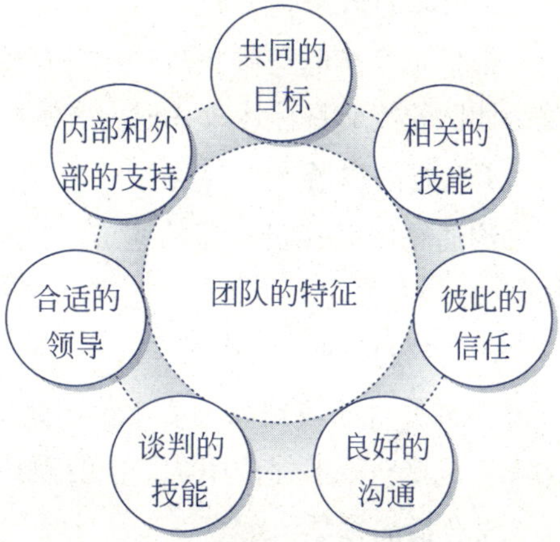

团队的特征

1. 共同的目标

团队是为实现共同的目标而组成的群体，其目标必须符合SMART原则，具体如下图所示。

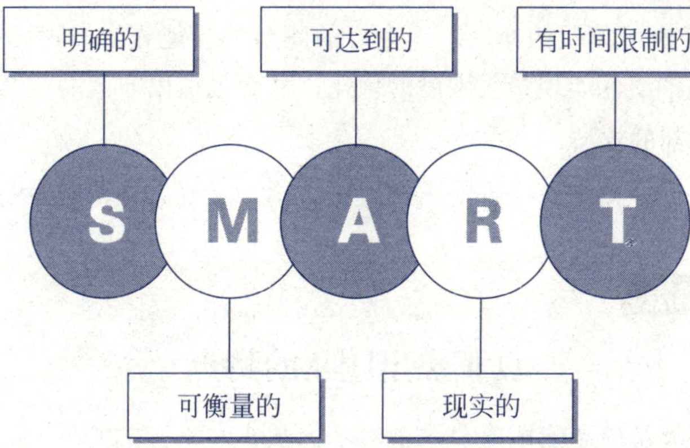

SMART 原则

组建团队的目标是什么？这个很重要，因为目标就是方向。组建每个团队都是为完成一定的目标或使命。没有目标的团队就没有存在的意义，或者说没有目标的团队根本称不上是一个团队。

2. 相关的技能

团队成员必须具有互补技能，这样才能相互协作，发挥各自的优势，努力实现共同的团队目标。

博士观点

并不是所有最强的人组合在一起就能组成一个最强的团队，团队成功的关键在于充分发挥整体优势，这就需要团队中的成员做到优势互补，实现整体大于局部之和。

3. 彼此的信任

信任是合作的基础和前提，只有相互信任的团队，才能最大限度地相互协作。整个团队若能对目标达成共识，这就是成员彼此信任的第一步。

4. 良好的沟通

沟通是团队成员协作的通道，只有良好的沟通，才能保证团队成员间良好的协作。

5. 谈判的技能

能言善辩的谈判高手能够给团队争取合理的资源和项目范围，以及团队内外的支持。这些能够保证团队工作的顺利进展和目标的实现。

6. 合适的领导

我们不能强调个人的作用，但我们也不能忽略个人的作用。领导是团队的精神领袖，只有合适的领导才能带领团队英勇奋战。一个好的团队领导对于建设高效率的团队有着不可替代的作用。一个好的团队领导能充分发挥团队中每个成员的优势，使团队的资源实现最大限度的优化，从而创造出非凡的业绩。

7. 内部和外部的支持

一个杰出的团队既要有合理的内部组织结构，又要有外部资源的支持。

相关链接

真正杰出团队的特点

目前很多成功的企业不是靠一个人单打独斗就能够实现的，而是更多地依靠团队的力量来实现的。但是知道团队合作的重要性，却未必知道真正的团队合作应该是怎样的。真正杰出的团队具有以下七个特点。

1. 杰出团队有一个领导

团队成员无论是来自同样的组织或者是从不同的组织中挑选出来的，都必须有一个被任命或者公认的团队领导者。只有优秀的团队领导才能打造杰出的团队。

2. 杰出团队有可计量的目标

团队的每一个成员应真正明白这个团队要实现的目标。当团队的目标被客观地测评时，这种精确的感觉是可能的。这也意味着团队目标必须被量化而非模糊性的。比如“建立更好的客户关系”的目标太模糊；相反，“提高50%的回头率”就是精确的，也是可以理解的。

3.杰出团队有界限清楚的目标

每一个团队成员都应该确实知道他们每天的工作是什么，以至于团队可以实现他们的目标。没有精细的分类，团队成员很容易在工作中互相误解，以及互相限制。

团队成员的交叉角色应该在开始行动之前就仔细想清楚，这样，他们可以更加精确地随着团队前进。

4.杰出团队分享资源

团队要取得成功，成员必须愿意分享他们手中的任何资源，这些资源是团队实现目标所需要的，包括物质资源（如资金、材料、办公室空间、计算机等），也包括精神和情感上的资源（如主意、建议、激情和鼓励等）。如果团队成员自己积聚，团队就会被弱化，甚至走向失败。

5.杰出团队可以有效沟通

取决于目标和时间框架，团队成员必须至少一周开一次会议。如果必要，可以增加会议次数。更重要的是，团队沟通是创造和提升团队精神及企业文化，完成共同愿景的主要途径和工具。通过沟通，让每个团队成员都了解团队的现存问题、工作进展等。

6.杰出团队是百分之百献身的

献身需要通过团队成员的行为来表达。他们乐意并且能做团队实现目标需要做的一切。虽然杰出团队是百分之百献身的，尽管如此，他们却不是被迫的，任何成员都不应该为了团队牺牲他们的私人生活。事实上，当团队成员私人生活不能平衡时，他们不可能在行为上表达一致性。

7.杰出团队没有强大的自我

强大的自我在很多商业情况下是好事，但在团队内部却不是这样。因为一个团队要有效工作，团队中的个体必须使自我得到控制，并且使团队本身和团队目标比单个成员或者个人贡献更加重要。

当然，任何习惯都不是自然产生的，但是我们需要培养这样的文化，才能帮助团队发展。如果团队成员在心里都有这样的意识，就会比那些定期聚会，抱乐观希望的团队更容易成功。说比做更加容易，其实任何成功都不是轻而易举就可以得到的。

三、组建团队的条件

团队，是以更有效果、更有效率完成某项工作为目的而组建的一个群体。然而，怎样才能把一个团队组建好呢？下图所示的是组建一个团队的必要条件。

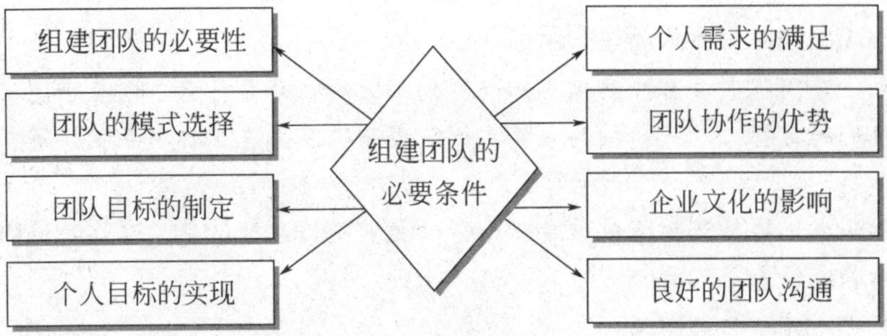

组建团队的必要条件

1.组建团队的必要性

也许，你所在的公司或所在的部门形态决定了你的团队根本就没有必要组建一个团队。如果，你发现你的同事或团队的其他人只是来“分享”这份“美好的午餐”，那么你组建的这个团是失败的。你要想组建好你的团队，你一定要明确一件事，就是要想把这件事处理好而其他成员一定是来实现团队目标的。

团队是在某一个人能力有限时，需要外界的力量来完成这一特定任务时所产生的。它的最大特点是“1+1>2”，并且相互合作。

比如，你在一个规模还不是很大的公司中任策划部经理，而你的策划能力足以应付公司的全年运作，这时你就不应该组建一个策划队伍。因为你的工作能力及效率能满足公司的发展，而公司的现状也阻止了你的想法，这时组建团队无非是在“谋杀”你的劳动成果，以及浪费公司的人力和财力。

2.团队的模式选择

一般来说，团队可以分为下图所示的几种模式。

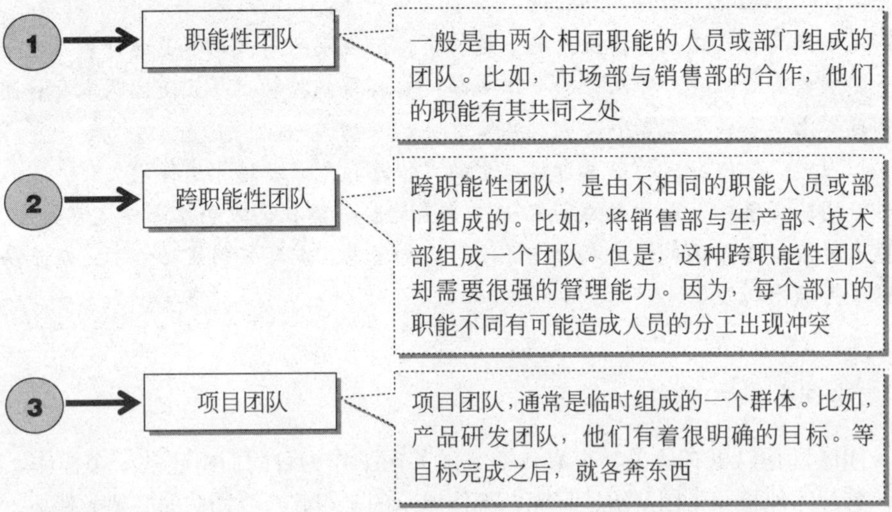

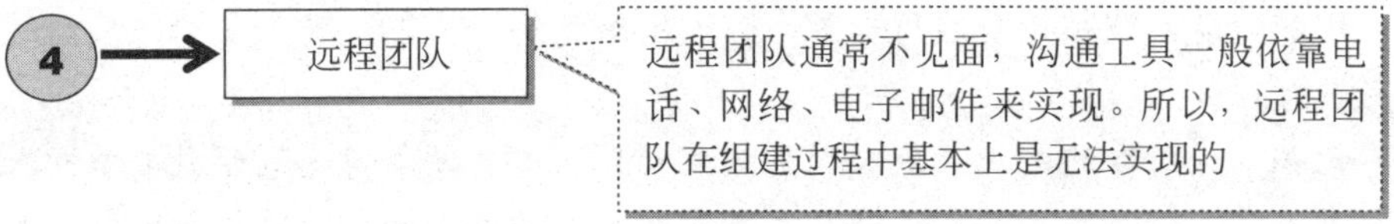

团队的模式

假如在团队选择方向上你就出现了错误，如销售部是一个团队，你让它与生产部、技术部组建成一个新型团队，那么必然将造成很大的管理难度，在职能划分上也会出现很大的分歧。

3. 团队目标的制定

目标的制定，一定要符合“SMART”原则。如果你制定的目标太低，则在执行过程中团队成员就会感觉到没有挑战性。但是，你制定的目标太高的话，就会大大地降低团队成员的热情。所以，你的团队要想一直能得到健康的发展，你一定要根据你所在公司的实际情况再加上全年目标制定出一个合理而又有挑战性的团队目标。同样，你可以为你的团队设立短期目标与长期目标。

4. 个人目标的实现

团队负责人在制定目标时只注重于团队目标的发展，却忽视了个人。一个团队的发展是大家同心同力的结果，如果你在制定团队目标时没有注意到团队中个人目标的实现，那你制定的团队目标再可行也是无法达到的。因为你要记住一件事情——你的团队目标最终是靠团队中每个人的共同努力实现的，这就需要团队管理者弄清楚你团队中每个人到底需要什么，想得到什么回报。把这些事情全部弄清楚之后你再来制定整个团队的目标，这样才能保证每一个人都能付出自己最大的潜能。

5. 个人需求的满足

个人目标与个人需求，虽然在文字表面上没有什么大的区别，但在其内部有着实质的区别。

比如，一个人的个人目标是想做到团队主管的位置，为了达到这个目标，他现在所需要的是学习，通过自身能力的提高来达到个人目标。

因此，个人需求是满足个人目标实现的前提。所以，要想使团队得到健康有效的发展，你一定要知道团队中每个人的个人目标。然后，以“扶上马，送一程”的模式帮助团队成员的成功，从而保证团队的整体发展。

6. 团队协作的优势

从团队的定义来看，我们就不难看出，团队是通过个人能力无法完成特定任务而需要依靠其他人的协作而组建的群体。其协作的结果是大于其个人能力的累加的。故团队成员的协作精神就显得非常重要。

组建团队，在制定发展目标时，应该考虑到每个人的优势与劣势，从而达到有效的互补。

比如，你所在的是一家IT公司的销售部门，那你就要考虑到哪种类型的人是纯销售人员，哪种类型的人才是技术类销售型人才。因为，计算机与家电或者服装行业更关注技术含量，所以你在组建这个团队时能注意到这方面的问题，就可使其相互合作协助，甚至会事半功倍。

7.企业文化的影响

一个公司的人才流动，有95%的人会说是因为不适应公司的企业文化。因此，企业文化将影响到一个员工的工作热情与团队的发展。

如果公司创造了一种人人都有机会了解其自身的文化，学习他人的成功，从他们所从事的工作中得到学习机会，那这里将是一个非常理想的工作场所。但是，如果企业给出了一个这样的学习环境，你同样不一定能得到提升，因为你必须让自己变成一块“海绵”，使其能吸收企业的文化，向他人学习成功的方法，从而提高你自己的业务能力。此时，你给员工的学习机会与学习环境，或者公司的管理制度等都在无形地给他塑造你的企业文化。

8.良好的团队沟通

一个团队要成功，就必须要时刻与团队保持良好的沟通，随时了解其团队的发展状况，了解其队员的心态是否偏离了团队需求的目标，并根据你所了解的这些情况，制定出一套有效的解决方案。

团队的建设，是一个长期的过程。经过各种磨合，最后才能保持团队的健康。

第二节　制定完善的制度

毫无疑问，规范与制度是企业必不可少的软件设施，是企业得以正常运转的基石，因为企业是由员工组成的团队组织。而人的复杂性、多样性的价值取向和行为特质，要求企业必须创造出有利于企业理念和价值观形成的制度及文化氛围，并约束、规范、整合人的行为。

一、制度管理的重要性

制度管理就是用制度来约束员工的行为，限定其行为的范围，保证规范性，达到进行合理管理的目的，使团队管理更加合理、高效。

俗话说：“无规矩不成方圆。”这说的就是制度管理的重要性，如果企业不能实行合理、有效的管理，就无法实现企业的目标。但人的性格千差万别，差异很大，再好的用人方法，都可能有疏忽之处，这就需要用制度来进行配合管理。良好的管理方法，是以制度管理为主，人治为辅。

二、制度管理的方式

在制度管理中，应该充分调动员工的工作积极性，避免消极因素的影响。用激励手段鼓励员工积极创造，发掘他们的开拓进取精神。同时，又要用严格的制度来约束他们，使企业的运转正常高效，规范合理。所以，企业的管理者应该做好两手准备，既要有激励的“胡萝卜”，又要有制度的“大棒”；既要会施恩，又要会树立权威。

西游智慧

在《西游记》中，孙悟空天不怕，地不怕，观音菩萨为了防止孙悟空无法无天，不安心去取经，让唐僧给他套上了“紧箍咒”，对他实行约束。唐僧的“紧箍咒”让孙悟空胆战心惊，每次念咒都使他头痛欲裂，痛不欲生，每次只要犯错，“紧箍咒”都让孙悟空吃尽了苦头。孙悟空对这个“紧箍咒”深恶痛绝，每次都求唐僧念“松箍咒”。但是，也就是靠这个“紧箍咒”，孙悟空才能安心地去西天取经，最终修成了“正果”。可以说，取经成功，“紧箍咒”功不可没。

当然，团队的管理是一种智慧，更是一门艺术，需要团队领导者在实践中，根据团队的实际情况，不断地更新相应的规章制度。团队领导者要善用手中的“紧箍咒”，对员工的管理，既不过于放纵，也不太过严厉，就像唐僧念“紧箍咒”一样，适可而止。

三、制度管理的技巧

在企业管理中，规章制度就是对员工管理中的“紧箍咒”，如何念好这个“紧箍咒”，让它在团队管理中发挥其最大的功效，也有一定的技巧，具体如下图所示。

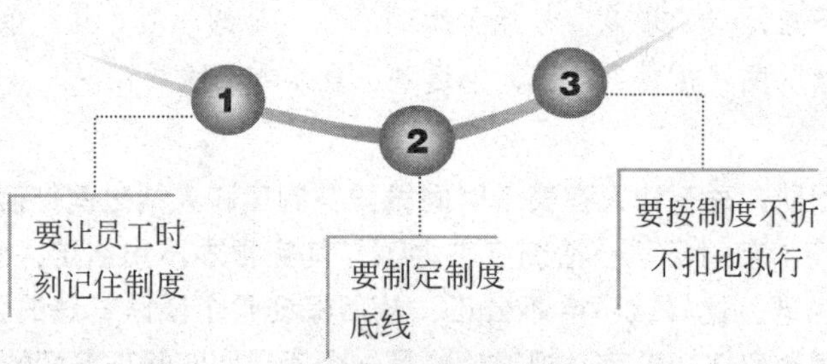

制度管理的技巧

1.要让员工时刻记住制度

制度要让员工记得住才会真正有效，员工不知道的制度叫“文字”，不能称其为“制度”。作为管理者要给员工沟通的机会，要想方设法让员工记住。但有的时候员工还是会忘记，怎么办？那我们就要让他们长记性。怎样长记性？就是严惩和重奖，要罚得他心痛，奖得他心跳。

比如，对一年迟到多少次以上的员工进行严惩，对一年一次都没迟到的员工给予重奖，并把严惩和重奖进行公告，还要广而告之，让所有的人都长记性。

2.要制定制度底线

底线就是最低限度，是禁区，无论谁触犯了底线都会被严惩，绝不姑息。

比如在麦当劳，员工贪污就是触犯公司的底线，只要拿了公司的任何东西都会被开除，即使你偷吃了一根薯条也要被开除。

3.要按制度不折不扣地执行

制定好制度以后每个人都要做到，不能有任何特例，很多企业的制度制定者往往是制度的破坏者。作为团队的领导者和制度的制定者，一定要明白制度是所有人的制度，而不是一部分人的制度。

案例赏析

联想的罚站制度

联想有一个迟到罚站的制度，柳传志说他被罚了三次，有一次是电梯出了故障，大家都准时去开会，没有人知道他被困在电梯里，他把嗓子都喊哑了才有人听到，把他救了出来，但他照样也罚站了。有的时候罚自己还是比较容易的，但要罚德高望重的人则有点难度。联想迟到罚站的第一人张祖祥，他是柳传志的老师，也是他的老领导，当时柳传志硬着头皮说：“您在这里站一分钟，晚上我去您家站一分钟。”当时，所有的人都非常紧张，当他的老领导站完一分钟的时候，大家都松了一口气。在当天晚上，柳传志真的买了很多礼品，去了这位老领导家，以示歉意，最后也得到了他老师的理解。从此以后，联想开会迟到的罚站制度就执行下来了，谁迟到了就乖乖地去罚站。

【点评】

带一个团队，总有让人在某个时间段里在制度和人情之间徘徊，因为相处久了会有感情，有时不忍心按制度来办事，其实根本不用纠结，制度就是法，一切以制度为准，这样就不会不公正，从而保证整个团队管理的公开、公平、公正，大家同台竞技，没有潜规则，这是一个衡量团队管理好坏的标准。

第三节　实现既定的目标

对于许多项目经理而言，项目团队管理恐怕是他们所面临的最头疼的问题之一，而团队管理恰恰又是项目管理过程中最重要的部分之一。尽管成功的团队管理不一定能保证项目的成功，但失败的团队管理必然导致项目的失败。

一、目标管理的意义

目标的一致性，是团队建设的基石。一个团队只有在其所有成员对所要达到的整体目标一致的肯定和充分的认同，才能为之付出努力，最终共同实现目标。而我们的企业，尤其是小型企业，奋斗目标的不确定性往往是导致最终失败的主要原因之一。

团队和个人都是如此，有明确的目标并努力去执行，就能取得成功，而盲无目的则会导致失败。

有人经过一个建筑工地，有三个建筑工人正在辛苦的工作。他就问他们在做什么。三个人的答案却有很大不同。第一位回答：我在赚钱养家。第二位说：我在做最棒的建筑工。第三位回答：我正在盖这个城市最好的大厦。

在这个故事中，只有第三位工人有明确的目标。在每个具体的企业中，每个员工作为个体都可以有自己的目标，而团队整体也应该有团队的整体目标。在这个整体目标之下，个体的目标必须服从、服务于整体目标，绝对不允许背离整体目标。

有共同的目标与愿景，才能凝聚志同道合的人才。联想董事局主席柳传志说：办企业有点儿像爬珠穆朗玛峰，目标是爬到山顶。不管是从北坡上，还是从南坡上，都能爬到山顶。但你做企业，你的队伍总不能一半人从南坡上，一半人从北坡上，这是不行的，大家要从同一个方向朝目标前进。只有这样，这个企业才会在竞争中有获胜的机会。

西游智慧

《西游记》中的唐僧师徒去西天，目的就是一个——取经。说《西游记》像管理，首先是因为有明确目标，取经的目标则贯穿了全书。

唐僧一路上说得最多的一句话就是：贫僧乃东土大唐而来，去往西天取经。这句话唐僧是反复讲，不分时间不分场合地讲，无论在什么样的困难下，或是经历诸如名利和美女的诱惑，他从来都是如此坚定。这个西天取经是他唯一的追求和终极的目标，虽然不知目标什么时候才能达到，甚至连是否可以达到都不知道。

为了实现大目标，唐僧使每个团队成员都充分发挥自身的长处，制定、使用了各种考评、管控手段，奖罚有道，使猪八戒、孙悟空这样难以“伺候”的下属都能够听从他的指挥；每当遇到困难，就马上向“直接领导”观音菩萨汇报，或者指派孙悟空、猪八戒通过他们的“私人关系”找来天兵天将来帮忙，所以遇到困难总是能够化险为夷；他把离心离德的师徒几人，通过各种手段整治成一个有凝聚力的工作群体，克服了重重困难，终于到达西天，成功地实现了团队的目标。

唐僧取得功德圆满的结果，除了他对目标的认定坚持之外，就是能够用目标来激励下属，在这一目标下再去实现个人的小目标。

二、目标管理的步骤

许多人在做事情之前，总会给自己定下一定的目标。那什么是目标呢？目标是行动所要达到的预期结果，是满足人的需要的对象。

目标会让大家凝成“一股绳”，往一个方向使劲，员工在合作完成目标的过程中，自然而然就会提高团队凝聚力。在团队管理中，按以下步骤对员工进行目标管理。

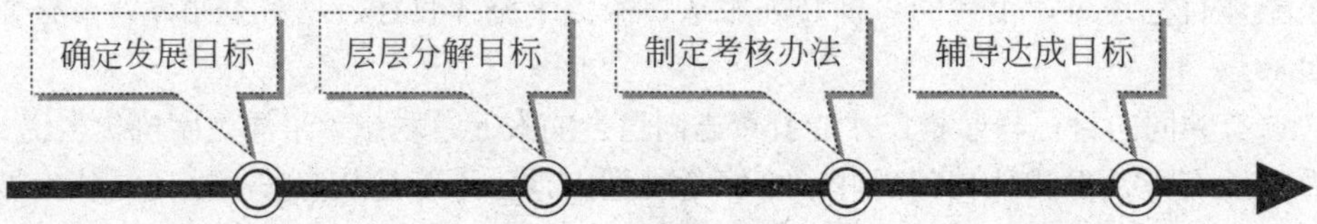

团队目标管理的步骤

1.确定发展目标

目标是航向，目标产生动力，目标与企业愿景、使命、核心价值观息息相关，但很多企业的目标是模糊的，是难以落地的。目标要源于实际、高于实际，跳一跳能够得着就是好目标。刚开始实施目标管理的企业，可以在企业目标引导下制定与员工切身利益相关的目标，让他们积极响应，如销售增长率、产值、一次交检合格率等。

2.层层分解目标

目标只有分解到所承担的岗位，才能够实现。企业负责人想提高目标，但员工想降低目标，这时往往很难达成一致。目标的分解应以数据说话，而不是“拍脑袋”。

比如，产值目标应考虑上一年度销售额及今年销售预测，以及上一年度原材料采购周期、设备运行状况、人员熟练程度、产值等因素，方可合理制定。

高目标高奖励是目标分解上下达成一致最好的办法。

3.制定考核办法

考核办法要多多征求员工的意见，让考核方法公平、公正、公开，否则就会起反作用。员工自己都能算明白该拿多少绩效工资，绩效工资是怎么来的，这样的绩效考核才是行之有效的。很多企业都在实施绩效考核，但大多数员工根本不知道自己的绩效工资是怎么算出来的，员工普遍对绩效考核不满。还有最重要的一点，绩效工资一定要按照规定发放，而不是口蜜腹剑。有些领导看到员工通过自己的努力绩效工资高了，就想方设法降下来，大大挫伤了员工的积极性，有的还搬起石头砸自己的脚。

4.辅导达成目标

员工绩效差，很多管理者都喜欢抱怨员工的素质差，而很少检讨自己的不足。员工为什么绩效差？一是选错了人；二是缺乏带人的方法；三是缺乏制度、流程、标准；四是不培养员工，员工岗位技能缺乏；五是没有建立竞争机制，不敢淘汰平庸员工。一两个员工绩效差可能是员工的原因，大多数员工绩效差肯定是管理者的问题。辅导达成绩效目标是管理者义不容辞的责任，没有绩效的企业肯定会倒闭。

有了目标的团队就形成了一个真正的整体。团队每个成员所做的贡献各不相同，但是，他们都为着一个共同的目标做贡献。他们的努力必须全都朝着同一方向，他们的贡献都必须融成一体，产生出一种整体的业绩——没有隔阂，没有冲突，没有不必要的重复劳动。

实行目标管理，最大限度地发挥团队配合的力量，获得“1+1>2”的协同效应，在提高个人绩效的同时，大幅提高了企业的效益和持续发展的竞争力，实现劳资双赢。

博士观点

目标指导行动，所以一个团队必须要有目标，每个团队成员也必须要有明确的目标，团队管理人员有责任为团队成员制定适宜的目标，因此目标管理是管理团队的一个重要的方法。

三、目标管理的技巧

在一个项目团队中，有各种不同的人员，他们具有不同的背景，有着不同的特长，也具有不同的性格特征。如何充分发挥每一位团队成员的积极性和特长，并保证这些积极性和特长的发挥能够与项目目标保持一致，是每位项目经理在团队管理中必须处理好的问题。

西游智慧

《西游记》中的唐僧团队很符合项目团队的一般特征：师徒四人构成了项目实施团队，其团队成员有着不同背景、能力和性格特征；而唐僧这位“团队领导人”也面临着许多项目经理在团队管理中所面临的一般问题。

项目团队成员并不是他自己挑选的，而是项目实施组织的管理机构“指派”给他的。唐僧的三个徒弟，甚至包括白龙马，都是“上级领导”观音菩萨在他出发前确定的。换句话说，他没有“选人权”。

项目团队成员的技术能力都强于他（至少都能腾云驾雾，论武功更是个个比他强），都有一定的“来头”，个别人还有一定的管理经历（如猪八戒曾是天蓬元帅）。

团队成员业务能力和工作态度各异，有业务能力强但心高气傲的（如孙悟空），有业务能力中等但工作态度不认真、不积极，“推一下动一下”的（如猪八戒），也有尽管勤勤恳恳、任劳任怨，但业务水平比较一般的（如沙僧），如何将这些人组成一个具有战斗力的团队是一个大难题。

尽管名义上有一定的“行政权力”，如“惩罚权”（念“紧箍咒”）、“解聘权”（将徒弟撵走）等，但唐僧自己也知道缺了这些人（尤其是业务能力强但心高气傲的孙悟空）项目就无法完成；况且“绩效考核权”和“奖励权”都在上级领导手中（取经完成后的封赏工作都是如来佛祖负责的，唐僧连“建议权”都没有）。

但就是这位缺乏“行政权力”，且“技术能力”也不强的唐僧，带着这个团队却完成了常人看起来难以完成的任务。由此看来，作为“项目经理”，唐僧确实有许多值得学习之处。

在一般人看来，唐僧是一个胆小固执，有时还是个是非不分的人，但作为这个团队的“领导人”，他在团队管理方面确实有着许多过人之处，值得项目经理在管理项目团队时学习。概括起来，有下图所示的几个方面。

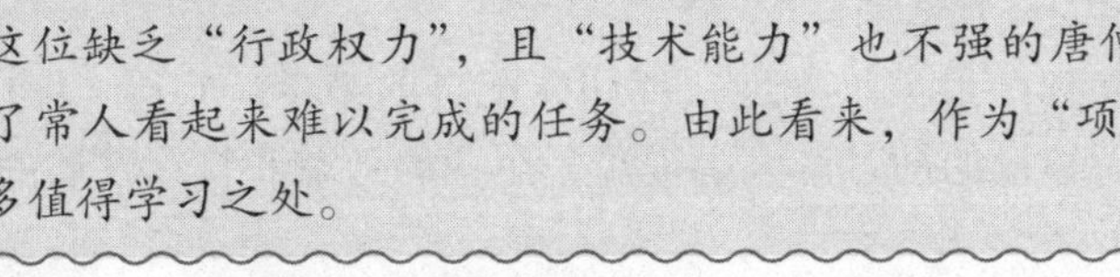

目标管理的技巧

1. 具有顽强的意志力

这是作为团队领导人最重要的品质。在项目实施过程中会遇到许多意想不到的困难，这些困难甚至会使人认为无法实现项目目标。此时，作为项目经理，最重要的就是具有顽强的意志力，有一种不达目的誓不罢休的气概，这种意志力是提高团队士气最重要的因素。

西游智慧

在《西游记》中我们看到，无论在取经路上遇到多大的艰难险阻，唐僧对于实现目标具有坚定的信念，抱着“不取真经，誓不还乡”的决心。只有具有这样的意志和信念，才能在遇到困难，甚至团队中某些成员开始打退堂鼓时（例如猪八戒一遇到点儿困难，就要“分行李”“回高老庄”等），提升整个团队的士气和克服困难的决心。

2. 深刻理解客户需求

对于项目经理而言，项目目标和客户需求才是最重要的。许多项目经理，尤其是相当一部分从技术岗位上提升起来的项目经理，往往在项目实施过程中颠倒了目标与手段的主次关系，沉湎于技术层面，甚至抱着通过项目实施提升自己技术能力的想法，而忽视了作为一个项目经理，其最重要的能力之一是对客户需求和项目交付物的深入理解。也就是说，项目经理必须将自身的能力提升与项目目标和客户需求结合起来，这才是项目经理的核心竞争力，也是他在项目团队内部具有威信的基础。

西游智慧

在《西游记》中，尽管唐僧既不会飞，又不能打，但只有他熟读佛经（对项目交付物有着清晰的理解），也只有他深刻地了解他所要取的佛经对于唐朝皇帝和黎民百姓的重要性（对客户需求有着深刻的认识），而对于他们这个团队所要完成的任务而言，“取经”才是目的，团队成员（唐僧的三个徒弟）所拥有的能力只是达到上述目的的手段。

3. 因才分配工作岗位

项目团队成员具有不同的业务能力和性格特征，只有知人善任，根据其特长和能力分配工作岗位，并根据其性格特点进行适当的控制，才能最大限度地发挥其特长和积极性。

西游智慧

《西游记》中唐僧的三个徒弟各自有着不同的才能和性格，但他很恰当地进行了工作分配，并辅之以一定的控制手段。例如，对于业务能力强、工作积极但心高气傲的孙悟空，一方面给他分配能够充分发挥其专业特长的工作，如降妖除怪、在危险环境中探路等；另一方面也注意约束其行为以防止其专业能力的过度发挥影响项目目标的实现，即当在“降妖除怪”与“误伤好人”（这可能影响“取经”的核心目标）之间存在疑问时，就毫不犹豫地保证项目目标的实现，否则就要采取惩罚措施（念“紧箍咒”）。

这种情况在项目管理中很容易发生：对于那些“技术高手”而言，很容易陷入追求技术上的完美以至于影响项目实施的进度或增加成本的境地，此时，就需要项目经理通过一定的手段对其上述行为加以控制。

西游智慧

对于业务能力中等但工作态度不积极的猪八戒，唐僧则是让他与业务能力强、工作积极的孙悟空协同工作（《西游记》中经常出现孙悟空和猪八戒一同打妖怪的场面），以督促他完成工作；同时充分利用其“善于处理人际关系”的特点，分配一些能发挥其特长的特殊任务，如化斋、问路等。而对于勤勤恳恳但业务水平一般的沙僧，则分配给他技术要求不高，对工作态度要求较高，规范性强但比较枯燥的工作，如挑行李等。

这一点在许多项目管理过程中是很重要的。任何项目的实施过程都有一些枯燥但需要责任心的工作，如项目文档管理等，而将这些工作分配给那些能力稍差但踏实肯干的团队成员，往往能达到发挥特长、提高积极性的效果。

4.平等对待团队成员

在一个项目团队里，由于团队成员所承担的工作任务不同，对项目的贡献也有大小，因此在工作中完全做到平等对待是很难的，但团队成员如果过分感觉到自身在团队中的地位差异的话，其积极性又会受到影响。

西游智慧

在《西游记》中，唐僧的三个徒弟的地位明显是有差异的，对此，唐僧采取了“地位高的要求也高”这样一种措施，来实现某种意义上的“平等”。对于能力最强、贡献最大，从而地位也最高的成员孙悟空要求也最高，几乎使用了所有的惩罚权——念“紧箍咒”和解聘权——将其撵走；对于地位次之的成员猪八戒，当发现其有不当行为时主要采取“训斥”的方法；而对于地位最低的成员沙僧，则要求更低，几乎没有受到任何惩戒。

相对而言，一方面，团队中地位高的成员由于其承担的责任重大，所以其行为的负面影响也大，因此对其要求更高是完全有必要的；另一方面，唐僧一旦发现自己因判断失误而处置失当，如因误将妖魔当好人而将孙悟空撵走，能坦诚地承认错误，并不因自己“师父”的地位而死要脸面、拒不认错，这恐怕也正是孙悟空尽管屡次遭其误解却仍对其忠心耿耿的重要原因之一。这样在这个团队里，地位高的、能力强的忠心，地位低的、能力差的舒心，大家荣辱与共，团队的战斗力自然大为提高。

一群能力都强的人组成的项目团队不一定是优秀的项目团队，只有充分发挥其成员的积极性和特长的团队才是具有战斗力的团队，也才是最能够保证项目成功的团队，而这其中，项目经理的意志力、管理经验和协调艺术起着关键性的作用。

第四节　追求更高的绩效

高绩效团队是现代企业管理中一种较为优秀的企业管理模式，比传统的部门结构或其他形式的稳定群体更灵活和高效，是企业提高运行效率的必要形式。

一、高绩效团队的特征

进入21世纪，随着市场竞争的日益激烈，单打独斗已经不适合现代市场竞争的环境，现代企业更加强调发挥团队精神，建立群体共识，快速回应市场竞争者的挑战，提升工作效率。明确的目标、共同的价值观、高效的工作效率……这些都是现代企业面对激烈市场竞争所必须具备的要素，而高绩效团队更是集这些特征于一身。

二、高绩效团队的表现

21世纪企业的员工队伍日趋多元化，素质和能力不断提高，希望参与企业决策的呼声越来越高。更为重要的是，市场竞争强度日趋激烈，企业中各项工作的复杂和综合程度不断提高，问题的难度也在不断加大，靠单个部门或个人的单打独斗已经无法适应客观环境的变化和要求。因此，构建协同作战、联合进攻的高绩效团队已为竞争制胜的关键所在。

案例赏析

通力协作完成新产品开发

小王、小张和老李围绕在刚生产出来的空调周围查找故障原因，为什么空调指示灯显示运转正常而空调却没有制冷？这种空调是公司新开发的环保节能型空调，小王是生产线上的总装工人，小张是负责生产过程排产和工艺的生产工程师，老李是产品开发工程师，虽然三人在公司的角色和岗位职责不一样，但是，自这种环保节能型空调投入试产以来，他们三人就在一起工作了。在面对问题时，三人并不气馁，他们对每一个环节进行了仔细分析，查找问题原因，不但解决了这个问题，而且顺利地完成了公司新产品的试生产任务。

【点评】

在这次团队协作配合中，他们三个人清楚地意识到如不是因为这次新产品的试生产任务，他们三个人是很难在一起进行工作的，小王、小张和老李充分认识到各自的工作特点和能力长短，要达成团队工作目标，必须要打破传统部门分工的限制，紧密地围绕这次新产品试生产任务开展工作，使这个小小的团队高效地运转，最终完成团队的工作目标。

故事中的小王、小张和老李能够顺利地完成团队任务，这表明其团队运作是有效的。高效团队表现在下图所示的几个方面。

表现一	团队整体运作所取得的工作成效通常大于单个人员所取得的工作成效
表现二	团队可以有效地解决复杂的问题
表现三	团队工作可以激发人员的创造力
表现四	在团队中成员之间可以互相学习、互相弥补各自的不足
表现五	团队工作可以加强人员的自省，令团队成员充满工作激情

高效团队的表现

西游智慧

以唐僧为首的取经团队，靠唐僧的人格魅力和执着精神，选择了三个能力、品行、性格各异的徒弟，组成了最佳的互补性团队，历经九九八十一难，最终取得真经，修得正果。

在整个取经的过程中，事前的准备、人员的选拔、取经路上的管理、取经途中的有效激励和取经成功后的考核评定，很好地调动了取经团队成员的积极性，即使遇到再大的困难和挫折也不退缩，历尽千辛万苦终于到达西天，取得真经（实现了目标）。

在企业中，我们需要的不是一个一盘散沙的团队，而是需要像唐僧所带的这样一个高绩效的团队，只有这样我们才能够最大限度地提高企业效益，增强企业竞争力。

三、高绩效团队的建设

建设团队的原因就是为了追求高的绩效，一个成功的团队也必须有高的绩效作为支撑。归结起来，高绩效团队的建设需要如下图所示的几个方面的努力。

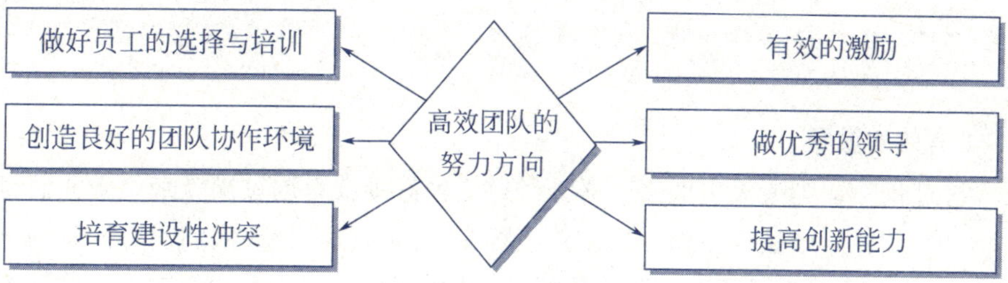

高效团队的努力方向

1.做好员工的选择与培训

人才的选拔对于团队构建至关重要。一项工作通常包含三种可能的角色，即专业角色、团队角色和工作角色。任何一位招聘人员在面试中都必须全面考虑这三种角色，才能充分地影响候选人的行为。员工通过选拔以后，要进行适当的培训，其主要目的是培育和形成共同的价值观，以提升员工的业务素质水平，为团队整体目标的实现打好基础。因此，管理者要充分考虑到员工的个性特质与工作的匹配程度，把合适的人放在合适的位置上扮演合适的角色，充分发挥其潜能优势所在。

2.创造良好的团队协作环境

倘若把一条深海中的鱼放到浅海里面，这条鱼就会活不下去，最终死亡。这个例子说明，个体的发展离不开良好环境的支持。

良好的文化氛围、科学的经营管理、合理的资源配置、职责明确的分工、公正公平的激励机制等，都是团队快速成长的良好环境条件。

只有在这样的环境中，员工才能感受到团队的魅力所在，将自己融入到这个大家庭中，才愿意为这个大家庭的发展繁荣尽一份职责和义务，才愿意与他人和平共处，快乐地分享与合作。也只有在这样的环境中，人的潜力才能得到最大限度发挥，团队的合作精神和凝聚力才能真正体现。

3.培育建设性冲突

建设性冲突是团队建设的活力和创造力所在。孔子有云，“君子和而不同，小人同而不和”，团队要发展，就必须集众人的智慧，发挥众人之所长，同时，要善于协调和求同存异。“日本的爱迪生”盛田昭夫通过自己的管理实践，认为通过一定的途径和方式激发良性冲突，让员工表达自己的不满、发表批评意见，对企业非但不是不幸，反而有利于培养上下级一体的工作关系，使组织少冒风险。

博士观点

集体决策既能够满足员工的参与要求，又能够提供多方案比较筛选，使决策优化。信任和沟通是培育建设性冲突而避免迫害性冲突产生的土壤。

4.有效的激励

“X理论”认为人天生懒惰，必须经过给他好处或者通过操纵来说服他们努力工作；“Y理论”则认为工作如同游戏一样是人的天性，如果人们没有被激励，是因为在企业中存在某些不足之处。很显然，倾向于信仰“Y理论”的人对团队的期望值更高。

为了把这种期望变为现实绩效上的提高，就必须充分发挥激励机制的作用，建立完善、有效的激励制度。目前，很多企业的绩效考核体系大多注重等级层次而忽视相对绩效，注重物质层面而忽视精神层面，注重个体层面而忽视团队的整体绩效，公平、公正、公开性遭到质疑，对成员的激励性也十分有限。

5.做优秀的领导

有人把“没有不好的员工，只有不好的领导”当作一个不破的真理来说明领导对于一个组织的影响力之大。优秀的领导者能够把企业的文化和正确的价值观传递给员工，培养起队员之间的凝聚力，其表现如下图所示。

表现一	善于同员工进行沟通，并采纳合理的建议
表现二	随时掌握员工身心的变化动态，从细微之处着手，尊重员工的需要和愿望，激发员工的积极性和创造性
表现三	善于平衡内外关系，为团队发展寻求最大的支持
表现四	懂得适当地授权
表现五	以身作则，通过自己的智慧和影响力带动员工为最终的业绩目标奋斗

优秀领导者的表现

6. 提高创新能力

经济越发展，竞争越激烈，促使企业生存和发展下来的唯一途径就是创新。影响组织创新能力的因素很多，员工素质的高低起了直接的决定性作用，企业必须加强对员工的素质和业务能力的培训，构建终身学习体系。根据协同理论，在组织个体创新能力一定的情况下，协同作用可以使要素发掘更大的潜力，从而大大提高团队整体的创新能力。

因此，通过创新的人力资源战略和团队文化，建立起有利于创新的人力资源开发、管理、激励机制，以及有利于团结协作的工作环境，都可以促进团队创新能力的提高，为团队和企业的发展提供不竭的动力。在创新的过程中难免会面临挫折和失败，但一个总想着避免失败而不去想赢得胜利的团队经常会丧失前进的动力，最终只能徘徊在高绩效的业绩之外。

总之，企业最大的资产是员工群体智慧的潜能得以最大限度地发挥和利用。在现代企业竞争环境内，只凭个人的力量根本就不可能大幅地提升企业的竞争力；而团队力量的发挥已成为赢得竞争胜利的必要条件，竞争的优势在于你比别人更能发挥团队的力量。

博士观点

一个优秀的团队，可以更好地制定企业的经营和质量方针，可以更好地达成企业的质量目标；一个优秀的团队，可以更好地提高顾客的满意度；一个优秀的团队，可以把企业带到永续经营的高尚境界。

相关链接

怎样建立高绩效团队

大家都知道团队在一个企业中的重要作用，它能发挥最优力量，为企业创造更多的价值。优秀的团队是每个企业都希望有的，因为他们知道团队意味着什么，好的团队可以事半功倍，可以提高办事效率，可以为企业赢得更多的效益，那么这样一支高绩效的团队，企业该如何建立呢？有什么好的方法呢？下面来具体了解一下。

1. 要有核心人物

一个高绩效团队首先必须有一个灵魂人物，核心人物。他发号施令，指明方向，鼓舞士气，承担责任。如果一个团队找不这样的人，那么人数再多也没有用。因为团队没有带路人，没有人承担责任，大家不知道听谁的，谁说了算？他们的工作做好了找谁领赏，做错了受谁处罚。所以没有核心人物的团队就注定没有战斗力。

2. 要有统一思想

团队的核心人物做什么呢？他的主要工作不仅仅是会做事，更要会做人。一个团队领导人不一定是一个专家，但是他一定要懂得如何管理专家。他能够通过语言的交流沟通把不同性格、不同思想、不同能力、不同岗位、不同背景的组合在一起，让大家为了一个共同的目标而奋斗，领导者一定要有说服别人的能力，要能管得住自己下面的团队成员，要掌握他们的思想，要知道如何去和他们沟通，要知道怎样沟通能达到最优效果。

3. 要有共同利益

一个高效团队不是靠强制、靠命令、靠压迫而达成目标的，而是靠大家自觉、自主、自发、自愿地去完成任务。为什么大家愿意为了这个团队的目标而付出代价呢？因为团队的成功会给他带来荣誉，带来利益。所以人们会为团队奋斗。团队的成员组合在一起，不是因为别人的强制，而是自发的，因为他们有共同的目标，有目标的人是幸福的，大家团结在一起，来实现彼此的共同目标，而且比预期的时间要快，因为大家都是为了共同的利益在奋斗的。

4. 团队凝聚力

毫无疑义，团队的力量大于个人的力量之和。团队的力量是巨大的，有很多事情必须靠团队里每一个成员相互协作、共同努力才能完成。团队的建立，关键在于凝聚力。与我们所熟知的“木桶原理”一样，很多人只注意到一个木桶的容量是由木桶中最短的那块木板的长度决定的，其实装水的多少还由每块板的严密程度来决定，如果两块板之间存在缝隙，最终也是装不住水的，凝聚力的强弱就如木桶的严密性，只有具有强凝聚力的团队才能“装水”。

5. 营造团队氛围

团队氛围就是团队成员在日常工作和生活中形成的对团队的总体感受的总和。好的团队氛围就好像是一种催化剂和润滑剂，它可以激发团队成员的斗志，增进团队成员间的默契，最终提高团队整体的运营效率。团队领导能否在团队成员间营造一种和谐、愉快、彼此信任、奋发向上的团队氛围是打造高绩效团队的重要前提。

场景沙盘

1. 选择什么时候去“管”员工?

有一天上午营销经理李 × 没有按时来公司上班。到了下午，营销总监孙 × 才见到回到公司的李 ×。孙 × 很是生气，经过简单沟通，知道李 × 上午出去是为了拜访大客户，跟进意向订单。但孙 × 还是当面批评了李 × 不遵守纪律的行为。可是李 × 却很不高兴地反驳道：“我完成好业绩就行了，这点儿小事不需要你管”。

请问如果你在管理员工时，会选择在什么时候去“管”？（多选）

【选项】

A. 员工业绩变差时

B. 员工情绪不好时

C. 员工迟到时

D. 员工工作开展比较顺利时

【最佳选择】

A、C

【解读】

将心比心，从人性而言，每一个员工都不想被管。人性是渴望得到自由的，希望对自己的生活和工作具有自主权。所以管理的重点不是去限制员工的自由，而是帮助员工梳理工作，因为每个员工都希望得到尊重。

对于自己的下属，什么时候要管？什么时候不要管？这其中是有一条界线的。就是当下属员工需要你的帮助的时候，你尽可以伸出你的援手去帮助他。而当他工作开展比较顺利，有自己的想法的时候，就尽量不要去打扰他，给他工作的自主权。知道了这条管和不管的界限，你就可以更好地建立上下级关系，让下属开心去工作。所以在这个场景中，员工业绩变差，或员工迟到的时候，就是你该管的时候。

这正如父母和子女的关系，如果父母什么都要去管，子女当然容易反感，甚至产生逆反心理。如果父母只去管一些重要的事情，把握关键点，伸出援手，那么就可以帮助子女做正确的事。所以对大多数人和人之间的关系来说，最有效的是做一些雪中送炭的事，少做锦上添花的事，不做画蛇添足的事。把握好度，每个员工都为自己自由的行为和心理空间感到满足，员工就更愿意自动自发地去工作了。

2. 如何进行团队决策?

随着公司规模和品牌影响力的扩大，公司领导层决定召集各部门总监和经理举行一次业务发展战略会议。公司董事长宋×的初步想法是，拓展东南亚市场，扩大公司的经营规模和效益水平。这次业务发展战略会议安排在周五上午举行。由于事关重大，公司各位领导和管理人员都非常希望讨论出合理的决策，不能让公司出现战略性失误。对此，作为很少直接主持会议的公司董事长宋×，这次该如何组织大家进行讨论，形成有效决策呢？（多选）

选项：

A. 先给会议定调，说明自己初步的想法

B. 鼓励大家大胆建言献策，有想法就拿出来分享

C. 鼓励大家提出不同的看法，进行充分的交流

D. 在大家充分交流之后，综合概括各方意见，并做出自己最后的决定

【最佳选择】

C、D

【解读】

组织团队会议，布置工作任务，经常需要让团队成员参与讨论和决策，这有助于收集更有广度的信息，做出合理的决策。但我们也要知道群体决策与个人决策的不同和风险。群体决策主要有3个风险。

（1）在群体决策时，有的领导喜欢用自己的想法来影响大家的决策，让开会讨论变成“一言堂”。

（2）群体决策往往容易形成从众的压力，要求一开会就达成一致意见，并对持不同意见的人进行压制，还有可能超越就事论事的标准对人身进行攻击。

（3）群体决策往往有冒险性加强的倾向，所以我们要提醒做出的决策是不是超出了风险控制的合理范围?

因此在这种情况下达成的决定，虽然表面上是一致的，但却脱离了科学合理的标准，所以在这个时候，我们仍然要提醒大家要防范无懈可击的错觉。

团体决策最重要的是保证能够共享大家所拥有的信息，减少从众的压力、错误的引导和过于冒险的倾向。那在团队决策时，我们该遵循怎样的方法，进行合

理的决策呢?

（1）让领导最后表达观点。通过广开言路，鼓励大家发言，减少观点压制，帮助在团队决策时获得最丰富的信息，防止思路的限制。

（2）鼓励批判性思维和反对意见。在决策之前，领导者首先要申明，讨论时提出的不同意见，要得到尊重和鼓励，不准超过话题本身对人身进行攻击。或者由领导者直接规定，在讨论中自由产生持反对意见的小组，但必须有理有节地提出反对的理由和考量。这样经过正反两个观点的相互印证，反而容易得出接近合理的结论。

（3）在讨论陷入沉默时，分配讨论的任务，请每一位成员就他所熟悉的领域提出观点和意见。这样通过迈出一小步，突破当前的瓶颈，收集更多的意见，激发下一步的讨论。

（4）采用民主集中制，这可能是最符合中国“家长式”领导文化下的决策机制。通过之前每位成员充分的观点交流和碰撞，管理者应该在心目中已经形成了一套决策方案。这时候就可以直接将自己的思路告诉大家（注意这时的语气要坚定而自信），并结合引导提问技术，将自己的想法变成大家的想法。由于每位团队成员都参与了讨论，贡献了自己的看法，所以对讨论中得出的最终结论更加容易接受，或者明白这是权衡利弊之后得出的权宜之策，必须顾全大局而接受。

第二章
创建共同的团队愿景

场景导入

何老师："经过前面对组建团队的认识与了解，相信大家对团队有了更深刻的理解。"

品控部的黄经理说："不错，经过这一学习，确实受益不少。每一天，我都会花些时间去思考团队管理问题。工作中也时常会有团队中的一些问题让我困惑，让我不得不去多思考这方面的问题，因为一旦团队管理出现了问题，那么团队工作效率就会受到影响，最终自己的工作效率也会被影响。"

何老师说："的确如此，团队合作是所有成功管理的根基。无论你是新手还是资深管理人，对你而言，增强团队的凝聚力、管理好团队都是重要且具激励性的挑战。"

生产部的廖经理问道："那么，我们又怎样才能增强团队的凝聚力呢？"

何老师说："要想提高企业的竞争力，增强团队的凝聚力，首先要建立共同愿景。因为，愿景是我们的梦想，原景和价值观才是凝聚团队的力量。只有拥有共同价值观的团队，在工作中才会更加默契，经得起压力的锤炼和诱惑的考验，也才能做到同舟共济、相互扶持、不离不弃。这种共同的价值观就是我们常说的团队愿景。"

采购部的方经理说："愿景不是公司层面的事情吗？"

何老师说："方经理的问题也是很多人的疑问，其实，作为一个部门负责人，你的责任不仅仅是传播公司的愿景和价值观，还要践行公司的价值观，更重要的是你应该给你的团队确立你的团队愿景，比如我们部门的愿景是——成为公司管理规范，最具团队精神和创新精神的部门，成为公司的标杆部门。"

第一节　描绘团队愿景

团队愿景之所以重要，在于团队愿景是团队所有成员共有的、发自内心的愿景，它不是一句抽象的口号，而是能够凝聚所有团队成员并为之努力奉献的任务、事业或使命，它能够激发并创造出远高于团队成员个人效能之和的团队综合效能。

一、团队愿景的含义

团队愿景主要包括下图所示的三个层面的含义。

含义一	团队愿景能够描绘团队未来发展成功的目标、任务和使命，它不一定包含具体的行动方案或工作计划，但一定比企业愿景更加具体，落实时间更短，并且是通过努力一定能够实现的
含义二	团队愿景是经过全体成员共同讨论确定的、发自内心的愿望和前景
含义三	有效的团队愿景能够让全体成员紧密地团结在一起，化解团队成员之间的冲突，从而形成巨大的团队合力

团队愿景的含义

二、团队愿景的构成要素

团队愿景的组成包括下图所示的四个要素。

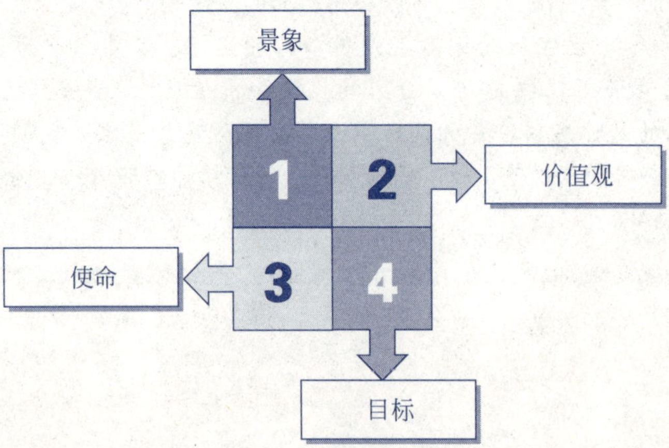

团队愿景的构成要素

1. 景象

这是未来团队能够达到的一种状态，它用蓝图或目标的形式来表示。景象的描述应具有一定的气魄和吸引力，它应给人憧憬和想象空间，能够激励人心，成为全体成员发自内心的共同蓝图。

2. 价值观

价值观是指团队成员对团队自身的一种总体看法，它表示为一套核心理念，影响着追求景象的方式和具体途径。

3. 使命

使命是团队未来要完成的任务，代表了团队存在的根本理由，具有任重道远和令人自豪的特征。只有具有使命感的团队和员工，才具有持续的创造力和动力，才能够创造出巨大的效益。

4. 目标

目标是团队在实现愿景的过程中需要完成的各种指标，体现了团队的阶段性要求，代表团队成员的一种工作承诺。

三、设立团队愿景的意义

团队的共同愿景，是所有团队成员中共同对未来持有具有期盼性和挑战性的目标景象。它可以改变成员与组织间的关系，从内心中对工作任务变被动为主动，在同一企业的愿景支持下，各企业可以更加有效地协调各团队之间的合作方式与手段，作为一个企业，团队愿景就是把企业战略的未来目标转化成自己团队最终希望实现的图景，对于企业发展的持续性和发展性都有不可估量的作用。

西游智慧

《西游记》第八回中，如来佛祖平定了孙悟空的动乱回到西方极乐世界，大概500年后。有一天，如来佛祖召唤诸佛、阿罗、揭谛、菩萨、金刚、比丘僧尼等共同赏花，开了个“盂兰盆会”。大家花也赏完了，心想如来佛祖肯定就不是单单找他们赏花吧，一定有什么明示。于是请如来佛祖明示根本，指解源流，如来佛祖微开善口，宣扬大法。讲经宣法完毕，如来佛祖说：“我观四大部洲，众生善恶，各方不一。东胜神洲者，敬天礼地，心爽气平；北巨芦洲者，虽好杀生，只因糊口，性拙情疏，无多作践；我西牛贺洲者，不贪不杀，养气潜灵，虽无上真，人人固寿；但那南赡部洲者，贪淫乐祸，多杀多争，正所谓口舌凶场，是非恶海。我今有三藏真经，可以劝人为善。”我待要送上东土，叵耐那方众生愚蠢，毁谤真言，不识我法门之要旨，怠慢了瑜迦之正宗。

怎么得一个有法力的，去东土寻一个善信，教他苦历千山，询经万水，到我处求取真经，永传东土，劝化众生，却乃是个山大的福缘，海深的善庆。

如来佛祖的这段话，道出了组建取经团队的目的，那就是“劝人为善”！这四个字，始终贯穿于取经事业的前后，也是最终要达成的一个愿景。这就是这个取经团队的“团队愿景”，或者称为“公司使命”吧。团队所有的行为准则，一切条款的制定等都要紧紧围绕着这个核心不能动摇。这也是整个取经团队的灵魂所在，如果没有了这个使命，那么“取经”这个动作只能是空洞的，没有了任何的意义和价值所在。

从如来佛祖组建取经团队这个事件，我们应该得到启示。那就是任何一个团队的建立，首先都应该在建立之初就赋予其一个使命，确定一个明确的奋斗目标，并为达成这个目标而制定一个又一个的工作任务。否则团队成员在工作中就会失去精神支柱，不知道自己到底为什么而工作，更不知道这样工作下去的结果会是什么样，当然就不会卖力去做了。

四、构建团队愿景的环节

构建团队的共同愿景需要通过一定的基本途径，完成一定的步骤，这一过程包括下图所示的四个环节。

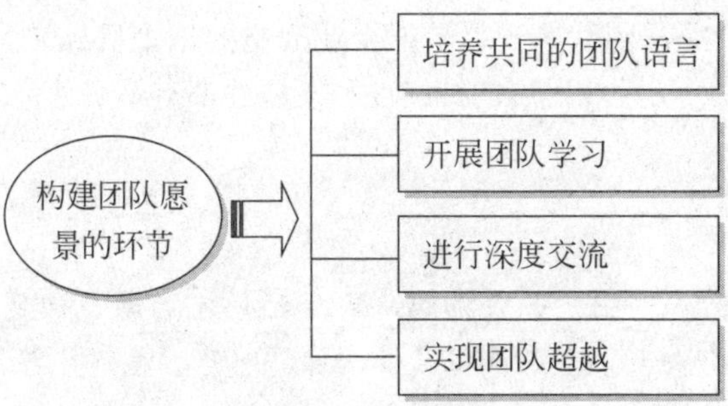

构建团队愿景的环节

1. 培养共同的团队语言

共同的团队语言能够反映团队成员的共同点，符合大家的表达方式，能够被全体团队成员理解和共享。

2. 开展团队学习

通过团队成员的集体讨论和学习，可以把团队愿景转化为团队的努力方向，超越个人利益，加强团队沟通，形成共同的语言。

3.进行深度交流

深度交流可以打开每个团队成员的内心，吸收每个团队成员的愿景和创造力，让每个团队成员都贡献自己的经验和想法，从而为建立共同的愿景奠定基础。

4.实现团队超越

只有团队成员都具有一种不断自我超越的愿望，产生于个人愿景之上的团队愿景才会有持续前行的动力，能够不断地突破团队的成就、目标和愿景，通过不断学习，接受新鲜事物，才能让团队不断地实现自我超越，获得全体团队成员的信奉和践行。

五、良好团队愿景的特征

良好团队愿景应该具有下图所示的特征。

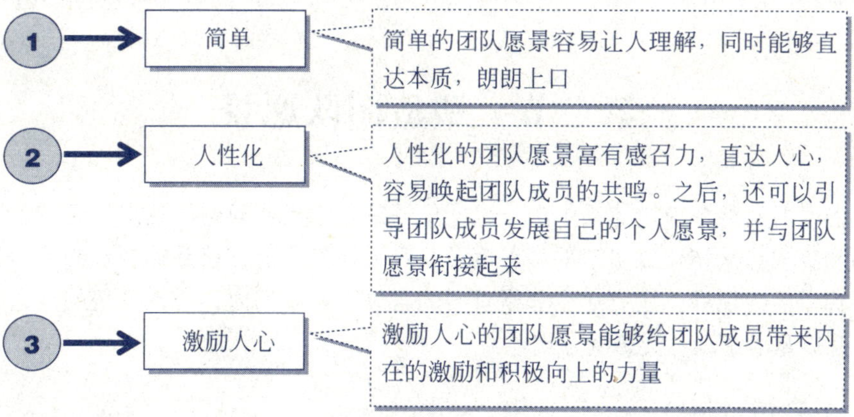

良好团队愿景的特征

相关链接

某企业班组的团队愿景

只要有1%的希望，就要付出100%的努力

注释：做任何事情，只要有希望，哪怕只有一点点，我们也应该尽全力去把它做好，这样才能取得成功。

“忠孝仁爱显人品，勤俭耕读展家风”

注释：我们班组的家风存在于工作中、生活中的点点滴滴，捡起饭桌上的一粒米，勤俭节约；雪中送炭，助人为乐；仁爱孝悌，谦和礼让；精忠报国，克己奉公；我们班组的家风始终保持积极向上、健康和谐的正能量。

"鹰一样的个人，雁一样的团队"——塑造"鹰雁团队"好家风

注释：鹰是天空之王，个人应该如鹰一样拥有强大的能力，才能立于不败之地；雁群始终保持团队飞行，班组必须似雁一样保持团队协作，才能势如破竹。

"遵章、守纪、团结、奉献"

注释：遵守标准作业才能造出好产品，遵守纪律才能端正风气，团结一致才能无往而不利，懂得奉献才能感受快乐。

"不以规矩，无以成方圆"

注释："国有国法，家有家规。"一个集体就是一个家，创设好家风，传承好传统！

第二节　塑造团队愿景

在本书的整个理论体系中，一直期望解决一个重要问题，就是如何将企业的战略和管理措施转化为员工的敬业度及执行力。除了前文谈到的管理心理学和社会心理学的方法外，还有一个非常重要的可以影响我们内在心理系统的概念和方法，那就是潜意识及其影响方式。

一、潜意识的概念

西格蒙德·弗洛伊德（Sigmund Freud）是奥地利精神病医师、心理学家、精神分析学派创始人。在弗洛伊德看来，人的心理结构中包括意识和无意识的现象，而无意识现象又可以区分为前意识和潜意识两部分，具体如下图所示。

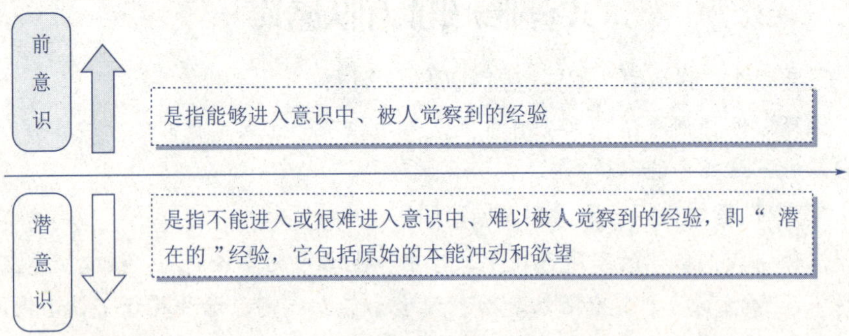

无意识现象

意识、前意识和潜意识虽然是三个不同层次的经验，但又紧密联系，共同构成了人类意识的系统。意识、前意识和潜意识的关系如下。

（1）前意识是人类可觉察意识的部分，位于潜意识和意识之间，扮演着“稽查者”的角色，审视和控制潜意识中的本能欲望影响意识；

（2）潜意识则深层地、潜在地干扰和影响人类的意识，当前意识这个“稽查者”有所放松时，就伺机通过伪装或变化的形式进入意识中，改变着人们的意识、情感甚至价值观。

所以，弗洛伊德认为，潜意识虽然不容易被人觉察，但却深层次地影响和支配着人的一生。

博士观点

意识和前意识是人们通常或有时能够觉察到的，也是相对容易影响和改变的部分。通常在大量的社会学习和社会认知过程中，主动或被动地改变着我们的意识和前意识。

二、潜意识的作用

弗洛伊德认为，潜意识是人类心理系统中，不能认知或难以认知的部分，主要表现为那些已经发生过但没有被人们主动意识到的心理活动过程。这些潜意识的过程我们通常是无法察觉的，但它却在深刻地影响着我们底层的意识，影响着我们如何看待自己、看待他人、看待家庭以及整个社会和世界。在一些关乎生死的危急时刻，我们总能迅速地做出反应，潜意识正是在其中起到了关键作用。

有些时候我们容易察觉到前意识或潜意识。

比如，早上七点钟闹钟响起，提醒我们准备上班。但这时在我们的头脑中往往有另一个声音响起：“今天不想上班，我想睡觉。”这个声音，就是那个无时无刻不在影响着自己想法的潜意识（或者已经通过审查，转变为了前意识）。

还有一种场合我们也可以察觉到潜意识。

比如，有一天在会议室，你见到了一个平时不太交往的同事，在当时的情况下，你会很热情地、微笑着伸出右手，主动示好，期待握手。而对方也很热情地给予回应。握手不到两秒钟，你和他都像触电般地放开对方的手，并且伴随着不易察觉的瞬间微表情——尴尬而不自然的微笑。

其实这个时候你就可以察觉到，在自己的内心深处，对这个同事有着怎样的评价和喜好。所以再一次让我们看到了潜意识的威力。

三、潜意识对塑造团队愿景的作用

人类的潜意识是记忆的“储藏室”，这些被“储藏”的意识，并不是“一潭死水"，而是随时准备进入或正在处于活跃的状态，随时可能从底层影响着我们的意识和想法，甚至包括一些生理机能（如呼吸、心跳、内分泌等）。潜意识能够帮助我们开发自身潜能，提高大脑运转效率，提高记忆力，增加智慧和创造力。现在市面上已经有多种潜能开发的课程，其中很多技术都与潜意识的探索和开发有关。

潜意识在团队的愿景塑造和落地的过程中，主要表现为四方面的作用，具体如下图所示。

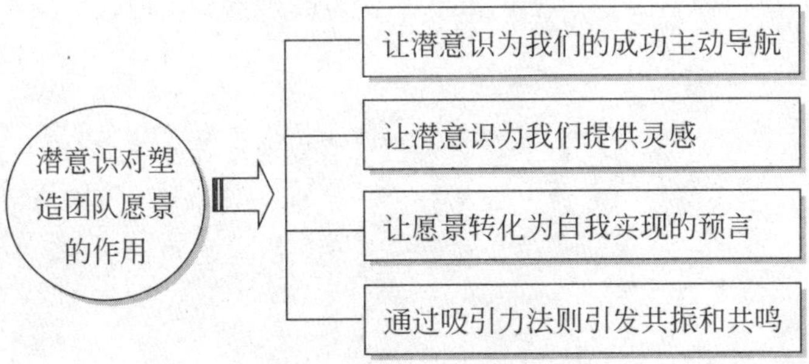

潜意识对塑造团队愿景的作用

1.让潜意识为我们的成功主动导航

通过训练潜意识的控制能力，可以主动地改变潜意识的内容和结构，让潜意识为我们的成功主动导航，而不是成为羁绊。如果我们在意识中不断地对自己进行暗示，不断地重复某种想法或话语，就会逐渐地进入潜意识中，并通过潜意识的转换把这些想法变成行动。

如果一个潜意识要能够被很好地接受，就需要与我们深层的价值观相一致，并伴随一定的情感体验。所以，那些与我们的个人欲望和切身利益相关的念头，最容易产生明显的暗示影响。

比如，那些与财富、成功、健康、幸福相关的话语和人生目标，最容易带来强烈的影响与情感反应。

训练潜意识控制能力的方法如下图所示。

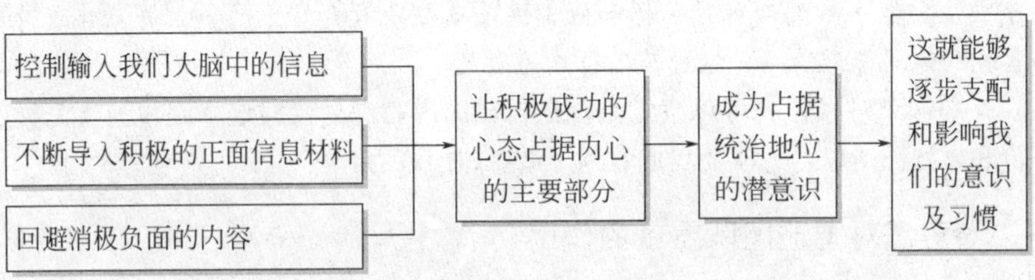

训练潜意识控制能力的方法

对于消极的信息和心态，我们要主动意识到并加以制止，还要主动遗忘，避免它对你的头脑产生“污染”。同时我们还可以对负面信息进行批判，用积极的视角来解释消极的世界，化腐朽为神奇，变换思维角度，也可以获得有益的认识和经验。

2. 让潜意识为我们提供灵感

开发潜意识的创造性思维能力，能够为我们提供解决问题的创造性灵感，给予我们智慧和顿悟。

心理学界认为，顿悟是人们理解力和创造力的重要来源。顿悟具有醍醐灌顶的功效，能够在经过大量的信息收集和思考之后，在特定的时间和空间，豁然开朗，突然领悟。

潜意识一直在我们的思想深处，蕴藏着大量的有意无意、多年累积的信息，它在我们身体和思想放松的时候，自动地对这些信息进行排列组合，从而可能产生一些新的创意。所以我们可以通过与潜意识沟通的方法，把我们的指令和成功的愿望，由意识的加工转换为潜意识的存在，然后将意念放松，等待在某一时刻的顿悟，这也就是潜意识将给我们的答案。

比如，有不少人长时间苦思冥想一个问题，百思不得其解，结果却在某一天早晨醒来时，或在刚要入睡时，突然在头脑中闪现了答案或灵感。这些灵感或答案如果及时记录下来，及时转化为意识，就成为解决问题的重要法宝。

3. 让愿景转化为自我实现的预言

通过不断的想象与自我暗示，可以将成功愿景转化为自我实现的预言。

假设你已经制定了一个事业发展的目标，那么你还需要将这个目标转化为更能激发你内在潜力的愿景和理想。这时你需要运用与潜意识沟通的方法，不断地作自我强化和暗示，然后在头脑中冥想三遍。这样反复地练习，反复地输入，你的潜意识就能不断得到指定的暗示，你的潜意识就可能发生信念的改变；而潜意识反过来又能够影响你的所有思想和行为，帮助你获得坚定的信念和强大的行动力，直到达成你的目标为止。

这种潜意识暗示的方法，在很多成功学著作中都有所提及。有不少人尝试了这个方法，但没有取得理想的效果，主要原因如下图所示。

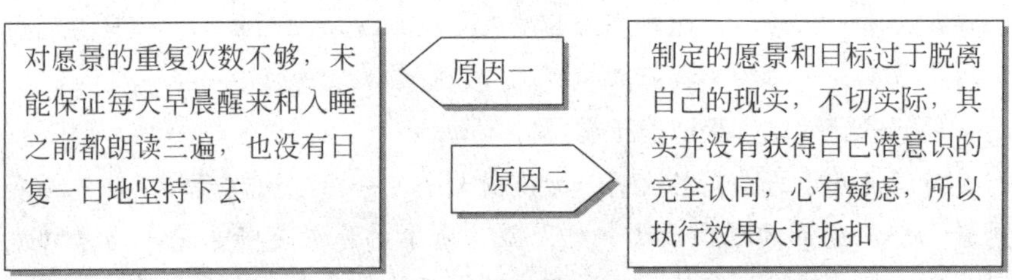

潜意识暗示法不成功的原因

4. 通过吸引力法则引发共振和共鸣

潜意识还能够通过吸引力法则向周围的事物发出“能量”，引起共振和共鸣。在朗达·拜恩（Rhonda Byrne，是澳大利亚电视制片人和作家，著有轰动世界的《秘密》一书，并于2007年被《时代》杂志选为全球最有影响力的100人之一）看来，人类的意志和思想是有辐射能量的，脑电波是有频率的。根据“量子纠缠”理论（根据实验验证，具有纠缠态的两个粒子无论相距多远，其中一个粒子的量子态发生变化，另一方的量子态就会随之立刻变化，而两个粒子之间的联系方式，至今没有实验证明），有学者提出可能是某种神秘信号，也有人认为是宇宙中某种未知的固有联系，这种频率的脑电波发出振动，会影响周围的事物，能够把与你的大脑相同振动频率的事物吸引过来，包括其他人的大脑。拜恩通过这个理论，深刻揭示了主宰人生的宇宙运行黄金法则，解析了如何运用这个法则去吸引资源，创造美满幸福的生活。拜恩告诉我们，如果你的目标足够单纯而明确，意愿足够强烈，那么任何你向往的美好事物，终究会变成现实。

拜恩的《秘密》一书在很多人看来是比较超前的，但参考心理学中潜意识和“自我实现的预言”的理论，至少可以解释一部分拜恩的观点，就是当一个人的潜意识形成的某个愿景足够强烈时，便会重新塑造他的意识，从而建立起可以撼动世界的强大信念，让周围一些对他的信念持怀疑态度的人，尝试性地配合他开展工作。如此持续下去，将汇集更多的人力资源和物质资源，帮助他去实现伟大的信念和愿景。结果，这个人的事业将更可能走向成功，心想而事成，享受海阔天空之美。

相关链接

如何构建团队愿景

随着社会科学技术的不断发展，以及管理方式的不断创新，一个企业要想获得更好的发展前景，除了要注重企业硬件设施的建设外，内部员工管理范畴的统筹与规划也是非常重要的。企业的外在形象是硬实力，而内部员工的管理流程则是软实力，是对企业发展起着关键性作用的部分，只有一个企业的内部员工存在共同的愿景，才能对企业的发展起到推波助澜的作用，可见共同愿景的观念是很重要的。那么我们该如何建立共同愿景呢?

1. 从部分到整体，吸取员工意见

共同愿景是分为不同层次的，按范围大小可分为组织愿景、团队愿景和个人愿景。个人愿景的范围最小，也是最为基本的愿景范畴，个人愿景的方向决定着其他愿景的发展。从部分和整体的辩证关系来看，个人愿景就相当于部分，而团队愿景和组织愿景则相当于整体，整体起着全局性的作用，而部分的功能能够决定整体的功能。所以对于一个企业来说，要想发展得更好，获得更多的效益，就必须以企业内部员工的个人愿景为导向，建立企业内部整体的整体愿景。为此企业需要了解每个员工的奋斗目标，需要建立一套收集员工个人愿景的体系，将每个员工的奋斗目标都收录下来，从而进行总结和归纳，将基本的个人愿景提升为团队愿景，将精华的部分进行升华，这样企业就有了一套完整的个人愿景收集体系。这个体系不仅使企业有了自己发展的方向，而且企业内部的员工文化也会更加完善，员工的士气就会高涨，合作与竞争的意识会更加热烈。这样员工越努力，从企业中获得的利益就越多，员工的积极性就会明显的提高，所以建立员工个人愿景收集体系是非常重要的。

2. 将个人愿景分段，设定不同的奋斗目标

只建立个人愿景收集体系是远远不够的，如果我们设定的目标过于远大或宽泛，企业内部员工会觉得不切实践，或者奋斗的积极性不高，毕竟目标是远远高于现实的，很多员工很可能会觉得目标脱离实际，缺乏实际性，就会在工作的过程中相互推诿，推卸责任，甚至会使企业流失一部分精英员工。为了更好地实现企业的组织愿景，从而完成个人愿景，我们需要将收集到的个人愿景进行分类和分级，分为短期愿景和长期愿景，短期目标和长期目标，简单目标和困难目标，部分目标和整体目标，将分类好的短期目标在员工之间进行公示，让员工耳熟于心。一般情况下，员工在看到短期目标时，会觉得非常兴奋，会对企业的未来充满信心，会觉得企业的短期目标非常的切实可行，会对自己的工作充满激情与动力，会把企业的短期目标与自己的短期目标结合起来。这样员工就会拼尽自己的全力，为企业贡献自己的一分力量，会真正与企业融入到一条战线上，会不断地在竞争与合作的过程中提升自己，向着下一个目标前进，最终抵达成功的彼岸。

3. 完成整体愿景，领导应该身体力行

我们不仅要注重整体愿景和个人愿景的关系，而且也要发挥领导人的核心带动作用。一个领导人在一个企业内部所能发挥的作用是无法估量的，领导人可以看成是一个企业的顶梁柱，可以看成是一个潜力股，他不仅在企业中有着领导的作用，而且也是整体员工的表率。所以企业的领导人也要加入到整体愿景的体系中，只有领导人在这个体系中发挥他应有的作用，起到表率和带动作用，才能给下属的员工树立起榜样。有些员工虽然充满着激情和动力，但是工作的方式和方法是不正确的，光有一股蛮力，不仅不会促进企业文化的发展，而且还很有可能起到一定的副作用。而这些充满激情的员工，不是对工作不热爱，而是缺乏工作的方向，和欠缺工作的经验与能力，这就需要领导发挥自己

的带头和领导作用，辅导员工向着既定的小目标奋斗。领导的“灯塔”其实也是企业建立的愿景体系，领导人发挥的作用就是提升员工的工作能力，使员工在企业内找到自己的定位，发现员工的不同能力，以便因材施教，分配到最适他们的岗位，这样带给企业的利益就有事半功倍的效果。企业的领导人就是企业的核心支柱，他必须带给企业正能量，而且带领全体员工一步一步地实现小的愿景，最终实现企业的最终愿景。

4.个人愿景与企业愿景相互制约，提高整体效益

如果想要更大地激发员工的积极性，只设立目标是不够的，还需要将员工的工作报酬与目标的实现效果挂钩。企业的目标完成的效果好，效率高，那么员工得到的回报就高，企业愿景与员工愿景的契合度越高，员工努力的方向就越正确。这样员工在工作过程中的每一分努力都会得到等额的回报，就不会有浪费资源和力气的现象存在了，而且员工的团队协作能力会很大程度地加强，因为只有团结协作才能将工作完成得更出色，得到的回报才会越高。

第三节　落地团队愿景

一个能够落地的愿景，也需要如执行力一般，实现从组织层面向个体层面的转化。优秀领导者的个人魅力，首先在于能够预见并清晰地看到这些愿景，然后向身边的人描绘一个清晰而美好的未来，之后身体力行、以身作则、高度信奉这些愿景，直到对身边的人形成强大的影响力，在团队中达成共识。

一、团队愿景落地的过程

构建好团队愿景之后，就面临一个将团队愿景落地，转化为每个团队成员个人愿景的需要。团队愿景虽然美好且具有感召力，但仍然不同于每个团队成员的个人愿景。因此对团队愿景的塑造，需要进行一个落地和推广的过程，这其中也包括每个团队成员的再理解、再创造过程。

从企业的管理技术来看，这一过程包括下图所示的五个步骤。

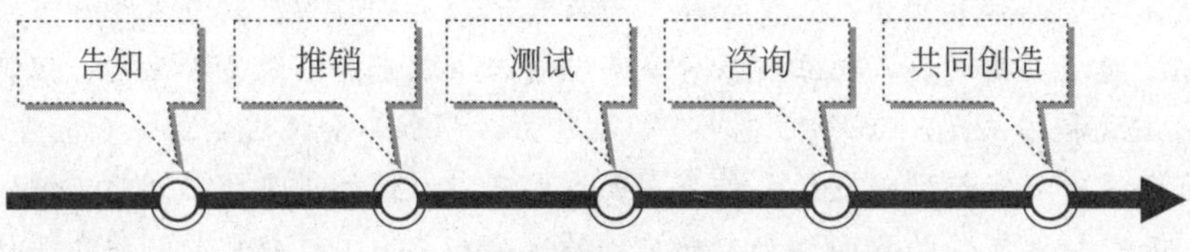

团队愿景落地的步骤

1. 告知

将团队愿景通过正式的场合、以正式的形式告知全体团队成员，这是一种权威性的、鼓动性的告知。

2. 推销

团队领导者以身作则，努力将团队愿景推广到全体成员心中，推动他们为实现团队愿景而合力奉献。

3. 测试

团队领导者与团队成员敞开心扉地进行充分沟通和释疑，解答有关团队愿景的问题，以获得团队成员对团队愿景的深度认同。

4. 咨询

在团队愿景建立之后的工作中，根据实际遇到的问题，进行有针对性的咨询，帮助大家结合工作实践更深入地理解和践行团队愿景。

5. 共同创造

经过一段时间的实践，结合对团队愿景的深度理解，团队成员从下到上可以对团队愿景开展一次修改、完善、共同创造。

二、团队愿景落地的阶段

虽然以上五个步骤是一套推广团队愿景的完整过程，但也还面临着如何真正地将团队愿景植入每个团队成员的内心，以获得他们在感性和理性上深度认同的问题。在这个过程中，应导入一些心理学的方法，从内在来加深团队成员对愿景的认知。

心理学家H.C.凯尔曼在1958年就提出了态度形成或改变的模式，包括下图所示的三个关键步骤。

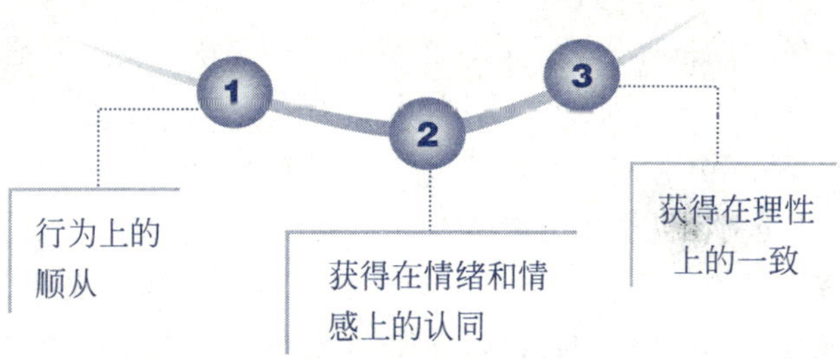

态度形成或改变的模式

图示说明：

（1）这时，只要求受影响对象在行为上保持一致。即使受影响对象心存疑惑、敷衍行事，都是可以接受的。

（2）这时，通过不断的沟通和情感的交流，逐步唤起受影响对象在情绪和情感上的共鸣。在这个阶段，受影响对象在态度上已经发生了转变，逐步开始接受新的信息和意见。

（3）这时，已经经过一段时间，通过行为上的顺从和情感上的认同，受影响对象已经在理性上不断说服自己接受新的信息和意见，并且已经与自己的信念和价值观联系起来，使自己的价值观产生了变化。

这套态度改变的模式，经常用于年轻销售员的培训当中，或被称为“洗脑”。该模式的变化形式，还经常用在一些成功学课程的培训中。虽然这套“洗脑”的培训方式尚存在一些争议，但我们还可以在保留正当目标的前提下，对这套方式加以合理运用，以赢得团队成员对愿景的心理认同，甚至起到重塑企业文化的作用。这一过程可以概括为下图所示的三个阶段。

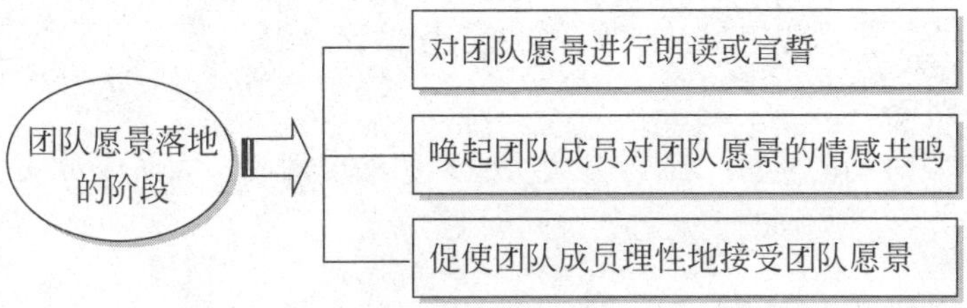

团队愿景落地的阶段

1. 对团队愿景进行朗读或宣誓

在固定的时间和固定的场合，以既定的团队仪式的方式，对团队愿景进行朗读或宣誓。

比如，在很多企业的销售团队和生产团队中，经常在上午上班之前，用15 ~ 30分钟时间对团队愿景和目标进行集体朗读或宣誓。

这其实是一种非常有效的心理暗示方法。因为一个人一旦当众做出了承诺或宣誓，就受制于较大的群体压力，难以改变宣誓的立场，实际上是承担了一定的承诺义务并且难以放弃（否则会受到其他人的鄙夷）。这样就对宣誓者的行为和心理产生了强烈的固化作用，并让新的理念在宣誓者心中扎根。

2. 唤起团队成员对团队愿景的情感共鸣

收集和整理有关企业及团队中的成功事例，通过真情的表达、深度的沟通，唤起团队成员在情绪和情感上的共鸣。在这个过程中，需要将企业愿景、团队愿景甚至与个人愿景和家庭愿景高度融合起来，将工作的意义与生活的意义、家庭的意义统一起来，以获得团队成员对工作的情感认同。

3. 促使团队成员理性地接受团队愿景

经过一段时间的理性说服、感性沟通和具体实践，结合一定的奖励和惩罚措施，大多数团队成员已经能够在心理上说服自己接受团队的愿景，并将其与自己的信念和价值观联系起来，让自己对团队工作的理解得到升华，进而使个人的价值观与团队的价值观高度统一，从而实现团队愿景的有效落地。

三、通过自我催眠落地团队愿景

有意识的自我暗示，或者比较专业的自我催眠，能够被广泛地应用在日常工作和生活中，也能够应用于自我心智模式的改变。但它还不属于专业的心理治疗方法，因为这需要专业的心理专家或催眠师来执行。在团队愿景构建中的自我催眠，主要通过有意识的自我暗示，构建自我实现的预言，塑造清晰的成功愿景，从而增强人们的信念，提高行动力，促进事业的成功。

在自我催眠中，主要应把握下图所示的三大要领。

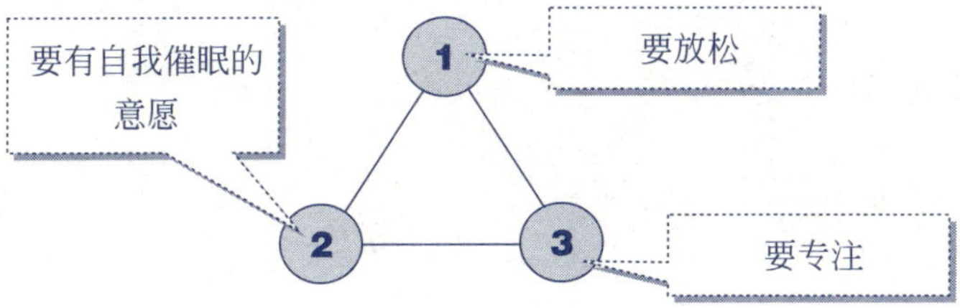

自我催眠的要领

1.要放松

选择或营造一个温暖、舒适、不受外界声光干扰的环境，并且衣着宽松，取下眼镜、手表等佩戴物，选择舒适的坐姿或躺姿，不饿不饱，精神良好，最好在早晨起床不久或晚上入睡之前，以尽量减少生理上的干扰。

2.要有自我催眠的意愿

要怀有随意且开放的态度进行自我暗示和催眠，没有预设太过功利的目标，只是尽量去理解和想象期望中的愿景，让这些愿景具有轻松而感动的意义。

3.要专注

在自我催眠时，全身心地投入自我暗示的语言中，对此充满无限想象和憧憬，让自己充分沉浸在自我催眠构成的美妙场景中。

相关链接

成功愿景的自我催眠训练

1.请拿出一张空白的纸，约有半张A4纸大小，在上面写上自己三年后的愿景，用现在已经发生的语气，写下愿景的内容。

2.要求：充分想象与描述一个你三年后希望的职位和工作形象。你与大家关系很好，你喜欢他们，他们也很欣赏你。你得到他们的尊敬和喜爱。每一天，你过得都很快乐。

3.将目光焦点注视在你前方比眼睛高度略高的一个点上。把卡片拿到你的视线高度，看着卡片念3次你自己所写的暗示语。之后，将卡片放下。做一次深呼吸，然后做第二次深呼吸，再做第三次深呼吸，闭上眼睛，数3、2、1，将全身完全放松。

4.将你所写的愿景在潜意识中不断地重复，同时想象你已完全实现愿景的内容。这时，你的愿景正逐步地进入你的潜意识里。

5.然后，摘下眼镜、手镯、手表，身体放松，找一个很舒服的姿势坐好，闭上眼睛，之后关上灯光，最好有轻松音乐作为背景。先做三次深呼吸：呼-吸，呼-吸，呼-吸。然后对自己暗示以下几点。

（1）请告诉自己，我要花几分钟来做这次自我催眠。

（2）这次自我催眠的目的是要让自己放松，在催眠中，我的潜意识会很自然地、很容易地接收这些指令。

（3）告诉自己，当我完成了整个过程时，我会感到很轻松，很欣喜。

6.潜意识地暗示并引导自我想象以下几点。

（1）请想象：就在自己的眼前，看到舞台的帷幕被缓缓地拉开……

（2）我得到了单位的任命，领导充分肯定了我的工作成绩，我在团队人际关系、团队管理、团队业绩方面，达到了一个新的高度……（请根据自己的愿景进行完善）

（3）我看到，一个阳光明媚的上午，我在组织团队的工作会议（请根据自己的愿景进行完善）。

（4）我还看到，经过这几年的自我提升，当我照镜子的时候，我感觉我的气质变得不一样了（请根据自己的愿景进行完善）。

（5）深呼吸、深呼吸……将所写的成功愿景在潜意识中不断重复，同时想象你已经完全实现了成功愿景的内容。在这样的自我暗示过程中，当你在内心深处不断重复这些成功愿景时，会发现这些暗示语变得碎片化，但你能够想象的场景变得越来越清晰，这说明你已经进入较好的催眠状态，你的成功愿景已经逐渐有效地深入你的潜意识里。

（6）过了2～3分钟，当你觉得有点疲倦，场景由清晰变得模糊时，就可以缓慢地睁开眼睛。这时你可以感到精力充沛，身心充满力量。

当回归意识状态时，可以再认真思考：为了达到三年之后我期望的场景，我现在需要做些什么呢？需要在哪些方面加以提升呢？具体的行动计划呢？

四、团队愿景的转化

在团队愿景编制完成后，需要通过一定的管理方法和心理方法，将愿景转化为员工个体的愿景。这个阶段主要包括下图所示的四个步骤。

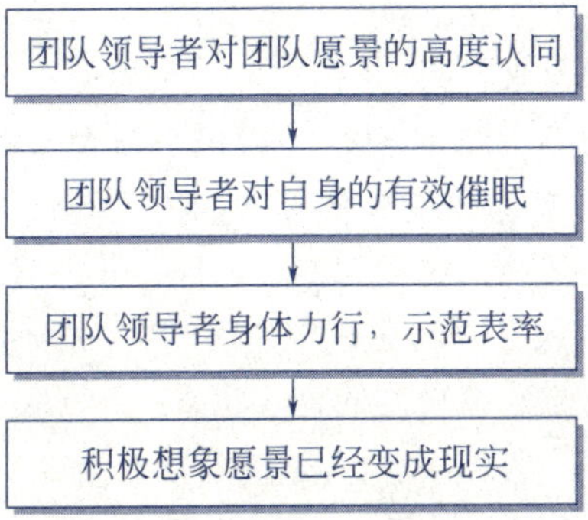

团队愿景转化为个人愿景的步骤

1.团队领导者对团队愿景的高度认同

团队愿景的设定，需要比现实有一定程度的提高，但不能脱离实际。一般而言，团队愿景的价值观要人性化，发展目标相对于现状有20%～30%的提高较为适宜。在此前提下，团队领导者通过自己的理解和实践，逐步加深对团队愿景的高度认同。

2.团队领导者对自身的有效催眠

在这一阶段，团队领导者需要继续以身作则、带头示范，践行对团队愿景的强烈信念。团队领导者可以通过以上成功愿景的自我催眠的方法，将团队愿景制作成卡片，通过日复一日的自我暗示和自我催眠，创建潜意识对团队愿景的强烈期望与认知，直到在团队领导者意识中建立起强大的信念，从而对其他团队成员产生强烈的影响。

3.团队领导者身体力行，示范表率

在团队日常的工作和活动中，不断地强化团队愿景，增强团队愿景的凝聚力，丰富团队愿景的内涵，将团队愿景的理念和文化落实到团队成员的心理和行为中，逐步促成大家共同接受团队愿景。

西游智慧

作为一个团队领导，能够为团队设定前进目标，描绘未来美好生活是必要素质。唐僧从一开始，就为这个团队设定了西天取经的目标，而且历经磨难，

从不动摇。团队的领导是企业文化的传播者，只有以身作则，坚定不移地实行公司的文化，才能把企业文化灌输给每个员工，使他们自觉遵守并认同，更好地实现企业愿景。

4. 积极想象愿景已经变成现实

带领团队成员定期朗读团队愿景，并积极引导大家在头脑中想象愿景已经成为现实。通过类似团队成功愿景的集体催眠的方式，将口号宣誓似的团队愿景宣读，转变为与潜意识沟通的方式。可以在早上上班之前、大家精神状态良好时，在背景音乐的伴随下，进入良好的愿景构建活动中，从而在每个人的潜意识深处，建立起个人愿景与团队愿景高度协同的良好状态。

场景沙盘

1. 员工动力和目标感下降，该如何进行人性化的精神激励?

××公司在最近的管理状况问卷调查中发现，员工满意度有下降的趋势。有不少员工反映，他们不了解工作的目标和愿景，也缺乏相应的工作责任感，工作动力和对公司的信心也不强。对此，人力资源总监吴×感到很忧虑。那么，他该从哪些角度入手，进行人性化的精神激励设计，提高对员工的激励水平呢?（多选）

【选项】

A. 制定并公开晋升标准，设立职业发展辅导机制

B. 为新员工指定一名工作导师，由导师负责指导新员工的工作、生活和心理问题

C. 当众奖励做出贡献的员工，对员工的贡献公开表示认可

D. 给予员工更具吸引力的职位名称，如将班组长职位改称为主任职位

【最佳选择】

A、B、C、D

【解读】

对员工的精神激励不是简单的发奖状和赞美，而是要懂得掌握人性的规律，从细节入手，营造人文关怀氛围，建立良好的激励文化。具体可以从以下方面着手。

（1）制定并公开晋升标准，设立职业发展辅导机制，通过明确职业发展阶梯、培训时数、轮岗要求、专业资历，帮助员工明确未来职业发展方向，获得良好的心理支持感。

（2）为新员工指定一名工作导师，由导师负责指导新员工的工作、生活和心理问题，并为工作导师发放一定的指导补贴。

（3）对员工的贡献公开表示认可，时时告诉员工公司所取得的好成绩，并当众奖励做出贡献的员工，让员工看到良好的发展机会！

（4）不要吝啬头衔和名号。一方面可以给予员工更具吸引力的职位名称，如将班组长职位改称为主任职位，将项目负责人改称为项目首席工程师，并允许员工将头衔印制到名片上，这可以很好地增强员工的自我价值认同感，另一方面，可以经常颁发内部证书或聘书，通过举办仪式或大会的形式，公开聘用或任命员工，也能起到很好的精神激励作用。

（5）在公司设立荣誉墙和单位年鉴，记录并公开赞誉对公司做出贡献的各级员工，公开告诉员工：你的努力，我们看得到！这样可以激发更多员工形成使命感和责任感，帮助更多员工获得尊重和自我实现的需要。

2.如何充分激发员工的成就感?

最近技术总监关×发现，技术部的一些老员工，在工作方法上越来越循规蹈矩，缺少创新动力。在一些私下沟通场合，关×了解到，武×等老员工觉得，公司已经步入成熟期，产品设计也越来越成熟，所以现在是坐享其成的收获期。但关×认为，这种故步自封的想法对公司是危险的，所以他想改变技术部老员工们的这种想法。那么，他该如何入手，来激发和调动员工的成就感呢？（多选）

【选项】

A.对员工经常表示关注和重视，对员工有积极的期待

B.让管理者成为最好的榜样，带头寻求产品设计方面的创新

C.做好人岗匹配，激发员工的工作动机和潜能，激发员工工作兴趣

D.用共同目标和愿景激励员工，用“具体的”梦想鼓励员工拼搏

【最佳选择】

A、B、C、D

【解读】

员工满意度并不等于员工敬业度，高满意度的员工并不一定在工作中具有更高效能或更高敬业度。要提高员工敬业度，重要性由高到低的因素为：受领导重视；工作兴趣高；成绩得到及时认可；意见受到重视；能发挥特长；金钱激励。下面具体说说该如何激发员工成就感。

（1）管理者对员工经常表示关注和重视，对员工有积极的期待。在上下级关系中，存在一个主管期望效应。如果主管认为某个下属工作能力强、态度好、配合度高，也就是说是个人才，那么就会对他有意无意地表示更多关注和信任，这会激发这名下属产生更高的自尊要求，努力表现以符合主管的期望，结果是员工的业绩和能力水平都提高了。所以信任和关注，加上积极的期待，就能够从内心

深处焕发出员工的工作潜能。

（2）及时认可和肯定员工的成绩。不要吝啬你的赞美，用欣赏的眼光发现下属的闪光点。如果表达赞美和感谢有困难，可以写一张纸条放在员工的桌面上，如“谢谢你昨天晚上加班到9点，辛苦了！”另外，可以在客户面前介绍和赞美员工，表达你对他们的信任。这些都是非常好的赞美方法。

（3）重视听取员工的建议。以倾听和共情的态度了解员工的建议，做出积极回应，让员工感受到意见被重视。

（4）做好人岗匹配，激发员工的工作动机和潜能，激发员工工作兴趣。在工作岗位安排方面，认真考虑员工的个性特点、动机和价值观，让正确的人做正确的事，就更容易产生正确的结果。

（5）用共同目标和愿景激励员工，用“具体的”梦想去鼓励员工拼搏，让使命感成为驱动力，将企业的价值观植入每一位员工心中。公司应该要求，每一个部门、班组都要通过集体讨论建立本团队的愿景目标以及行动方式。价值观和愿景能够快速达成团队共识，有效降低管理成本，实现良好的团队建设效果。

（6）让管理者成为最好的榜样。很多企业推选先进员工，但没有起到应有的榜样作用，关键在于公司里最好的榜样不是普通员工，而是各级管理者，特别是高层管理者。干活的时候，管理者把自己的手弄脏，可以激励身边每一个员工；员工们干不了的，管理者冲上去自己来！因为管理者是大家模仿的真正对象，让员工们高效，管理者自己不能低效，还要用自己的热情点燃大家的热情，这样的团队才会有向心力和战斗力。

第三章
构建良好的团队关系

场景导入

何老师："前面我们交流了如何构建团队共同愿景，我想应该对大家以后的工作会有一定的帮助。"

研发部的沈经理说："以前，我确实认为愿景只是公司层面的事，与我们一个小小的团队没有什么关系，现在终于明白了，团队也要有共同愿景才行。"

何老师："是的，由于团队的员工在初期阶段个人需求不同，价值观不同，地位不同，看待问题的角度不同，因此他们对于企业愿景的认识有很大的区别。如果要使团队高效运作，必须要树立一个共同的愿景。解决员工参与团队合作中知道我们要完成什么，我们可以得到什么，这就是团队运行的核心所在。使每位销售团队成员都相信它，并且愿意努力地实现它。"

沈经理："您说的太对了，这次培训结束后，我就召集团队成员，创建好我们团队的共同愿景。"

何老师笑着说："看来沈经理是个急性子啊！"

沈经理："不瞒您说，我是搞技术出身的，对于团队管理还真是门外汉。"

何老师："团队管理既是一种技术，也是一门艺术啊！众所周知，良好的人际关系有助于团队的合作，有利于提高团队的工作效率，同时还会增进团队成员的身心健康。有人说：'管理者事业的成功，15%由专业技术决定，85%与个人人际关系和处事技巧相关联。'因此，如何正确处理团队中的人际关系，对管理者而言，也是至关重要的。下面，我们就一起来看看如何构建良好的团队关系。"

第一节　导入人际关系的本质

在一个团队中，在工作中能否产生足够的合作默契，能否拥有足够的凝聚力，很大程度上依仗着团队成员之间的人际关系是否融洽。

一、人际关系的本质

当今社会但凡讲到人际关系，都必须提及一个人，他就是美国现代成人教育之父、美国著名的人际关系学大师、西方现代人际关系教育的奠基人戴尔·卡耐基，他被誉为“20世纪最伟大的心灵导师和成功学大师”。其在1936年出版的著作《人性的弱点》，80多年来始终被西方世界视为社交技巧的“圣经”之一。而卡耐基也被后人尊称为作家、人际关系学家和心理学家。请注意，卡耐基有一个头衔，是心理学家。其实，卡耐基高中毕业后，就读于密苏里州华伦斯堡州立师范学院，他并没有从事过科班心理学专业的学习。但他所著载誉世界的《人性的弱点》《人性的优点》《人性的光辉》《美好的人生》《快乐的人生》《伟大的人物》《语言的突破》等书籍，无处不在显示出对心理学的深刻理解，放射出心理学智慧的光芒。所以，卡耐基被称为心理学家，受之无愧！

我们在以往很多关于人际关系学的著作中，学习到的往往是一些人际关系的功能、类型、状态，或者还包括一些艺术和技巧。但在学完之后，我们总有一点儿遗憾，凭着所学，并不能真正管理好我们的人际关系，似乎我们对人际关系的理解，还有一点儿不及本质的遗憾。而大量的理论和实践经历告诉我们，从心理学的角度来导入人际关系学，将直达人心和揭示出人际关系的底层运行规律！所以，如果我们从心理学的视角探讨人际关系的管理，尤其基于社会心理学和管理心理学的理论开展对人际关系本质的探索，一定将会有新的发现！

二、人际关系的自我测评

在认识人际关系的本质之前，我们先对自己做一个如下的测评。

1.您是否从善意、接纳的角度出发，与下属们相处？

（1）很少　（2）比较少　（3）一般　（4）比较多　（5）多

2.您是否从简单、真诚的角度出发，与下属们相处？

（1）很少　（2）比较少　（3）一般　（4）比较多　（5）多

3.您是否在意提高自己的积极个性品质（如真诚、忠诚、可信、智慧、热情、善良、幽默、开朗等）？

（1）很少　（2）比较少　（3）一般　（4）比较多　（5）多

4.您是否会在下属面前进行适当的自我暴露（讲述私人的信息、看法、价值观等）？

（1）很少　（2）比较少　（3）一般　（4）比较多　（5）多

5.您是否在组织内的人际交往中，注意进行情感、信息、价值观、态度、经济资源等方面的交换？

（1）很少　（2）比较少　（3）一般　（4）比较多　（5）多

6.您是否在组织内的人际交往中，会有理有节地反击，以赢得他人的尊重，及与他人力量关系的均衡态势？

（1）很少　（2）比较少　（3）一般　（4）比较多　（5）多

7.您是否愿意承担组织工作中的一些模糊责任或任务？

（1）很少　（2）比较少　（3）一般　（4）比较多　（5）多

8.您是否能注意到在工作中，与上级、同级、下级相处时的不同角色，并选好自己的角色？

（1）很少　（2）比较少　（3）一般　（4）比较多　（5）多

计分方法：将每题选项的数字相加，得出总分。

得分说明：

33～40分：您的职场人际关系表现非常好，可以帮助您管理好团队，并成为一个良好的领导者。

25～32分：您的职场人际关系表现比较合适，可以帮助您获得大家的认可，赢得发展的机会。

17～24分：您的职场人际关系表现需要提高，否则会影响您在职场中的发展。

16分以下：您的职场人际关系表现不佳，需要给予特别关注，加以改善。

以上自我测验中的八个问题，就是下一节要逐步展开的人际关系的八个心理密码。我们可以对照测验中的得分，对自己以往的人际关系进行评估，以发现自己的优势和不足。

第二节　构建人际关系的密码

人际关系的主要特点就在于它具有明显的情绪体验色彩，是以自己的感情为基础建立的。生活中，工作中，我们都会有这样的感觉，不同的人际关系带给人们的情感体验不一样，亲密的关系会使人愉快，而对抗的关系则会让人烦恼。

通过多年的社会经历和理论学习，概括总结出构建和谐职场人际关系的八个心理密码。这八个关键的心理密码，将揭示从学校到企业甚至全社会的人际关系底层的规律。如果将这些密码运用到职场人际关系管理中，将产生快速而良好的效果。那么我们如何破解这些职场人际关系的密码呢？下面一起来看看。

一、善意

要让大家心甘情愿地追随你，善意和真诚无比重要。在人与人交往的各项法则中，善意是最为有效的原则。我们每一个人都有这样一个心理倾向，就是“喜欢——喜欢自己的人”。换句话说，我们总是对那些比较亲近我们，对我们包容、理解和接纳的人表示出好感；而对那些对我们比较冷漠或者怀有敌意的人，保持着一定的隔阂或距离。这似乎在说明，我们每个人的内心深处，都渴望得到一份来自他人的温暖和亲近。所以，不妨我们就首先做一个能够给别人带来温暖和信任的人。

所以在这里，我们将善意作为人际交往的第一原则。我们可以用自己的善意去照亮别人，给别人投出一份信任的眼光，一个善意的微笑，一个温暖的表情，用这些由内而外的善意去融化人与人之间的坚冰。而我们也将得到善意的回馈，享受这美好的人际交往旅程，并且在我们潜意识深处，也能够感受到一种善意的情感共振。有了这样一个美好的起点，我们以后的人际交往就将步入良性循环。坚冰被打破了、隔膜被消除了，后面的人际交往就不存在真正的问题。

虽然说与人为善是人际交往的第一原则，但在很多复杂的社会背景和情况下，我们还需要一种心理准备，即在某种必要的情况下仍要防止有人来者不善。所以说这种人际交往的善意，是一种有底线、有原则的善意。世界上没有绝对的社会法则，所以也需要懂得权变地运用善意法则。根据作者多年来数以百计的对职场人士的深度访谈和人才测评发现，即使大家在职场中争得面红耳赤，但大家的出发点往往是善意的、以解决问题为导向的，这些争执的发生往往只是因为观点、信息和视角的不同，并没有不共戴天之仇。但有一种情况是要注意提防的，就是有人多次明显地向你表达敌意，并有明显的语言和语气的挑衅。这时，你就要注意亮出你的底线，为自己做出辩解，向对方发出适当威慑，同时在心里告诉自己“要防止有人来者不善”。但这种情况出现的比例，在职场人际关系中不会高于10%。

我们这里讲到的善意，包含着非常简单的“善解人意”的意思。人类在自然进化的过程中，为了更好地获得生存资源和良好评价，往往会形成一种强烈的自我价值保护的“坏”习惯，这经常表现为下图所示的三种形式。

形式一　“自我服务”的认知偏差

表现为人们往往在一些不太明确的事件和情境中，表扬自己的良好行为，推卸不明确的责任，来形成自己在他人面前的“好印象”

形式二 “选择记忆”偏差

人们也容易无意识地戴着“有色眼镜”观察周围世界，喜欢选择记忆能够证实自己已有观点的信息，而忽略或遗忘那些违背自己观点的信息

形式三 “晕轮效应”偏差

表现为容易以偏概全地认识和评价周围的世界，有时候看人一美遮百丑，有时候一丑遮百美，而这些显然都不属于客观的审视世界的视角

自我保护的三种形式

博士观点

我们应当对这些发生在别人身上，同时也很可能发生在自己身上的“坏”习惯，坦然接受，一笑了之。对他人不能过于苛责，对自己则希望有则改之，无则加勉。这就是一种理性的善意态度。

二、简单

简单是与善意密码相伴的，同时也是非常有效的第二个人际关系底层密码。对简单的理解是：“运用之妙，存乎一心。”我们可以思考一个问题，人一生七八十年的平均寿命当中，什么年龄阶段最有“人格”魅力？是四十不惑、五十知命、六十耳顺吗？或者是二十岁时的青春貌美或风流倜傥吗？也许是，也许不是。

如果我们从底层的心理影响规律来看，真正能够打动他人内心世界的，往往不是你的美丽或阅历，而是一个人的纯真。所以这里提出的一个看法是，最有“人格”魅力的年龄阶段，是两三岁的幼儿时代。我们成人，不管你是涉世未深还是饱经沧桑，不管当时你是心情低落还是兴高采烈，当你看到一个两三岁的孩子向你报以纯真的微笑，叫你一声“叔叔好”“阿姨好”的时候，你会拒绝对他/她投以相似的可爱的微笑吗？人心都是肉长的，我们很难拒绝一个简单而善意的孩童对我们的期待，所以我们会很快地做出真诚的反应，这也是一种潜意识的行为。这说明在我们潜意识深处，是认可和信任这个孩子的，并愿意和他/她友好交流；这也说明在我们的潜意识中，是容易接受和信任一个简单而善意的人的。因此，人际关系的第二个密码就出现了。

如果我们用一个心理学原理来解释，就是“我们周围的人际关系，都是我们自己内心世界向外投射的产物”。在人际关系之中，遵循着下图所示的这样一个看似简单的对等规律。

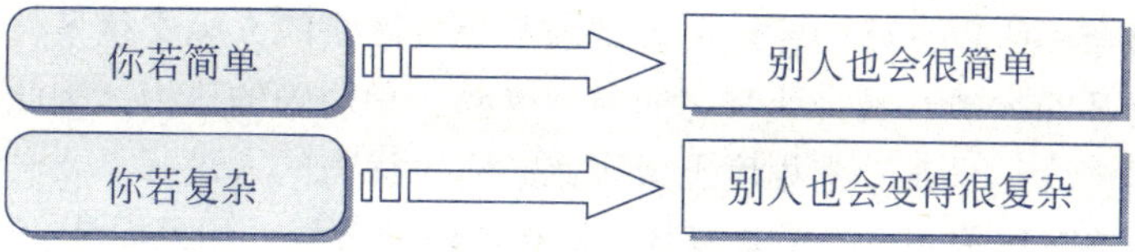

人际关系交往的对等规律

这是因为，我们在与人交往的每一秒钟时间内，都会不断地接收和处理他人发出的每一句言语信息和每一个表情动作，然后据此调整我们的沟通行为，或主动或被动，或善意或敌意。由此，人际关系产生了好坏不同之分。只要在我们潜意识里的出发点是简单的、善意的，并不断将我们自己或他人的言行举止解读为简单、善意甚至是纯真的，然后不断影响自己、影响他人，就构建出一种简单而有效的人际关系。

在现代物理学中有一个“复杂理论”，这个理论其中有一个观点，认为“只有系统中的个体都往单一集体选择方向积累信息时，才可能产生集体决定。为了执行这个共同决定，所有的个体并不必拥有相同的信息，但他们必须对不同机会的理解相同。这个共同理解在所有复杂系统的稳定性中起着关键的作用。系统的共识程度越低，其不稳定性越大”。将物理学中的这个复杂理论，运用到人际关系学中，我们也可以发现类似的规律。就是人和人之间的人际关系系统越复杂，其不稳定性就越高；越难以驾驭，就越容易出现不和谐甚至冲突的情况。

所以，心理学告诉我们的一个原则就是，从简单的出发点与人相处，容易与他人达成理解的共识，并且这种人际关系的稳定性也相对较高。

三、个性品质

在上述两个心理密码中，我们讲到用简单而善意的方式，可以建立人与人之间在潜意识层面上的连接。那么一个具有良好个性品质的人，就可以用他的阳光个性照亮他人。一个人个性当中最积极的品质，例如真诚、理解、忠诚、可信、智慧、热情、善良、快乐、幽默、开朗等，对周围的人往往具有极强的心理影响力。而影响良好个性品质的因素有下图所示的两个方面。

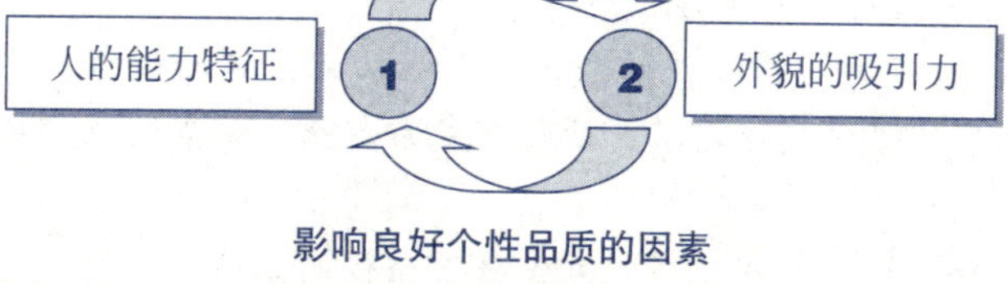

影响良好个性品质的因素

1. 人的能力特征

一般而言，我们都希望结识有能力的人，希望与有能力的人共事，获得信息和成长的机会。所以良好的才能，也是一个令人愉快的人际交往条件。但如果一个人具有超凡的才能，又会让身边的人感受到一种隐隐的压力。因此，这种才能与被喜欢的程度，只在一定程度上成正比。所以优秀的人最好不要与周围的人形成太过明显的对比关系，不要具有容易进行比较的背景。如果你是一个优秀的人，或者是一个“三高”（学历高、职位高、收入高）人士，则要注意在有些场合适度表现低调，要让身边的人在你身上能够找到一些优越感，让他们感受到一些自尊，那么你们之间的人际关系就能够长久而稳定地保持下去。

博士观点

在大多数国家的文化下，尤其在中国的文化下，表现自己的优秀是一种智慧，这要求平和、适度、稳重、顾及他人。

2.外貌的吸引力

与个性品质相关的另一个因素是外貌的吸引力。虽然当下中国社会对整容行业褒贬不一，但不可否认，无论在哪种民族文化中，美貌确实都是一种财富，否则就不会有很多人趋之若鹜地愿意在自己的脸上和身体上“动刀子”，忍受着巨大的身体痛苦。社会心理学认为，外貌具有一定的辐射效应，容易形成人际关系中的晕轮效应，造成“一美遮百丑”的良好影响力。当然，外貌和天姿也不能滥用，否则适得其反。

国外的一些社会心理学案例研究发现，一个外形优越的人如果犯了欺诈罪，在量刑上往往会不自觉地偏重。因为陪审团的成员认为，这个外形优越的人利用了其他人对他/她的信任，这是更加可耻，并且让人难以接受的。但如果回到我们现实生活当中，对自己外貌和着装的适度包装，还是十分有价值的。毕竟我们在很多商业场合认识新朋友时，就是从他/她的面相、谈吐，甚至是通过衣服的品牌和手机的品牌，来形成对他/她的第一印象的。

四、自我暴露

在人际交往中，我们往往与周围的人在进行各种类别的信息交换。这种信息的交换，往往也遵循着一种对等法则。

比如，在一次人力资源沙龙活动中，小张认识了同一小组的小王（假设都为男性），做了初步的眼神交流之后，他们就寒暄起来。一般会按照以下阶段，慢慢进入聊天的状态。

- 话题一：你在什么公司工作？在做什么岗位的事情？
- 话题二：你喜欢吃什么菜？平时玩什么运动？喜欢什么娱乐？

如果在这些话题上得到了比较热情的对等回应，他们就有可能继续探讨以下的话题。

- 话题三：你对公司的加班和生产任务安排怎么看？
- 话题四：你对今后的工作发展有什么打算？你打算继续在目前的公司干下去吗？

假设小张和小王在这些话题上得到了热情的对等回应，他们在这一天的交流比较有效，而且形成了默契，那么他们就可能继续发展朋友关系。在一个周末，他们一起约出来吃晚饭，共同排解一下工作中的压力，也寻找一些在生活和工作中的共同话题。在一两个小时的聚餐中，可能会探讨以下话题。

- 话题五：你跟你父母的关系如何？你打算如何与父母相处？
- 话题六：你在公司有没有谈过女朋友？感觉如何？

之后继续假设小张和小王成了生活上的知己，他们可以无所不谈，相互慰藉。那么在某个场合，他们会试探性地讨论一些个人隐私话题。

- 话题七：你以前谈过几个女朋友？
- 话题八：你在大学时有没有考试作过弊？

从以上小张和小王从相识到逐步加深了解的过程中可以看出，他们讨论的话题出现了层次上的转化：话题一、话题二属于兴趣爱好层面的，这是自我暴露的第一层次；话题三、话题四属于态度与看法层面的，这是自我暴露的第二层次；话题五、话题六属于情感与价值观层面的，这是自我暴露的第三层次；话题七、话题八属于个人隐私层面的，这是自我暴露的第四层次，也是最底层的层次。如下图所示。

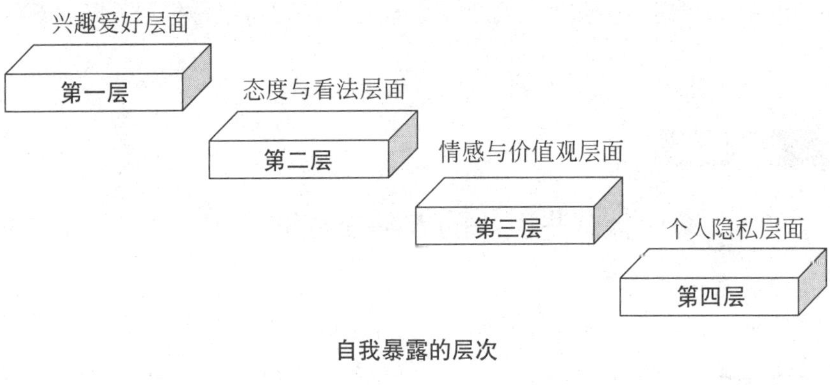

自我暴露的层次

以上这四个层次，就是我们在人际交往中信息沟通的四个层面，代表着不同的人际信任水平，也决定着人际关系质量的高低。

如果我们将自我暴露的心理密码运用到人际交往当中，就可以通过主动的自我暴露，来控制和加深我们与周围人的人际信任，也就是加深人际关系水平。所以从这个角度而言，只有善于自我暴露、懂得适度自我暴露的人，才能够快速而有效地与他人建立良好的人际关系。这也是一个非常重要的人际关系底层密码。

当然，对于任何人，我们都有不愿意暴露的领域，这就是我们的隐私。如果被要求强制暴露，我们会对对方产生强烈的排斥情绪。在一般的职场人际关系中，我们与周围的人，交流的话题达到第三个层面，已经实属难得。我们并不期待与他人的交流能够达到隐私的层面，己所不欲勿施于人，这显然是一种过高而不现实的要求。

五、交换

在人际交往中人们往往有一种共同的倾向，就是希望能够被他人承认自己的价值，希望自己得到他人的支持、接纳和喜欢。因此人与人之间的相互重视和相互支持，是一个很重要的人际关系基础。在人际关系当中，我们应当首先去肯定、支持与喜欢他人，保持在人际关系中的主动地位，构建人际关系的良性循环。这既符合简单和善意的心理密码，又容易得到他人的对等回报，形成交往双方对等的心理平衡。

不过我们在这里讲的交换法则不仅限于此。在社会心理学理论中，有一句关于人际关系非常深刻的评价：人际交往的本质是社会交换，并且指出，人际交往中交换的范畴，不只限于物质和财富，而且还包括情感、心态和信息的交换。所以社会心理学中所指的社会交换，是一种广义范围的交换，它既包括物质层面，又包括精神层面。此外，我们在人际交往中对交换是有所期待的，我们要求这种交换是能够给自己带来增值的，或者至少是有价值的，这才能形成持久人际交往的动力。如果对社会交换的心理密码理解不深，将很难把握人际关系的真正规律。

相关链接

为什么有些工作的人际交往圈子很小？

小张在大学时学习的专业是大气物理，毕业后来到一个地级城市的气象局，从事天气预报的分析和技术工作。由于来到一个人生地不熟的城市，小张也非常渴望在工作之余，认识一些在其他单位工作的朋友（包括同性或异性朋友）。非常可惜，通过一些场合认识的外单位朋友，都很难持续交往下去。小张的感受是，与这些朋友缺少一些深入交流的共同话题。后来小张逐渐想明白了，就是这份工作岗位，除了能够给自己谋生以外，并不能利用这份岗位的专业性为周围的人提供专业和技术的帮助（最多能够告诉朋友第二天天气怎样，下不下雨，要不要带伞。但这种专业帮助很快就被手机天气预报和网络天气预报取代了）。正是这种在人际交往当中的困境，成为小张决定报读心理学专业研究生的原因之一。

后来在考取研究生之后，通过对社会心理学和管理心理学的深入研读，小张终于明白，对于一个有社会服务倾向和管理倾向的人而言，最好在择业的时候，避开一些比较冷门的理工科专业，比如气象、天文、水文、地质等，而应当选择一些既具有专业性又有社会交换属性的所谓热门专业，比如金融、财务、市场营销、法律，或者心理学、医学专业。因为这些热门专业往往具有更多的社会服务价值，它既能够帮助从业者谋求一份高薪的职业，又能够利用所学的专业知识，为自己的家人和朋友给予一定的咨询及建议，而这非常有利于构建长期稳固的人际关系。所以，通过信息、情感、财富的社会交换，我们让人际关系当中的交换具有了增值效应。这种背景下的人际关系想要质量不高都很难，因为周边的人会主动向你寻求帮助，建立联系。

六、反击

在介绍完交换这个心理密码之后，大家可能对于这种过于直白的人际关系描述产生了一点儿负面印象。在当下文明社会，虽然我们具有厚重的人道主义思想，但我们必须要思考一个问题：人是从何而来的？

英国生物学家、进化论的奠基人达尔文先生，早在19世纪就出版了《物种起源》和《动物和植物在家养下的变异》两本重要专著，他深刻地揭示了生物进化论学说，提出了物种的变异、遗传，生物的生存斗争、自然选择等重要论点。除了生物学外，他的理论对人类学、心理学、哲学的发展都有着十分重要的影响。达尔文和他身后的很多生物学家告诉我们，人类从自然界中进化而来，经历过残酷的生存斗争和自然选择，才发展到现在高度文明的阶段。

从进化论“物竞天择”和“用进废退”的理论来看，人类从古猿发展到现在的智人，已经进化并形成一套高度完美的身体系统和神经系统。因此在我们身上的许多特征，甚至包括一般认为的缺点，都具有巨大的生物进化意义和存在价值。

比如，我们都很讨厌自己的遗忘“毛病”。遗忘在参与社会竞争或者准备考试的时候，显然是一种劣势。但如果放在一个自然环境和进化背景当中，我们又得感谢这种遗忘本能。因为正是我们能够遗忘，才能够远离那些在我们的成长经历中，曾给我们带来巨大痛苦的场景和创伤性经历，让我们内心具有一种自我修复的能力，不会被过度消极的情绪和记忆压垮。而如果没有遗忘，我们的身体和精神将面临严重的损害，这显然对人类的进化和生存是非常不利的。

在这里介绍一个社会心理学中的概念：侵犯。侵犯也叫攻击行为，是指有意伤害别人且不为社会规范所许可的行为。侵犯也包括非身体接触性的直接或间接的有意伤害，如敌意、语言侮辱、中伤、欺骗等行为。奥地利比较心理学家康拉德·洛伦茨创立的习性学认为，低等动物的攻击性行为对其生存有利，而人类的好战行为也有其先天的基础。《自私的基因》的作者道金斯指出："让我们懂得我们自私的基因居心何在。……我们无论怎样感到惋惜，事实毕竟就是事实，因为我们生来是自私的。"所以，自私行为以及相关的侵犯行为，对人类的进化具有重要的适应意义。

侵犯是男人在进化过程中，从祖先那里继承得到的一种遗传心理和行为机制，它提高了基因繁衍传递的概率，在帮助人类获得生存资源、抵抗外部威胁、消灭竞争者等方面，在过去和现在都产生了非常重要的价值。所以从过去到现在的人类行为中，侵犯行为同遗忘行为一样，积极意义远高于消极意义。我们作为人，必须对这种行为表示理解、接纳和充分的尊重。

但将侵犯行为运用到职场人际关系的背景中加以理解的时候，我们要注意不要让自己成为一个首先发难的人。与人为善从来都是职场人际交往的首要原则。但仅仅是与人为善，在职场中还是无法真正赢得别人的尊重。在关键时刻和必要的时候，我们也需要"亮剑"，告诉那些首先发难的人，我们也有底线，也有原则，请他们尊重我们。所以侵犯行为运用到职场背景中，称为"反击"更为恰当。因为我们不是首先发难的一方，我们反击的目的，不是打败职场上的对手，而是建立一种均衡的态势，赢得他们对我们的尊重。所以我们反击的力度，要根据不同的人际情境进行调整，以求达到一种相对平衡的态势。

案例赏析

职场上要学会反击

有段时间，公司风传要开始裁人了，一时间办公室里人人自危。一天，A小姐去机房上网，发现不知道是谁开了个黄色网页在那里偏又忘记了关闭，A小姐便不以为意随手将之关闭了。

可是，令她万万没有想到的是，第二天，整家公司竟然传开了她看黄色网页的谣言。懦弱的A小姐不得不主动辞职，而且背负着屈辱。

一天早上，主任将B小姐叫到办公室，口气严峻地说，他丢了份很重要的文件，最后这份文件一半在垃圾桶里，一半在B小姐的抽屉里找到了。性格一贯温顺的B小姐拍案而起，说："第一，我根本没有作案的时间和动机，这摆明了是陷害；第二，你有什么权力翻我的抽屉？"主任顿时面红耳赤。最后，B小姐不仅没有被炒掉，从此反而没有人敢再陷害她了。

【点评】

职场上偶尔做一只“刺猬”，不会主动伤人，可是一旦遇到危险，就会展开尖锐的刺，有时候这是一种有效的自我保护的方式，让“小人”不敢轻易伤害你！

七、担当

在工作中，经常会发生一些涉及跨部门、跨岗位的临时性任务。在分配这些临时性任务时，很多主管都会感到为难。因为很多员工都会条件反射般地推脱或直接拒绝这些任务，让主管难以找到放心的人来做好这些临时工作。这虽然是大多数员工的行为选择，但如果看一看那些优秀的员工，或者已经成为基层管理的人员，我们就会对这种随意推脱的行为表示异议。

案例赏析

有担当的管理者

A女士：某合资企业总监。A女士在一次培训课程上，对担当的心理密码表示高度认同。她以自身为例，介绍说她在三年前来到本公司工作的时候，应聘的是部门主管。在三个月的试用期内，她表现得非常积极，主动承担了很多临时性、突发性的工作任务，得到了公司总经理的认同。恰巧这时部门经理离职，因此A女士在试用期转正后，就担任了部门经理的职位。在半年之后，A女士又直接晋升为总监。她评价说，主动承担工作责任，起初体现的是自己的工作精神，但之后获得的是超额回报，她很感谢这段工作经历。

【点评】

这可视为晋升非常快的一个事例，表明当一个人与领导的心连在一起的时候，就会情不自禁地主动承担任务，快速成长为公司的骨干，成为让领导信任的人。

B男士：某外资制造业部门经理。B男士在该制造业企业工作了一年多的时间，平时工作积极主动，但有时在与同事沟通时表现得稍微强硬。在一次主管岗位的晋升中，他落选了。但他没有气馁，更加没有抱怨，而是一如既往地主动承担工作任务，并且调整了自己的沟通风格，表现得更加温和、顾全大局。结果在半年后的一次岗位晋升中，B男士获得了一次重要的晋升。B男士评价说，这次晋升的感受是，要与公司站在一起，顾全大局，不过多考虑个人得失，应主动关心公司运营中存在的问题，并想办法解决。这样自己期望不高，结果理想，让人欣慰。

【点评】

用心去爱你的公司，也会让你得到爱。这种回报不需要等很久，也许半年，也许一年，你就能够得到意想不到的收获。

C男士：某中型国企总经理。C总在大多数人眼中是一位成功的国企领导，具有全国重点大学的热门专业学历，又在三十多岁时就担任了资产数十亿元的国企总经理。可这样一个非常优秀的人，在某个咨询项目与顾问方进行合作时，一直表现得非常温和而谦虚。有一次C总请项目组吃饭，服务员端上一条蒸鱼，随口问要不要分一下。C总马上说“我来”！然后他就站起身，用调羹将蒸鱼切开，逐一分给大家，表情一贯地温和而谦虚。在之后的时间里，C总也经常主动站起来为大家“服务”，帮大家分第一口菜，让在座的各位都非常佩服C总的修养和人格魅力。

【点评】

在国企里能遇到很多这样的领导，身居高位，还主动冲在一线，以身作则，为大家服务，让周围的人都很敬佩他们的人格魅力。

通过以上三个故事，读者朋友们应该能够真实感受到“担当”心理密码的价值。担当的心理法则告诉我们，在职场当中要主动承担人际交往的模糊责任，甚至可以让自己主动地付出——用坚持的、善意的努力把爱心奉献给周围的人和工作，就能够创造一种有利于自己的“不平衡状态”。这种“不平衡状态”，看似自己付出了很多而没有回报，但是周围的环境和氛围已经被你的“场”影响和改变了。你的同事将对你刮目相看，你的领导将对你更加信任。这时你接受的挑战越多，得到的考验越多，回报也越快。因此，请让我们相信，在承担工作时，没有面子问题，也不需要计较个人小小得失（付出一点儿时间和精力而已），用心去回报你的工作和你的上级，也不需要对你的努力做过多的期待，我们只要相信在人际交往中遵循“平衡”的法则，我们就终究会成为职场中的成功者！

八、角色

在每一个人际交往的场合，我们都会情不自禁地对自己的交往形象进行印象管理，所以从这个角度而言，我们都是一个“演员”。一个好的演员，只要选对了正在表演的角色，理解到这个角色所应具有的心态和情境，入戏就很容易。其实我们每一个人在各种不同的社交和家庭场合，都扮演着不同的角色。

比如，一个成年男性，可以承担“领导、下属、同学、朋友、普通顾客、甲方、乙方、丈夫、父亲”的多种角色；一个成年女性，将可能承担“领导、下属、同学、朋友、普通顾客、甲方、乙方、妻子、母亲”的多种角色。如果我们所选的角色与我们所要面对的场景不对应，就容易出现尴尬甚至冲突的结果。

在加拿大心理学家Eric Berne所著的《人们玩的游戏》一书中，提出了著名的“PAC理论”（又叫互作用分析理论、人格结构分析理论、交互作用分析理论、人际关系心理分析理论）。PAC理论认为，人们在人际交往中，不论是有意还是无意对一个人做出回应时，都会与对方存在一种相互作用的影响。而人的个性，是由三种不同比重的心理状态构成的，这就是parent（父母）、adult（成人）、child（儿童）三种状态。这三种状态在每个人身上都交互存在，是构成人类多重天性的三个主要组成部分，如下图所示。

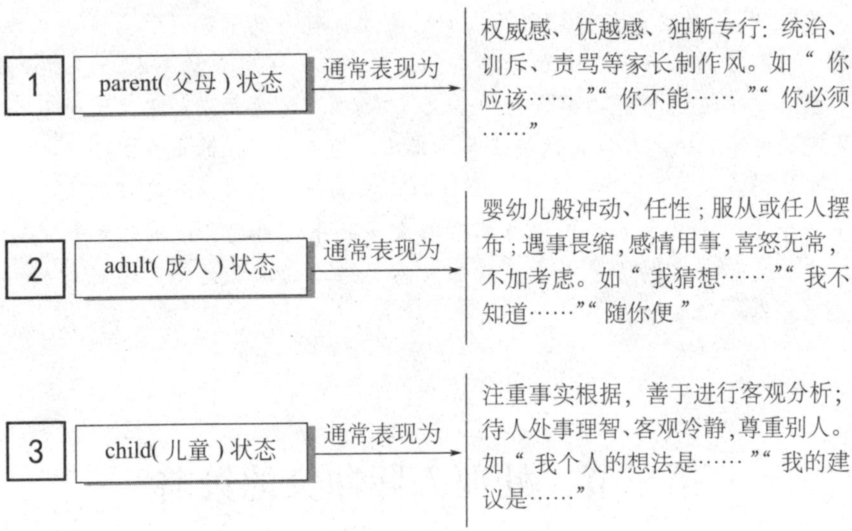

PAC理论

PAC理论指出，最理想的人际交互方式是“成人刺激-成人反应”。成人的状态在人际交往中更加注重客观理性的分析，注意根据事实依据进行充分评估和决策。这种个性状态更加适合在职场中的工作人士，它提醒我们待人接物要冷静，尊重他人，谨言慎行。工作中的“成人-成人”交互方式，将自己与他人置于理性的背景下，降低了情绪冲突的可能性，通常有助于问题的高效解决。

通过学习和应用PAC理论，有助于提醒我们在人际交往中，自觉地察觉自己和对方的角色，做出理性和平衡性的反应，使得信息能够顺畅传导。如果我们能够在职场人际交往中，首先提醒自己进入成人角色，将自己的情绪、想法和行为控制在成人状态，并且以成人的姿态对待他人，然后积极地引导对方也进入成人状态，那么就能够快速地建立互信互助的关系，让人际交往得以顺利进行。

相关链接

刘劭谈为人的品性

刘劭，生于汉灵帝建宁年间（168—172年），卒于魏齐王正始年间（240—249年）。曾担任尚书郎、散骑侍郎、陈留太守等。刘劭所著的《人物志》是一部系统品鉴人物才性的玄学著作，书中讲述了识鉴人才之术、量能用人之方及人性剖析等重要人才研究内容。

《人物志》中讲到一个重要观点："凡人之质量，中和最贵矣。中和之质，必平淡无味；故能调成五材，变化应节。是故，观人察质，必先察其平淡，而后求其聪明。"对这句话的理解是，刘劭将才、德并列标举，作为拔选人才的标准。对人才的品评，以中和为最高，讲究平淡无味，是为圣人。所谓中和，在于兼具"平淡"与"聪明"两种层次，"聪明"为才，而"平淡"则是生命所展现的境界，已不单纯是道德修养的层次，更是对人性的审美态度。

在刘劭看来，"中和"是最为珍贵的为人品质。具有这种品质的人，表面上是一个十分平常的人，但他并不带有太多的个人目的，能够理解和宽容他人，能够协调好各种专业人才，能够与各类性格的人相处，处理好与人的关系，用好各种人才。

第三节　处理人际冲突的策略

在团队管理过程中，最让人头痛的事情是发生冲突，而其中的团队人际关系冲突更是痛中之痛。团队人际关系冲突处理不当，会导致员工辞职、合作不愉快、士气低下，甚至会引发无谓的口水大战，导致团队合作精神土崩瓦解。

一、什么是团队人际冲突

1. 团队冲突的分类

在团队管理中最常见的事情就是冲突问题。常见的团队冲突包括：团队项目优先级冲突、人力资源冲突、管理流程冲突、技术见解冲突、成本冲突、时间冲突、个性冲突等。具体可分为下图所示的三类。

1. 团队人际关系冲突——指团队中由于人与人的差异而造成的情绪冲突，这包括性格差异、敌意对抗和个人反感
2. 团队任务冲突——指在团队项目中各方对任务的执行和技术见解等方面的差异而造成的冲突
3. 团队管理和资源冲突——指在行政管理和资源分配方面的意见分歧

团队冲突的分类

在团队中由于人员的个性差异，使得在团队管理中人员冲突会无时不在。比如，在对某些问题有不同的观点、看法、意见或情感不一致时，就经常会导致出现分歧或纠纷，当这种分歧呈现出矛盾表面化、情绪化时，就会导致情绪对立的出现，这就是所谓的人际关系冲突。

这些冲突经常集中于个人的价值观、判断事物的标准差别上，这并非是技术上的问题。冲突往往起源于团队成员以自我为中心的主观意愿。

博士观点

在团队管理中，团队的人际关系冲突如果解决得不好，就会使团队项目在时间进度、费用和质量上大打折扣，从而导致糟糕的项目绩效，甚至根本就不能完成团队项目任务，迫使项目中止。

2. 人际关系冲突的原因

我国传统的中庸思想讲究以和为贵，以和谐为美，这些观念看起来似乎为避免人际冲突提供了温润的土壤。因此，我们常有一个错误的观点，就是在团队中往往被认为是人际关系不好的人才常会引起冲突。但细细分析起来，由于人和人之间的个性存在差异，那么人际关系冲突实际上不可避免。因此，人际关系冲突随处可见，这并不是简单的人与人相处是否融洽的问题，团队中人际关系冲突可以被暂时地抑制，但不可能长久地消失。

团队人际冲突产生的原因主要有两种，如下图所示。

虽然这两类人际关系冲突通常是互相作用，混杂在一起，但处理这两类人际冲突的方法却有很大的区别。处理前者必须着重在问题的解决上，如采取合作与谈判的方式，合理分配好冲突双方的利益；而对待后者则要强调团队精神、合作态度的建立和培养。

原因一　是在某些实质性问题上的利益冲突

大多数人际关系冲突归根到底是利益差异导致分歧和矛盾。因此，利益分化引起冲突是人际冲突最常见的主因，当个人利益与团队利益或与他人利益相悖时，就会产生冲突

原因二　是负面情绪引起的冲突

比如不信任、恐惧、拒绝和愤怒等不相容的行为。通常，由于个性问题而产生冲突的起因非常简单，仅仅是因为一方对另一方的行动、态度、语气、外表和言语不满。这种不满会导致减少和拒绝合作，双方的关系也由团队协作走向冲突

团队人际冲突产生的原因

二、团队人际关系恶化的影响

和谐的团队关系是企业的一种重要无形资产，构建和谐的团队关系将会极大地提升团队价值。而关系恶化的人际关系，将会给团队造成下图所示的弊端。

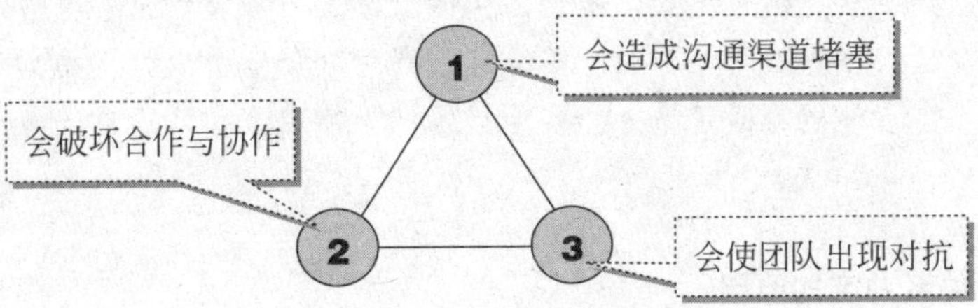

团队人际关系恶化的影响

1. 会造成沟通渠道堵塞

沟通主要分为倾听、表达和反馈三种方式。而当发生人际冲突时，团队成员经常会“以自我为中心”，只以个人的价值观和标准来处理及看待问题，而不再是以客观的态度。因此，在团队中激烈的人际冲突可能会引发团队内部的分裂，造成团队各成员沟通渠道的堵塞，使团队无法顺畅地进行信息沟通和交流。

2. 会破坏合作与协作

人际冲突中受打击的一方不仅伤及自尊，同时自信心也会受到打击。当然有些人认为团队力量远远大于个人力量，个人只是其中的一个环节，其实这是一个很大的误区。按常理说，团队的力量确实不可估量，不过在这个过程中却是有一

个合作与协作的“齿轮”在支持着团队的运行，万一这个齿轮受损，可能就会产生相互抵消的无效功耗，那么其团队力量也就发挥不出来了，就必然会降低团队整体工作效率。

博士观点

良好的人际关系，可使工作成功率与个人绩效达成率达85%以上。因此，当团队出现人际关系冲突时，必然会破坏团队的协作功能。

3.会使团队出现对抗

情绪冲突是指团队成员在工作中的摩擦、误解以及挫折等引起人际冲突时，冲突的当事人出现不理智、偏激的情绪波动。简单地说，是在双方意见分歧或者偶然的疏忽冲突中，却认定对方是故意挑衅。比起发生在工作中的认知分歧冲突，情绪冲突则远远超出了工作范围，表现为冲突双方的不相容性，造成双方关系紧张，谁都不喜欢谁，容易形成冲突双方的对抗行为。这种情绪冲突不但会破坏团队中的团队精神，不利于团队合作，严重时还会造成冲突的升级，以致冲突双方长期僵持或对抗，会对团队管理产生极坏的负面影响。

西游智慧

在唐僧的团队中，存在许多问题要解决，如果处理不好，不仅无法完成工作，还有可能激化团队内部矛盾，甚至散伙，这在整个取经过程中多次出现。猪八戒每当遇到一些小困难就嚷着要散伙回高老庄，孙悟空更是三次“辞职”。

三打白骨精之后，唐僧不认识妖怪，反而指责悟空滥杀无辜，再加上猪八戒在旁边挑拨，沙僧也是装聋作哑，无论孙悟空如何求情都不答应，万般无奈之下只好回了花果山。这是团队矛盾冲突最严重的一次，团队所有潜在的不和谐因素都暴露出来了。唐僧认为孙悟空不服管教，我行我素，多次违反戒律，因此念了三次“紧箍咒”，不看半点往日情分，很坚决地要赶走孙悟空，还写了贬书。猪八戒更是不断在唐僧耳边煽风点火，怂恿唐僧赶走大师兄，沙僧虽然没说一句话，但沉默也表示他的默认，而且他一贯随大流，从众心理，即使同情师兄，也不敢公然为师兄求情。

这次是团队组建完成后的一次大冲突，平时“员工”间的一些矛盾没有处理好，如孙悟空和猪八戒的矛盾冲突。因此团队管理者一定要注意团队内部的管理，不可放任矛盾的激化，否则将愈演愈烈，直接危害团队的发展，而且需经过许多波折才能使整个团队恢复原貌。

三、处理人际关系冲突的策略

一般而言，冲突会导致团队成员间缺乏尊重、信任与合作，并导致沟通中断，交流信息被歪曲和阻断的现象。因此，团队人际关系冲突重在化解和疏通。一般可考虑下图所示的几种策略。除此之外，仲裁或裁决、沟通和协调等也是解决人际冲突的有效方式。

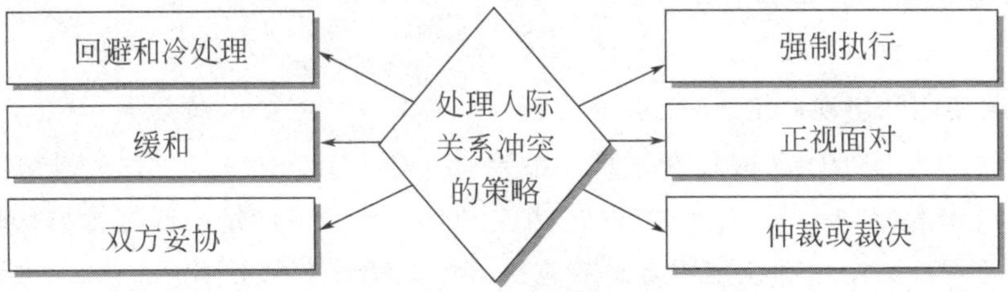

处理人际关系冲突的策略

1.回避和冷处理

在团队发生人际关系冲突时，当冲突微不足道、不值得花费大量时间和精力去解决时，团队管理者应使卷入冲突的双方成员暂时回避或让步，以避免发生实际或潜在的争端。回避和冷处理是一种巧妙而有效的策略，尤其是当冲突各方情绪过于激动，需要时间使他们恢复平静时。缺点是这种方法可能会使得冲突积聚起来，并且可能会逐步升级以致造成更大的冲突。

2.缓和

管理者在处理冲突时应尽力找出意见一致的地方，尽可能最大地淡化或避开有分歧的领域，不讨论有可能伤害感情的话题，从而使冲突缓和。这种方法认为成员之间的相互关系要比解决问题本身更重要。这种方法能对冲突起缓和作用，但不能彻底解决问题。

3.双方妥协

所谓妥协就是在成员彼此之间通过协商，交换看法和观点的基础上建立共识，寻求一个折中的解决冲突的方法，使冲突各方都能得到某种程度的满意。当冲突双方势均力敌或焦点问题纷繁复杂时，妥协是避免冲突升级，达成一致意见的有效策略。

4.强制执行

这是和妥协相对立的解决方式，当管理者需要对团队人际关系重大冲突做出迅速处理时，用强制执行方式可保证冲突处理的速度和效率。这种方法认为在冲突中立即处理纷争要比成员之间的关系更有价值。

博士观点

这种处理方式具有一定的独裁性，用这种方法处理时冲突成员也许会按命令去做，但其内心却会产生不满及抵触情绪，也会导致成员的怨恨心理，使团队人际关系气氛更为紧张。

5. 正视面对

正视面对也叫冲突解决模式，在这种模式中管理者将正视和面对冲突，既正视处理冲突的结果，也重视成员之间的关系。在这种解决方式中，成员之间相互以诚相待，以积极和友善的态度对待冲突，并愿意就面临的冲突进行沟通，每个成员都以解决问题为目的，努力理解别人的观点和想法，在必要时愿意放弃或重新界定自己的观点和立场，从而消除相互间的分歧和冲突。

6. 仲裁或裁决

在团队人际关系冲突无法界定的情况下，冲突双方可能争执不下，可以由高一级领导或权威人士经过调查研究，用仲裁的方式判断孰是孰非来解决冲突。

例如，当对冲突双方很难立即做出对错判断，但又急需要解决冲突时，可以使用这种方式。否则，长期争执不下的人际关系冲突会挫伤团队成员的士气，影响团队的团结。

以上六种方法中，正视、妥协与缓和是以平衡冲突各方的利益为主，对于建立合作关系十分有效。强制执行用于快速解决冲突，但常常会解决了暂时的分歧却增加了冲突的隐患。而回避和冷处理常被当作一种临时解决问题的方法，问题和引发的冲突还是会接连不断地发生。

博士观点

处理人际关系冲突应避免过度理性，不能对于负面情绪视而不见，解决冲突应该以人为本，以顾全大局为出发点。

四、预防人际关系冲突的策略

团队成员冲突是让管理者最为头痛的事情之一，而且无论解决得如何好，总是不利于团结合作。当人际关系冲突的形式越激烈时，负面的影响也会越大，更会造成一定程度的破坏性。因此，对于管理者来说建立右图所示的冲突预防机制，降低团队人际关系冲突的产生是非常重要的一件工作。

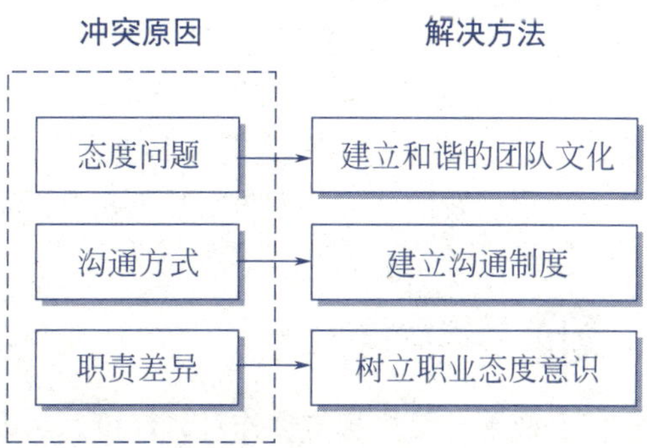

冲突预防机制

1.建立和谐的团队文化

不健康的团队文化常常会引发非常多的人与人之间的冲突，并会阻碍最佳解决方案的产生。

比如，“我不喜欢你，不是因为和你有技术上的观点不同，而是因为你用轻视的态度对待我的想法。”

这种由态度引发的冲突，上策是各方自己主动和解。几乎所有的人都知道处理好人际关系的重要性。但大多数人却不知道怎样才能处理好人际关系，甚至相当多的人错误地认为“拍马屁”、讲奉承话、请客送礼才能处理好人际关系。其实，处理人际关系的诀窍在于必须有开放的人格，能真正地去欣赏他人和尊重他人。主动欣赏他人一般有一个前提，就是要有一个尊重他人的团队文化，只有团队成员之间的关系是友善的、以诚相待的才能做到这点。

因此，处理态度引发的团队人际关系冲突的解药是要建立彼此尊重的文化，团队成员彼此间越是相互尊重，就越少将技术上的分歧之争误认为是个人情绪态度之争。

2.建立沟通制度

这类冲突的原因多为在工作中双方沟通不足引发的。

比如，某方对另一方工作质量不满，多次旁敲侧击、私下提醒均无效，就会直接汇报到双方领导那里。

这种沟通引发的冲突的根源主要在于大家对工作方式上的认知问题，所以容易产生互相推诿、扯皮，甚至指责。这时更多的是要建立顺畅的沟通渠道，比如例会、报告等。而且所有的沟通方式必须要有反馈机制，使信息收到后保证理解是正确的，因为经常有很多信息是传达到了，但却被错误理解了，这样也会产生大量的人际冲突问题。

3.树立职业态度意识

由于双方职责不同或工作性质上的不一致，冲突必然也会不断发生。一般来说，立场和工作职责引起的分歧冲突是司空见惯的，一般争论过了就完事了，下次照样讨论或者争论，并不影响相互合作或造成情绪对立。但前提是双方能够理解并达成默契，认同这种争论式的沟通方式，而不是认为对方在找茬。如果冲突发展到双方气得不愿意解释自己的观点，互相挑对方话语中的毛病，甚至干脆破罐破摔，这就会把本来是岗位职责的立场冲突变成了人际关系冲突。因此，对于这种职责引发的冲突，双方必须要树立正确的职业态度，要做到对事不对人。

场景沙盘

1.如果员工故意与你作对，你该怎么办?

人力资源部总监吴 × 最近时时感受到来自主管解 × 的敌意。开例会的时候，

解 × 总是喜欢提出与自己不同的意见，有时候感觉到明显是为了反驳而反驳。在对新员工进行筛选时，也总是喜欢挑吴 × 建议人选的毛病。还有一次，解 × 刻意隐瞒了一些重要情况，使得吴 × 决策失误，背了黑锅。人力资源部里浓浓的“火药味”，让大家工作时都提心吊胆。吴 × 应该如何面对这个故意与自己作对的下属呢？（多选）

【选项】

A：单刀直入询问解 × 这样做的原因

B：以上级的名义对解 × 进行惩罚

C：员工有道理的话，给予员工一些小补偿

D：坚定自己作为管理者的立场，该怎么管就怎么管

【最佳选择】

A、C、D

【解读】

员工的针锋相对行为如果只是暂时的，让他发泄一下就好了。但如果员工的作对行为持续了一段时间，管理者便应该积极地处理。因为这种情况下员工往往是有一定的目的，如果管理者选择无视，员工会采取更加激进的方式来达到目的。回想一下员工开始出现针对行为是什么时候，当时发生了什么事，找出根源，最后通过诚恳的沟通，一般都可以和平解决问题。

（1）单刀直入询问员工原因。把事情和员工摊开来说，注意谈话的过程中态度要诚恳，注意倾听员工的诉求。也许员工并不一定会说出来，但至少你向员工表明一种“愿意解决问题”的态度，以便后面的沟通。你可以这样开始询问员工：“最近你似乎对我有一些不满，如果可以的话我们可以谈谈，一起来解决问题好吗？”

（2）处理过程避免正面冲突，不温不火。在处理这类问题的过程中，一方面避免正面冲突，尽量不要让矛盾扩大化，因为有些员工就希望激化矛盾；另一方面，也不能一味忍让，让员工形成不满意就闹事的习惯。总体来说，处理的方式，应该是不温不火，理性处理。

（3）如果员工反映的问题有道理，可以给予员工一些小的补偿。有时候员工虽然说的有道理，但是实际上管理者难以做到，这时管理者可以在不相关的其他地方给员工一些补偿和照顾。如果员工的不满源于管理者的疏忽，还可以感谢员工的提醒，提高与员工的亲和度。

（4）坚定管理者自身的立场，该怎么管就怎么管。正常的管理中都是充满着冲突与矛盾的，管理者无需把自己变为“万人迷”，谁都不想得罪。每个人都喜欢的管理者，恰好能够反映，这个管理者是不到位的。

2.如何征服反感自己的下属？

最近财务部的阮 × 与财务总监花 × 之间的人际关系发生一些微妙的变化，主

要是上个月的办公室位置安排和部门工作分工方面，阮 × 和花 × 发生了意见分歧，最终双方谁也没有说服对方。到这个月，双方的关系显得有些尴尬。当然任凭这样下去，对部门工作开展和团队凝聚力，都有不小的损伤。如果你是财务总监花 ×，你会如何处理与阮 × 之间的关系？（多选）

【选项】

A. 给阮 × 委派一些重要任务

B. 当阮 × 在工作和生活上遇到困难时，主动帮助他

C. 约阮 × 当面沟通化解矛盾

D. 请其他同事帮忙化解彼此的误会

【最佳选择】

A、B

【解读】

上下级之间在工作和生活上发生一些误会，导致在人际关系上出现一些隔阂，影响彼此的信任关系，实属正常情况。就算对一家人而言，也不能轻言没有矛盾。既然有了隔阂或者矛盾，只要管理者不想完全放弃作为员工，就应该努力挽救彼此的关系。在关系修补方面，管理者担负的责任和所起的效能，要比普通员工大得多。所以这个问题还得靠管理者自己主动来解决。

解决的办法主要如下所示。

（1）主动帮助下属，特别在下属遇到工作或生活上的困难时，雪中送炭，这份包容和情谊，将能够很好化解彼此之间的误会，或得到对方的谅解。其实从心理上来分析，如果阮 × 得到了花 × 的帮助，一般也会希望自己对领导也有所回报，以便让自己获得心理平衡。

（2）更为重要的是，对员工们表示信任，最好的方法就是给他们委派一些重要任务。作为下属，最担心上级孤立和隔离他。所以如果上级能够布置一些重要工作给他，就是对他最好的信任。下属也能够很快领会上级的用心，觉得上级在一些关键利益上没有忽视他，那么下属就会在心中产生报答的想法。

另外，约阮 × 当面沟通化解矛盾，请其他同事帮忙化解彼此的误会，这两种做法都不是通过直面问题的本质来解决困境。即使当面沟通，也可能由于双方彼此信任度不够，而不了了之。请其他同事帮忙解决误会，更是对问题的回避，对直接解决问题无益。

最后我们要记住的是，信任才能够吸引信任，对抗只能带来更多的对抗。所以领导者的胸怀，是解决误会和隔阂的良药。

第四章
实施有效的团队激励

场景导入

何老师："前面我们共同探讨了有关团队人际关系方面的问题，不知大家还有没有什么疑问？"

曾经理："作为物流部经理，我知道我们团队中有不少冲突，可我一直都是睁一只眼闭一只眼，认为不用我出面来管，让他们自我协调，如今看来，对于这个问题我还是要重视才行。"

何老师："不错，如今是一个'抱团打天下'的年代，没有一个人可以不需要别人的帮助就能实现独自的成功。良好的人际关系是团队运作的润滑剂，不良的人际关系则会耗费团队大量的精力，因此，改善人关系是团队管理中的重要环节和内容。"

方经理："是的，我是深有感触啊！以前我们团队总是各行其是，大家都是只管自己的'三分地'，工作效率总是不高。后来我就有意给大家营造和谐的工作氛围，时不时组织个部门活动，慢慢地大家交流多了，关系融洽了，资源也能共享了，工作效率自然就提高了。"

何老师："看来方经理在这方面是下了一番工夫的，的确如此，要想把团队建立得更好，需要团队中每个员工的努力，只有大家拧成一股绳，团队的整体力量才能得到提升。而团队管理者更要与团队成员保持良好的关系，这对于调动下属的热情，激励他们为团队积极工作有着特别的作用。"

廖经理："何老师，我目前有个困惑，我们团队中人际关系还挺不错的，可是大家的工作热情就是不高，有好几次下达的生产任务总是不能按期完成。这是怎么回事啊？"

何老师："其实要想把一个团队带领好，学问挺多的。廖经理说的这个情况也很普遍，有很多企业都存在这样的现状。据我个人经验，这是团队缺乏激励造成的。"

廖经理："那该如何激励团队，激励员工呢？"

何老师："好，现在，我们就来讲讲有关团队激励方面的问题。"

第一节 了解需要与动机，正确运用激励

美国管理学家贝雷尔森（Berelson）和斯坦尼尔（Steiner）对激励的定义是："一切内心要争取的条件、希望、愿望、动力都构成了对人的激励，它是人类活动的一种内心状态。"在企业的管理活动中，对员工激励的目的是为了调动员工工作的主观能动性和生产的积极性，激发出员工的创造力和执行力，从而提高公司的劳动生产率和工作效率。

一、需要的产生

需要是个人在心理和行为上产生活动的内部动力，是个人行为积极性的源泉。一个人的内部需要越强烈，他的心理活动和外部行为就越有力。需要并不会因为暂时的满足而停止，它永远具有动力性，在一些需要得到满足之后，又会产生新的需要，从而推动人们追求新的发展。因此，需要是人们行为的一种本能，它推动着人们不断进行新的思考，产生新的行为，实现新的目标。

相关链接

什么是人的需要?

需要是人们对生理需求和社会需求的反应，并指向一定的期望得到的事物。生理需要反映的是人们以满足基本生存为目标的需要，其指向的事物一般为食物、饮水、睡眠、衣服、运动等。社会需要反映的是人们以满足社会交往和社会生活为目标的需要，其指向的事物一般为家庭、交往、求知、工作等。当这些需求和指向的事物在人类的头脑中有所反应时，就形成了这个人的需要。所以需要不是以外在形式存在的，它是一个人内部的一种状态或倾向，往往是一种较为稳定的要求，并通常表现为"缺乏感"而被人感受到，再以意愿的形式通过行为表现出来，最终成为推动人做出有目的行为的动机。

伴随着需要的满足程度，人会产生一定的情绪和情感。凡是能够满足人需要的事物，就容易引起肯定的情绪和情感；而不能够满足人需要的事物，就容易引起否定的情绪和情感。所以，需要是人的情绪、情感与客观事物之间的中介变量。在情绪、情感的作用下，人又产生一定的意志，为了实现需要的满足，通过努力克服困难，最终实现更高的目标成为可能。

二、动机的产生

德国心理学家K.勒温认为，个人与外部环境之间经常保持一定的阶段性平衡状态，如果在新的外部诱因的影响下，这种平衡状态会遭到破坏，就会引起人们的紧张状态。在这种紧张状态的压力下，人们会努力付出行为，力求建立新的平衡。这是一个循环往复、连续不断的过程。此时，人们会产生为实现一定目的而行动的动机。可见，需要是让人们产生积极行动的源泉，而动机就成为这些源泉的具体表现。

动机产生的条件，应当使需要达到一定的强度，并且受到可以满足需要的外部条件的吸引，也就是要有诱因的作用。一个人在某一时刻产生最强烈的需要，并在一定程度的诱因影响下，就能产生非常强烈的动机。这样就构成所谓行动的“拉力”和“推力”。这里的“拉力”是指环境的作用，而“推力”是指一个人内部的力量。如果在员工管理中，有效地使用“拉动激励”和“推动激励”，就能够产生非常好的心理激励效果，远远超出一般物质激励和精神激励的作用。

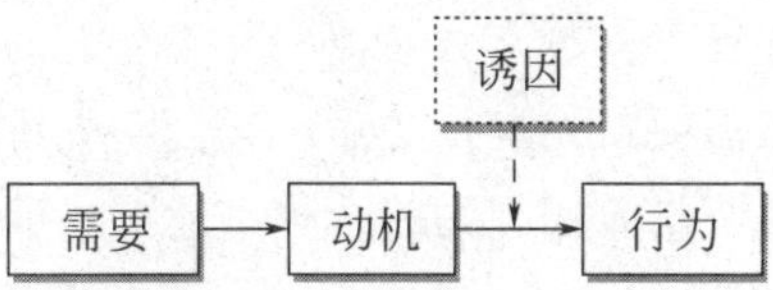

需要与动机、行为的关系

通过以上心理学理论的分析，我们可以发现需要与动机、行为的具体关系，如左图所示。

三、需要的层次

在各种需要理论当中，马斯洛需要层次理论是社会影响最大、最有代表性的需要理论。美国心理学家亚伯拉罕·马斯洛于1943年在《人类激励理论》一书中提出，人类的需要由低到高可以划分为五个阶梯：生理需要、安全需要、归属需要、尊重需要和自我实现需要，具体如下图所示。

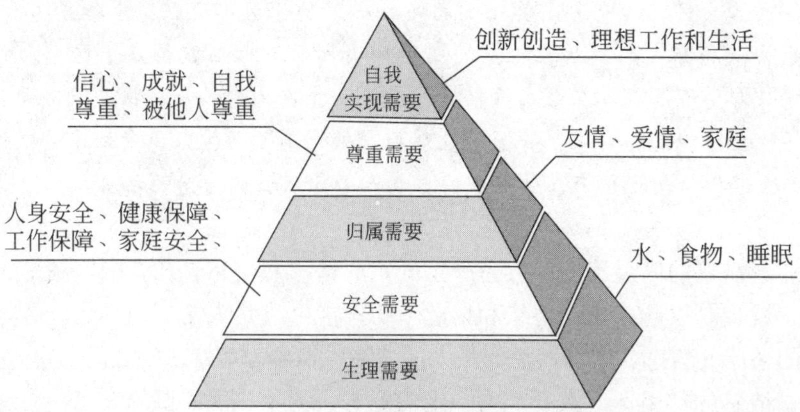

马斯洛的需要层次理论

根据马斯洛的需要层次理论的五个层级，可以提出以下针对员工不同层次需要的具体管理与激励措施。

针对员工不同层次需要的管理与激励措施

需要层次	管理与激励措施	适用员工
生理需要	增加工资，改善劳动条件，给予更多的业余时间和工间休息，提高福利待遇	基层员工，新入职员工，生活困难员工
安全需要	强调规章制度、职业保障、福利待遇，并保护员工不致失业，提供医疗保险、失业保险和退休福利，避免员工收到双重的指令而混乱	全体员工、高职位员工、年长员工
归属需要	满足员工在友谊、温情、关怀等方面的需要，支持与赞许员工寻找及建立和谐温馨的人际关系，开展有组织的集体聚会和员工关怀项目	全体员工，特别是基层员工
尊重需要	满足员工在自尊心、能力、知识、成就和名誉地位等方面的认可需要，如公开奖励和表扬，颁发荣誉奖章	骨干员工
自我实现需要	通过授权、升职、期权等来满足员工建功立业的理想和抱负，给有特长的人委派特别任务	核心员工

通过以上对需要、动机和行为的心理学分析，可以看到，需要是人们行为和动机的根本源泉，而人们的需要是无法得到终极满足的。需要只能得到阶段性的、部分性的满足。在企业管理中，管理者应当通过一定的需求识别和需求满足，来调动员工的工作积极性，确立员工正确的工作目标，让员工自发地产生工作需要和敬业精神，从而实现有效的员工激励和管理。

四、运用激励的原则

真正能够打动人的激励措施，应该直指人心、深入需求、符合规律，具体要注意下图所示的三个原则。

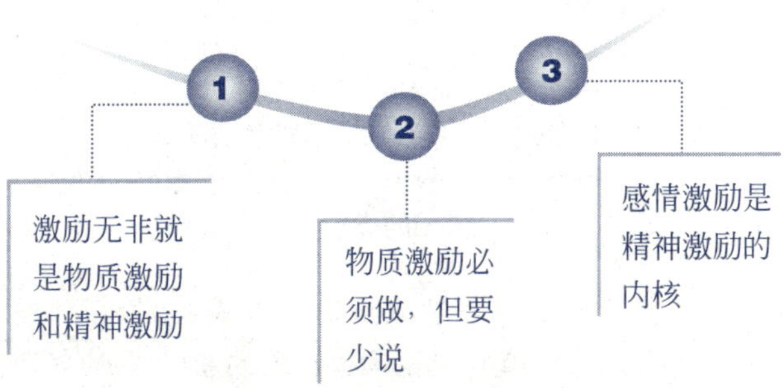

运用激励的原则

1.激励无非就是物质激励和精神激励

根据辩证唯物主义哲学的观点，任何事物都是一分为二的，要辩证地分析。《马克思恩格斯选集》指出："世界的真正的统一性是在于它的物质性""物质是第一性的，精神是第二性的""意识是高度发展的物质——人脑的机能，是客观物质世界在人脑中的反映。"所以，归根结底，物质是精神的基础，没有物质当然就没有精神的存在。但精神或意识是人类特有的，只有在人类能够保全性命、获得基本生活条件的前提下，才会有精神的追求。所以从总体来看，物质排在精神的前面。中国古话有"仓廪实而知礼节，衣食足而知荣辱"，意思就是说物质是精神的基础，精神追求是物质追求的升华。

西游智慧

在取经路上，因为团队成员比较少，困难比较多，所以以精神激励为主，有功就表扬，有过就批评甚至责罚，毫不手软，但都是对事不对人。取经成功后论功行赏，公平合理，孙悟空功劳最大，出力最多，所以封为佛，八戒只是个净坛使者，沙僧是罗汉。不像玉皇大帝，先只封孙悟空做"弼马温"，后来虽然封了"齐天大圣"，却是有官无禄。

关于员工激励的方法，目前已经提出了一百多种。但这些激励的方法，归根结底还属于物质激励和精神激励的范畴。根据人们需要的对象，需要可以分为物质需要和精神需要，所以相对应地在激励的内容上，又可以划分为物质激励和精神激励两大类别，具体如下图所示。

物质激励

包括工资、绩效奖金、年终奖、股权、福利等广义薪酬方面的激励内容

精神激励

涵盖榜样激励、目标激励、授权激励、尊重激励、沟通激励、信任激励、赞美激励、感情激励、竞争激励、文化激励、愿景激励、惩罚激励等

激励的类别

在对员工激励的方法上，并不需要太过追求方式上的创新，而关键在于结合企业现状和员工需求，有针对性地提出正确、有效的激励人心的策略。

在不同的企业中，主要有下图所示的四种类型的激励状态。

状态一	物质激励和精神激励水平都很高，因而员工得到了充分的激励，甚至产生“士为知己者死”的雄心壮志
状态二	物质激励水平很高，但缺乏精神激励，因而员工容易出现为了钱而工作的动机，也就是一种“雇佣兵”心态
状态三	精神激励水平很高，但缺少物质激励，在短期内员工能够保持工作积极性，但时间一长员工就会怀疑、懈怠，并认为这种激励状态只不过是“画饼充饥”而已
状态四	物质激励和精神激励的水平都很低，员工全无工作积极性，完全是被迫工作或是机会主义心态，得过且过，自然工作成效很低

企业的四种激励状态

当然，在这四种类型的激励状态之中，还有一些过渡状态，但都是这些不同激励结果心态的组合而已。作为管理者，需要定期评估目前激励方式的组合形态和员工激励效果，及时调整激励的策略，以实现物质激励和精神激励“两手都要抓，两手都要硬”的良好局面，如下图所示。

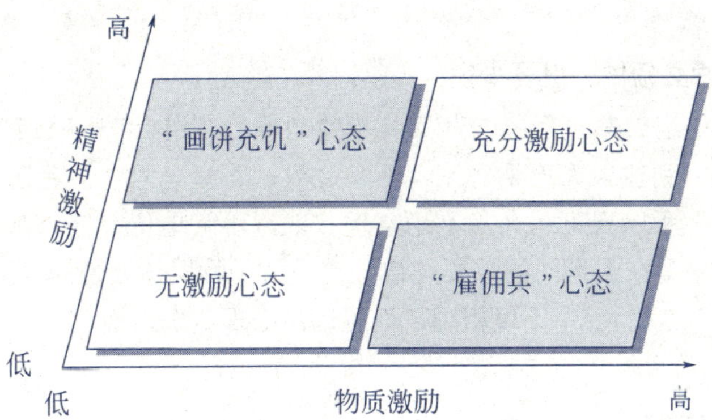

物质激励和精神激励的组合效果图

案例赏析

刘邦收服英布

英布早年犯罪，被判处黥刑，后被带到骊山当役徒，专和罪犯的头目、豪杰来往。之后又逃到其他地方成为盗贼。陈胜起义时，反叛秦朝，其骁勇善战，后跟随项羽。项羽分封天下时，立英布为九江王。所以，英布本性乖张强悍，实难驾驭。

楚汉相争开始后，汉王刘邦派人游说英布投靠自己。英布在属官随何的带动下，犹豫再三决定投靠。等到约定之时，英布接受刘邦的召见，进门之后却发现刘邦未着官服，正坐在床上洗脚。英布见状，感到十分愤怒，认为受到极大的侮辱，并非常后悔前来投靠，甚至想要自杀。等他忍住退出来，回到为他准备的官邸，却发现账幔、用器、饮食、侍从官员等配备，与刘邦几乎相同。此时英布又大喜过望。之后不久，刘邦封英布为淮南王。

南宋思想家吕东莱对此评价："连用深不可测、令人意外的侮辱与恩宠，使天下英雄豪杰神魂颠倒，为之销魂。"所以，这也是汉高祖刘邦能称雄当世的重要原因之一。

【点评】

刘邦的驭臣之术，在中国古代帝王之中可谓登峰造极，所以能以草根之身，开创大汉基业。在当下中国，其管人手段可能除了被少数企业老板"赤裸裸"地保留以外，已经为大多数企业领导者和管理者所唾弃。但这其中体现出的对奖励和惩罚的心理学运用，以及物质激励和精神激励的巧妙组合，的确值得中国文化下的团队管理理论给予充分的重视。

2.物质激励必须做，但要少说

司马迁《史记》第一百二十九章《货殖列传》谈道："天下熙熙，皆为利来；天下攘攘，皆为利往。夫千乘之王，万家之侯，百室之君，尚犹患贫，而况匹夫编户之民乎！"所以天下之人，不论富贵贫贱，不管地位高低，都是为了利益而来来往往——这是在人世间的重要规律，也是关于物质重要性的精辟论断！然而，出口就谈"钱"言"利"，不仅粗鄙，而且远离心理激励之道。

相关链接

两个不同规范构成的世界

有一天你的工作任务很重，无法按期在下班之前完成，你不得已请同事帮忙。经过辛苦的加班，终于在晚上九点完成了工作。这时你对同事的帮助行为感到很过意不去，为了表示感谢，你会说"我给你一百块加班费！"还是会说"晚上我们一起去吃宵夜吧！我请你！"可能绝大多数人会用第二种说法。因为如果用第一种说法，你的同事会觉得他今晚的加班，怎么会在你的眼中显得如此庸俗？他的初心只是为了友情而愿意帮助你，而真的没有想过要得到你的什么“加班费”。你即使不请他吃夜宵，他也不会有什么不满。但他这样做完全是不求回报吗？好像又不是，因为他是在为了你们之间的友情而帮助你。所以这之间又有一定的交换关系。既然是交换，那么他为什么不要钱呢？

在理查德·怀斯曼所著的《怪诞心理学》一书中，通过对社会心理现象的研究，发现了一个有意思的结论：我们同时生活在由两个不同规范构成的世界里：其中一个由市场规范主导，它的交换主体是金钱；另一个由社会规范主导，它的交换主体是人情。

怀斯曼的一个重大发现是：我们在很多社交场合，遵守的是社会规范，它一般是一种基于友情的、界限不明的、不要求及时回报的交换形式。而这时如果用钱作为交换，就会破坏基于友情交换的社会规范的纯洁性，让人感到尴尬或不舒服。所以我们在“友情”存在的同事关系中，就要用友情作为交换的条件，而不能用金钱作为报答或交换。虽然表面上看似支付金钱显得公平正义，但这恰恰会用金钱代表的市场规范，取代用友情代表的社会规范，马上破坏了社会规范的纯洁性和信任感，造成人际关系的损害。如果你的确需要回报同事，就等待下一次机会帮助他加班完成工作，或者答应他提出的一个请求就好。

尽管物质激励对于当今中国企业的广大员工而言，是最重要、最现实、最急需的激励方式，但为了实现更持久有效的心理激励，管理者还是应当注意激励时的表达方式。管理者可以用赞美、关心、问候甚至请吃饭的方式，表达对员工努力工作的感谢，但不要直接说“我要给你加工资”“今天我会算你的加班费！”因为，这可能“看扁”了员工努力工作的初心，让员工的“热情”受挫，也用金钱破坏了你们之间的友情。

所以，物质激励和精神激励足矣，但运用方式要符合心理学原则。

3.感情激励是精神激励的内核

唐朝诗人白居易说过：“动人心者莫过于情。”所以，情动之后更加容易心动，心动之后更加容易理顺。感情激励就是通过加强员工之间的感情交流和沟通，让员工获得感情上的支持和满足，进而激发员工内在工作积极性的激励方式。只有管理者与员工之间建立信任，相互认可，并有积极的感情付出，才会让榜样激励、目标激励、授权激励、尊重激励、沟通激励、信任激励、赞美激励、竞争激励、文化激励、愿景激励、惩罚激励等精神激励措施真正被员工接受，起到应有的心理激励效果。

所以，作为管理者要注意与员工主动进行沟通和交流，深入员工中间，在沟通工作的同时也要注意沟通感情。另外要尊重员工、关心员工、支持员工，营造健康、愉悦但不失威严的上下级关系，以增进彼此间的理解和信任，满足员工的心理归属感，提高精神激励的效果。

相关链接

感情激励应注意的问题

1.感情一定要真实

人对感情是极为敏感的。如果感情做假，被人揭穿，感情激励就失去了意义，领导者的威信也丧失殆尽。因此，管理者在运用感情激励时必须要用真实的感情，态度要真诚，表达要热情。在一些小事情上注入真实的情感，员工就会受到真正的鼓舞，以巨大的动力忘我工作。

2.一视同仁，注重实效

如同其他激励方式一样，以情感去激励员工时也要做到公平、公正。虽然感情不像物质、金钱那样能直观地表现出公平、公正，但也要做到不偏不倚，一视同仁，要公平、公正地去对待每一个员工，让他们受到同样的尊重和相应的感情激励。即使是对个别员工进行激励，我们也不能因为个人的偏好而有所夸张或保留。

3.要围绕团队目标展开

激励的目的是要激发员工的工作热情，使其为实现企业目标而努力工作。因此，感情激励一定要围绕团队目标而展开。管理者激励员工时必须促使他们自我调整，把自己的信念朝向团队目标。在这个过程中，首先就要求管理者时刻牢记团体目标，不能因为自己的喜爱而给予偏离目标的行为以激励，这样才能让团队目标更为明确，更有感召力。

4.感情激励要善于变通

根据马斯洛的“需求层次”理论，当一种层次的需求得到相应的满足时，这种需求便不再具有激励作用。因此，领导实施激励前必须了解被激励者的真实状况，然后针对他的需求给予最有效的激励。一般来说，高层管理人员希望得到尊重，从人生价值上得到满足；对中层管理人员则要告诉他工作目标，让他产生“被重用”的感觉，激发出工作热情；而对一般员工要清楚地告诉他应该怎么去做，给予他们工作上的支持与指导，用赞许的态度去激励他们努力工作。

5.感情激励要注意时机与场合

一般而言，平常时期就采取常用的手段；忙碌时期大家难免火气较旺，耐性较差，这时要特别注意宽容与谅解，不必计较细节；紧张时期大家情绪不安，应该多给予安慰，尽量疏导大家的情绪，千万不可火上浇油，增添紧张气氛；危急时期“养兵千日，用兵一时”，需要采取特别措施，予以更大的信赖，从而激发出更大的创造力。

在不同的场合也要采用不同的激励方式。在私下场合，管理者要采取随意谈心的方式对员工进行激励，以循循善诱的方式鼓励员工；在公开场合，则应该顾及所有人的情面，应该互相尊重，讲究方法，表现出适当的态度。

第二节　读懂身体语言，识别员工的需要

在团队管理中，管理者经常需要与员工进行各种话题的沟通，接收员工发出的信息，理解员工的想法和意愿，这对管理者解码信息提出了较高的挑战。在真实的团队管理场合和沟通情境中，作为管理者如何准确把握员工发出的各种信息呢？这就需要用到心理学中的身体语言识别技术（心理学的专业名词为非言语行为）和微反应分析技术。

一、什么是身体语言

所谓身体语言，是指在非言语的情况下发出的身体信号，包括目光与表情、语气语调、肢体动作、身体姿势、人与人之间的空间距离等。这种通过身体语言实现的沟通形式，可以称为身体语言沟通，相应的研究领域就是身体语言学。

“此时无声胜有声”是我们在与人沟通时感受到的一种状态。我们很多时候以直觉或“第六感”的方式对他人在沟通时的真实想法进行感知，但这种通过直觉或潜意识察觉到的信息或想法，并不是空穴来风，而是有相当坚实的心理学理论基础。以往心理学家经过大量的观察研究发现，两个人之间的沟通，55%以上的信息交流是通过身体语言来进行的。

二、身体语言的产生

身体语言在人际沟通中的重要性，甚至超过了沟通本身的内容。所以身体语言在人际沟通中具有非常重要的研究价值和实用价值。身体语言究竟是如何产生的呢？这需要了解一个与身体语言关系非常密切的心理学名词——微反应。

1. 微反应的概念

微反应的全称是“心理应激微反应”，它是人们在受到有效刺激的短时间内，不由自主地表现出不受意识控制的瞬间真实的反应。人们在不同的时空条件和外

部情境的影响下所做出的表情往往具有细微的差异。脸部不同器官和肌肉的运动方式，构成了人类非常多样的表情表达系统。

比如，在人们的某个表情里，脸部就会泄露他们心中的某个信息或想法。虽然表情最短只持续1/25秒，时间非常短暂，但也可能被对方捕获，成为了解你心里真实想法的重要线索。

2.微反应包括的内容

微反应主要包括三个方面的内容，如下图所示。

内容一：大家比较容易观察到的"微表情"，这属于一种来自面部的微反应

内容二：大家比较容易忽略的身体小动作，可以称为"微动作"，一般表现为肢体动作和身体姿势

内容三：大家更加容易忽略的词汇、语法和语气、语调的特征，可以称为"微语义"，来自沟通话语本身的意义

微反应包括的内容

3.微反应的产生

微反应是如何产生的呢？这与人类的生物进化习性和身体应激反应有关。人与很多动物一样，在受到外部的意外刺激时，第一个本能反应是保持瞬间静止，通过减少身体动作，让全身的注意力关注到某个方向上，以便看清突发情况并采取行动。这个保持瞬间静止或停滞的行为，就在微反应的范畴之内。这不是一个夸张的表情或动作，而是一个被压缩到很小范围的反应，极易被人们忽视，但仍可以被察觉和捕捉。我们从对方表情突然僵硬、身体突然停滞的行为反应中，可以看出对方可能受到了某种刺激。随后如果注意观察，还可能发现对方出现喜悦、愤怒、恐惧等情绪反应。

相关链接

观察员工微反应直击内心

管理者在与员工对话过程中，发现在谈到某一个问题时，员工突然停住了呼吸，随后又进行一次深呼吸。这时管理者就应该主动意识到，这位员工可能在心理上处于一种压力状态（或焦虑、恐惧状态），但又不敢"逃跑"，只能被动地等待随后发生的结果。这种瞬间的呼吸行为的改变，表明刚才谈到的问题是一个重要刺激，对这位员工非常重要，因而这个问题或刺激是有效的。也

就是说，我们谈对了问题，这个问题对那位员工很重要，他很关心，关心则心乱。如果管理者继续沿着这个问题深入交谈下去，继续施加有效的刺激手段，就能通过这个关注点，观察到对方的情绪反应，进而推断出这位员工的真实想法和意愿。

三、识别身体语言的线索

在日常的工作场合，我们并不需要对他人的为人风格进行深入了解，但我们可以通过提高我们在身体语言方面的识别能力，来改善我们的沟通效果。在管理沟通过程中的身体语言识别或微表情分析，当然不需要达到犯罪审判专家的水平。作为管理者，要提高这方面能力的水平，一般是希望通过解读员工的身体语言或微表情，来识别他们的真实意愿，或发现他们是“口是心非”还是“口非心是”？也就是希望识别员工们的心理内在需求或动机。这对我们改变沟通的方式，进行积极有效的沟通引导，是一种非常重要的技术。

在职场中，我们一般比较关注员工的谈话是“口是心非”还是“口非心是”，也就是判断其是否在“撒谎”。其实作为说谎者，与正常人相比一般有一个关键区别，即在说谎者的思维方式上。正常人在与人沟通时，头脑中往往只在思考一件事情；而说谎者在沟通时，头脑中往往需要同时考虑两件事情——一件真实的，一件需要编造的。在这种情况下，说谎者当然十分紧张，需要仓促应对沟通过程中发生的各种状况。而在人们大脑高度兴奋的状态下，全身新陈代谢也迅速加快，结果容易造成呼吸系统、血液循环系统、内分泌系统处于兴奋活跃状态，因而就表现出与正常人不一样的身体反应。依据对这类身体反应的观察，我们就容易发现说谎的线索。

那么接下来，我们看看如何识别员工的这些言不由衷的行为（严重来讲则为说谎），以及如何理解他们的身体语言线索。

1.眼神

“眼睛是心灵的窗户”——这是一句被大量心理学研究所证实的格言。经研究发现，眼睛确实是透露人内心世界的最佳线索，甚至人的一切情绪和情感反应，都可以从眼睛和眼神的变化中看出来。人们往往容易做到掩饰自己的语言，但却很难随意控制自己的眼神。所以通过观察一个人的眼睛，我们大体可以知道他的内心状态：紧张还是镇定，虚伪还是真诚，焦虑还是自信等。

眼神之所以容易透露一个人的内心状态，这与人类的心理和生理基础有关。经心理学的研究证实，人在情绪变化的时候，瞳孔的大小也会发生不自觉的改变。当人们遇到愉快、有兴趣的事物时，瞳孔会不自觉地放大；相反，当人们遇到厌恶或不感兴趣的事物时，瞳孔会不自觉地缩小。这种瞳孔生理机能的改变，从外观上看，就容易看出眼神的变化，其生理原因是瞳孔反射的光泽变化。

所以，当一个员工说话时，目光在游离闪烁，不敢直视管理者，说明这位员工可能比较紧张，或者在说一些言不由衷的话。另外，还有一种观点认为，人们在深入思考或者编造情节时，大脑左半球进入兴奋状态，从而眼神也容易同步地向左下望，因此这也构成判断员工是否言不由衷的线索。

2. 表情

面部表情也是一个可以进行精细信息分析的重要身体语言线索。人的面部有数十块肌肉，可以做出多达上百种的表情，准确地传达出各种不同的内心状态。这些通过面部表情透露的信息，更容易被人们所察觉，但同时也具有一定的欺骗性。由于人类的表情肌肉主要通过自觉意识控制，因而也更加容易做出虚假表情。相比较而言，人们更难控制自己眼神的变化。

与人们的眼睛和眼神一样，表情也可以表达一个人多种内心状态。但由于表情可以随意控制，变化又十分迅速，所以通过表情察觉一个人的内心状态，需要更加细致的观察。人们在表达某些特定情绪时，其脸部表情肌肉是不一样的。

比如，表达厌恶的情绪时，关键部位是鼻、颊和嘴；表达愉悦的情绪时，主要的部位是眉、额与嘴、颊；而表达恐惧的情绪时，主要是通过眼睛和眼睑。通过观察表情，再结合眼神的变化，就能够更加准确地推导出对方的内在心理状态。

在多数情况下，表情和眼神是保持一致的。但如果这两者出现了分离，就是一种做假的信号。

另外，在判断表情的真伪时，还需要注意表情的持续时间和对称情况。

比如，对于惊讶的表情，在脸上持续的时间不到一秒就是真的，超过一秒就可能是伪装出来的。还有人们在尴尬的情况下微笑时，脸部的表情是僵硬的，因而脸部表情往往是不对称的。所以不对称的表情，也是判断是否言不由衷的重要线索。

3. 语气语调

在新陈代谢加快和紧张的状况下，人们的身体机能也处于兴奋中。因而在说话时，语调会难以遏制地提高，语气也会变得更加急促。这时人们常常会说“你干吗这么激动？”其实就是对这种紧张状态的下意识怀疑。可见，语气语调的改变是人们在紧张状态下所做出的应激反应，也是判断人们是否紧张（或者说谎）的一个非常重要的线索。

4. 手势与动作

首先，多余的肢体动作，特别是手部多余的小动作，往往是紧张和不自信的表现。

比如，舔嘴唇、抿嘴、捂嘴、摸鼻子、摸头皮、双手十指紧握交叉、玩弄笔、频繁眨眼等小动作，往往是说话者内心极不自信或紧张的表现，潜意识中希望借助小动作来进行掩饰。同时伴随在紧张情绪下的新陈代谢加快，一些身体部位（如鼻尖、嘴巴四周、头皮）不断冒汗，从而造成这些身体部位感到搔痒，因此较容易出现多余的小动作（如抓挠止痒）。而在外人的眼光来看，这些多余的小动作就可能是说谎的线索了。

其次，如果在沟通时员工把双手交叉置于胸前，这是一个明显的抵触情绪动作，这时管理者要注意采用更加柔和的沟通方式，化解员工的负面情绪，提高倾听和共情的水平，改变沟通的内容和策略，以更好地达到沟通的目的。

再次，如果说话者的眼神和手指的方向不能一致，例如眼神看着左边，而手指指向右边，这种眼神和手指不同步的现象，也是可能说谎的一个线索。因为说话者在编造故事时，往往难以同步协调肢体动作，从而容易出现这种不同步的应激行为。

5. 身体姿势

在管理沟通过程中，身体姿势也是沟通时的一个重要因素。在面对上级、长辈等需要表示尊敬的情境中，我们的坐姿自然就会比较正式，身体前倾，腰板挺直，正襟危坐。如果我们面对下级、晚辈，坐姿就会比较放松，身体后仰，表情也比较随意。作为培训师在培训的时候，也容易根据学员的身体姿势来判断他们是否有听课的兴趣。

心理学家萨宾对西方国家人们常用的身体姿势进行了深入研究，发现当用一定的身体姿势表达特定的情绪和态度时，其含义往往也能够得到其他国家人们的理解。例如，通过身体姿势表示赞美、接纳、拒绝、防卫、敌视、傲慢等态度时，不同国家的人们往往都具有相似的理解。所以身体姿势在传达沟通信息时，具有跨文化的普遍性和共识性。

在管理沟通过程中，管理者可以通过观察员工的身姿，来判断他的心理状态。

比如，一个员工在谈话时，身体倾向靠门的一侧，只坐到椅子的前半部分，偶尔看看手表，并不时地把双手放在椅子的扶手上（似乎要站立起来），这就说明这位员工在潜意识中想立即结束这次谈话（有想“逃跑”的迹象）。管理者就要结合这次谈话的内容，分析这位员工的兴趣点或焦虑点，进而改变谈话的内容和方式，实现对员工的积极引导。

6. 说话内容

一般说谎者在说话的时候，往往对自己表述的内容不够自信，同时又要故作镇静地与对方沟通，所以容易出现语无伦次的现象。看下面一段对话。

管理者：“这个月我们部门上报的绩效数据出现了严重错误，我今天被副总经理狠狠批了一通。我想问这个数据是你查过的吗？”

员工："不，这个数据不是我查过的。"

这种照搬提问者的问题，对问题进行生硬的重复，可能就是撒谎的线索。因为回答问题者已经意识到了压力，并在真实情况和自我辩解的两难处境中挣扎，所以在回答问题时往往比较被动。在紧张的情绪状态下，只能简单、生硬地重复对方的问话了。

第二种容易出现的情况是，人们在说谎时一般会觉得不舒服，于是在潜意识里要把自己从谎言中剔除出去，有意无意地形成一种局外人的假象。看下面一段对话。

管理者："这个月你已经是第三次上班迟到了，今天你迟到的原因是什么？"

员工："哦，是车坏了。"

这种用第二人称的表述，而不是用第一人称的表述，如"我坐的公共汽车今天中途坏在路上了"，或"我的车坏了"，可能就是撒谎的线索。一般真正经历过车坏的人，会把自己放在悲剧式的场景里，并容易回想起刚才车坏在路上时的不愉快经历，所以在说话时，自然会使用第一人称。如果用第二人称表述自己的不愉快经历，很可能就是自己没有真正经历过，在紧张情绪下做出的一种辩解。

第三种可以识别为谎言的情况是，当管理者询问员工过去发生的一件事情的经过时，这位员工马上迫不及待地且细致完整地表达出来，这种看似完整的回答，恰恰是说谎的一个破绽。因为对过去事情经过的回忆，如果是实话，常常带有对细节的修正和回忆思考时的停顿。而预先准备好的谎言，往往会迫不及待地等待机会一下子说出来，就此来证明自己与事件无关。所以，对这类急于说明的谎言，管理者要能够主动地意识到并分辨出来。

最后我们需要注意，在判断员工是否在说谎时，要避免出现过度自信的情况。以上谈到的几种识别谎言的身体语言线索，之所以称为"线索"而不是"证据"，是因为这些线索只能在一定程度上说明有说谎的可能，并不是铁证如山的"证据"。

那我们如何运用这些线索呢？方法也很简单，就是要多搜集这些说谎的"线索"，最好能够发现三个以上的例证（例如假设每个线索出现的概率是1/4）。根据多个偶发事件同时发生的概率计算法，需要将这些线索的发生概率相乘（就是1/64或1.56%的小概率）。如果可以得到一个很小的概率，并且这个概率已经小于统计学意义上的显著性水平（1%为非常显著，5%为显著），那么我们就可以认为员工的这些异常行为并非一次偶然事件，而是一次必然事件。那么，这个必然事件的背后只有一个主因——就是说谎。

四、分析谈话中的关键词

除了以上几种识别谎言的身体语言线索外，我们在大量的管理沟通过程中，还往往需要对员工的谈话进行语义或关键词分析，目的是解读说话人的真实意图，了解言中深意，对对方做出一个大致的判断，进而主动调整谈话的内容，采取相应的行动。

对谈话中关键词语的分析技术，其理论来源于构建胜任力模型中的主题口语编码技术。在胜任力建模时，需要对受访对象进行行为事件访谈，获得该职位上一些关键的成功或失败事件。接下来，如何分析和整理这些关键事件呢？这就需要用到主题口语编码技术。该技术的原理是，分析成功或失败事件背后所代表的行为，将其抽取出来，并重新定义。这些定义后的行为和能力特征，经过了"主题口语"的编码，代表着一个或一组胜任力指标。

谈话中的关键事件分析技术或主题口语编码技术，其理论来源于心理投射测验中的主题统觉测验。通常我们在谈话时，往往容易从自身的立场看待周围的事物，也容易加入自身的经历、经验、情绪和情感。因此，我们所表达出来的观点和想法，往往是我们深层次的情绪、情感或价值观的体现，甚至带有我们自身也无法意识到的潜意识因素。换句话说，我们说话的内容，往往是我们心中某种想法或价值观的向外"投射"。因此，根据以上理论和方法，管理者在与员工对话时，如果从员工谈话的内容中，主动进行关键词分析，就可以发现谈话内容背后更加丰富的意义。

案例赏析

主题口语编码技术的运用

管理者："公司在业务拓展方面近期有了一些新的计划，希望派一些业务骨干到外地分公司任职。考虑到你的工作情况和家庭背景，想派你回到你家乡所在的那个城市去。你有什么想法吗？"

员工："很感谢您对我的信任。但我家乡所在的那个城市是一个三四线城市，拓展业务的空间没有总部所在的一线城市这么大，工作起来还是有一定难度的。而且我现在的老客户比较稳定，业务量还可以，我怕离开现在的城市以后，业务量很难再做得起来。"（关键词：担心收入降低）

管理者："这个我们部门会尽量提供协助。"

员工："刚大学毕业时的那几年，可能我们还是很有动力，工作有激情。我们可以一个星期有三个晚上都跟客户喝酒，喝到凌晨两三点，然后八点起床上班，一点儿问题也没有。现在不行了，晚上如果喝到两点，第二天早上八点起床上班，估计得一个星期才能缓过劲来。所以，现在很难再熬夜了。"（关键词：工作进取心在减退）

管理者："公司也非常明白这点。但公司业务需要拓展，希望你们这些老员工能够担当起这份责任。"

员工："公司对目前的市场拓展计划，有没有一些特殊的激励措施？"（关键词：激励措施）

管理者："暂时还没有制定，但我想以后会有的。"

员工："那我们部门对我们在新城市的业务拓展，有没有一些激励措施？"（关键词：激励措施）

管理者："这个我正在制定，很快就会出台。"

员工："那好，我们这些老员工，上有老下有小，也希望工作稳定一些，业务量有保证一些，希望您能够理解我们的想法。"（关键词：生活保障，也是激励措施问题）

【点评】

在这段对话中，员工的谈话内容多次反映了激励措施和收入问题，说明当下比较关注个人收入和生活水平问题；结合员工的工作进取心减退的情况，管理者就要注意加强在物质激励方面的力度，以提高员工的工作积极性。当然通过这段对话，管理者也可以了解这位员工的价值观，进而在以后工作安排和岗位调动时做出全面考虑。所以，通过关注与分析在谈话中经常被重复的关键词，就能发现说话人近期的关注点或价值观的体现点，这既有助于做好管理工作，又有助于更好地了解员工。

第三节　强化感情交流，增强团队凝聚力

人是需要激励的，因此，对人的激励便形成一种领导艺术。激励手段可以分为两种：一种是物质上的，主要的形式就是金钱上的奖励；另一种是精神上的，主要从员工的社会需求上来激励。情感激励是精神激励的一种重要形式。

一、什么是情感激励

所谓情感激励，就是通过强化感情交流沟通，协调领导与员工的关系，让员工获得感情上的满足，以激发员工工作积极性的一种激励方式。在具体的操作过程中可谓是"因企而异"，可以通过加强和员工之间的对话，提高员工在企业管理过程中的参与程度等来完成这个项目。

情感激励既不是以物质利益为诱导，也不是以精神理想为刺激，而是指领导者与被领导者之间的以感情联系为手段的激励方式。每一个人都需要关怀与体贴，一句亲切的问候，一番安慰的话语，都可成为激励人们行为的动力。

二、情感激励的作用

情感激励是一种领导艺术，应用得当能够增强团队凝聚力。在员工遇到困难时，适时地给予精神鼓励和物质帮助，经常与员工谈心，加强思想沟通，消除隔阂，组织集体活动，陪送生日礼物，生病探望等，所有这些都会让职工感受到一种“家庭式”的关怀，从而增强对公司团队的信任和忠诚度。

××车灯有限公司是××市连续多年的金牌企业，长期以来每年奖励“××宝宝”——员工的孩子考上大学、评上“三好学生”等成绩突出者，都给予奖励。这个一举多得的制度的推行，得到了广大员工和孩子们的欢迎，孩子们以被评到“冠东宝宝”为荣，员工们则把拥有“××宝宝”这份荣耀化为工作的动力，两代人就这样你追我赶，不断激发出学习、工作的热情。

由此可见，情感激励也是一种有效的企业管理方法，它能直接影响员工的价值取向和工作态度，通过情感激励的作用，形成员工对企业的归属感、认同感。这样，员工就可以进一步满足自尊，激发出员工的积极性和创造性。

三、情感激励的方式

情感激励主要是培养激励对象的积极情感，其方式很多，如沟通思想、排忧解难、慰问家访、交往娱乐、批评帮助、共同劳动、民主协商等。只要领导者真正关心体贴、尊重、爱护激励对象，通过感情交流充分体现出“人情味”，他就会把你对他的真挚情感化作自愿接受你领导的自觉行动。

2012年的春运，不少打工者都是一票难求，许多企业纷纷想办法解决员工回家难的问题。海门的企业也是如此，有的企业联系包车，有的企业团购车票，有的企业派出专人购买车票，有的企业推出报销车票的举措。万年镇的一位老厂长因为不会电脑操作，特意赶到市区，请他的儿子上网买票，终于解决了10多个员工回家的车票。

春运期间，《现代快报》以《70名员工，70张火车票，年迈副厂长上网刷了几天》为题报道了扬州市西湖镇一家玩具厂年迈的张副厂长，为了70名员工能够回家过年，花了好几天学会了上网订票，老厂长说：“员工回趟家不容易，能为他们提供方便也感到开心。”

两位老厂长用的就是情感激励法。情感需要是人的最基本的精神需要，因此企业的管理层就要舍得情感投资，重视人际沟通，建立感情联系，增强员工和管理层在感情上的融合度。一旦情感联系确立，员工就会快速高效、保质保量地完成生产任务，作为情感上对企业的回报，有的甚至能不去计较工资、奖金等物质因素而尽快完成任务。

因此，企业的管理者应该找准员工的情感激励的需要，将满足员工需要的情感激励措施与企业发展目标有效地结合起来，以激发员工奉献岗位的积极性，为企业创造更多的经济效益。

四、情感激励的技巧

情感激励就是加强与员工的感情沟通，尊重员工，使员工始终保持良好的情绪以激发他们的工作热情。团队领导若能懂得其中的奥妙，并不失时机地对团队中的成员及其家人给予关怀，对他们做感情投资，往往能够起到事半功倍的激励效果。

有些团队的领导不屑于对团队的成员进行感情投资，他们认为，团队成员这么多，如果对每一个人都投入感情，哪里还有时间抓管理？殊不知，对自己的团队成员进行感情投资也是一种管理，一种更加人性化的管理，一个人性化的上司更能得到员工的拥护。

日本麦当劳社社长藤田田，著有一本畅销书《我是最会赚钱的人》。他将他的所有投资进行分类，研究回报率，发现感情投资在所有投资中，花费最少，回报率最高，他本人就是一个善于感情投资的人。

藤田田每年支付一大笔钱给一家特定的医院，作为保留病床的基金。当职工或家属生病、发生意外时，可立刻住院接受治疗。即使在星期天有了急病，也能马上送入指定的医院，避免在多次转院途中因来不及施救而丧命。

有人因此问藤田田，如果他的员工连续几年里都没人生病，那这笔钱不是白花了？藤田田回答："只要能让员工安心工作，对我来说就不吃亏。"

能有如此境界的人，想不让员工尊重都难。要知道，升职加薪固然会让员工高兴，但其作用毕竟是有限的，只有进行一定的、卓有成效的情感投资，才能用最小的代价换取更多的人心。当然，这需要掌握一定的技巧，具体如下图所示。

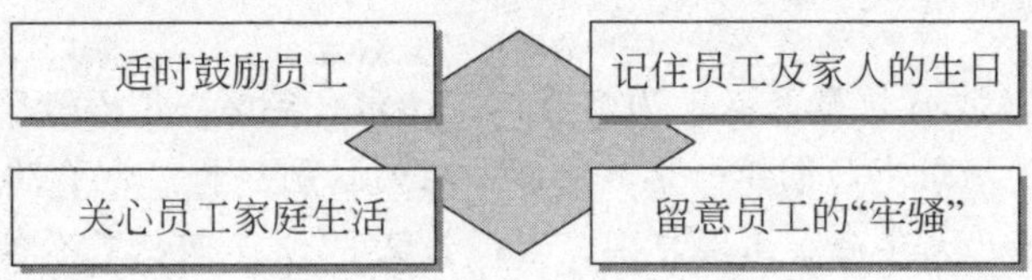

情感激励的技巧

1.适时鼓励员工

作为管理者，当下属顺利完成工作、取得较大成绩时，表扬下属几句，表示出对他的肯定和认可，并鼓励他以后好好干，势必会收到意想不到的激励效果；反之，从来不去注意他们，或者将他们的功劳据为己有，都会使员工的工作激情逐渐消失殆尽。同时，当下属提出创意，勇于表达自己的不同意见时，无论他的看法是否正确、是否可行，都应该对其具有的勇气和精神表示认同，给予鼓励。要知道，在大多数情况下，下属对上司的要求其实并不高。只要适当地给他们一些鼓励，就会让他们感到自己的上司是有感情的，从而能够满怀激情地去工作。

没有感情的投资，何来“一将功成万骨枯”？没有卖命的士兵，哪来的千古名将？所以，聪明的管理者，在下属身上注入一笔感情投资，对你来说，这将是一笔稳赚不赔的“生意”。

2.关心员工家庭生活

当下属在工作中或家庭生活中遇到困难时，管理者应该表示理解和支持，提供解决的办法或者必要的帮助。这样，才能充分鼓舞下属的士气，使其更加努力地工作。一句“你女朋友还好吧”“你母亲身体好吗”“你孩子今年多大了”，都会让下属倍感温暖。

广东有家电子公司的销售经理，注意到自己手下的员工大部分都是“单身汉”或家在外地，没有条件自己做饭，为了解决员工吃饭的困难，销售经理申请公司总部为员工办了一个小食堂。当员工们吃着公司小食堂美味的饭菜时，由衷地感激上司的爱护和关心，工作干得更起劲了！

关心体贴下属的生活，使他们家庭和谐幸福，生活无忧，无疑是下属做好工作的前提和保障，更是情感激励的最真情流露。

3.记住员工及家人的生日

管理者可通过举办员工生日会，了解员工的心，知道他们的所想所愿、追求和目标，以及他们的价值取向和面临的问题，这样，能够让员工感受到你的关心，从而激发他们的热情和干劲。

松下幸之助曾经说过：“最失败的上司，就是那种员工一看见你，像老鼠见到猫般没命地逃开的上司。”他每次看见特别辛苦的员工，都要亲自为他泡杯茶，说：“太谢谢你了，你辛苦了，请喝杯茶吧！”作为管理者，只有赢得员工的拥戴，才能调动他们的积极性，激发他们的无限潜能。

4.留意员工的“牢骚”

面对员工的“牢骚”，管理者不可置之不理，而应分析“牢骚”的原因，及时疏导，否则，员工的怨气将会积小成大，“牢骚”就会像“瘟疫”一样蔓延，影响整个团队士气，打击员工积极性。要知道“牢骚”并不可怕，关键是要找一个单独的环境，与发牢骚的员工做一对一的面谈，进行推心置腹的交谈。

当你这样做后会发现，员工们发完牢骚，不仅像没事情发生过一样，一身轻松地离开，而且还会在心理上感谢你，感谢你的关注和沟通。

尝试以上几种方法，对激励员工有着十分明显的意义。尽管它们看似“毛毛细雨”一样细小，却能灌溉员工的心灵，促使员工像禾苗一样生机勃勃，茁壮成长。如果依然没有想象中的那么好，那很可能是作为主管的你对员工的感情投资不够。此时，需要你重新审视局势。

相关链接

团队管理中实施情感激励的途径

1. 尊重团队成员

尊重团队成员作为一种有效的零成本激励方式，是情感管理中最重要的部分，在现代管理中具有越来越重要的现实意义。

现代管理理念认为：如果团队成员对领导者过分依从，过分尊重，就会丧失应有的积极性和主动性。根据马斯洛的需要层次理论，人的需要由低到高分为五个层次：生理需要、安全需要、归属需要、尊重需要和自我实现需要，任何人都有被尊重的需要，团队成员的人格一旦受到尊重，往往会产生比金钱激励大得多的效果。

现在有很多企业都在企业文化中强调“以人为本”，其实以人为本就是要把所有的人都视作团队大家庭中的一员，要公平地对待他们，要爱他们，要让团队成员感觉到被尊重。

日本松下公司的总裁松下幸之助先生的管理理念值得借鉴：他要求领导者必须尊重团队成员，对团队成员心存感激之情，这样使团队成员觉得公司重视他，满足他人格受重视的需要，激发团队成员内心对团队的亲和力，因而更加努力工作来回报公司。

2. 信任团队成员

“信任”是人才管理最基本的方法。只有信任才能取信人才，打消其顾虑，最大限度地发挥人才的主动性，甚至超水平地发挥才能。

惠普公司不但以其卓越的业绩跨入全球百家大公司的行列，更以其对人的重视、尊重与信任的企业精神闻名于世。威廉·休利特是惠普公司的创始人之一，他这样总结惠普的精神：“惠普之道，归根结底，就是尊重个人的诚实和正直。”惠普相信，团队成员都想把工作做好、有所创造。只要给他们提供适当的环境，他们就能做得更好。

3. 关心团队成员

关心团队成员必将使团队成员满意度上升，工作热情提高，使团队成员安心地工作。但关心不是只做到表面上的，而是要真心真意地去关心，这是成功的领导者所必须做到的。

马狮是英国最大且盈利能力最高的百货零售集团，它致力于发展团队成员的良好人际关系，经理人员必须了解团队成员的困难并做出反应，高层领导者应该知道团队成员工作环境和各项福利措施的优劣程度。更重要的是给团队成员提供学习、培训的机会，同时要给他们提供施展才华的舞台，这样既能使团队成员得到满足，又能保证企业留住所需的人才。

4. 赏识团队成员

赏识能赋予人一种积极向上的力量，能从内心激发团队成员对事物的热情。因而，在管理过程中，要多选择机会赏识团队成员。对于他们，领导者不应吝啬赞美的词语，应当自然大方地去赞美他们，哪怕只是一个小小的成功。

5. 在物质激励中融入情感因素

在激励团队成员的各种方式中，物质激励是最常用的。但是随着团队成员受教育程度越来越高，物质激励就不能一成不变，只有充分把握团队成员的不同需要，选择团队成员感情上最愿意接受的方式进行奖励，才能让奖励的激励作用充分发挥出来，这就需要在物质激励的过程中融入情感因素。

第四节　树立团队精神，提高团队战斗力

建设一个团队，需要的因素很多，比如团队领袖的思想谋略，团队成员的心态激情，团队整体的精、气、神等，都在团队建设中发挥着重要的作用。

一、什么是团队精神

非洲的草原上如果见到羚羊在奔跑，那一定是狮子来了；如果见到狮子在躲避，那就是象群发怒了；如果见到成百上千的狮子和大象集体逃命的壮观景象，那是什么来了？蚂蚁军团！

团队精神就是互相合作，上级带动下级，整体带动部分，全员齐心协力，提高工作能力和工作效率。在现代企业竞争中，只有上下团结一心，才能在竞争中立于不败之地，企业才能高速发展。

团队精神的形成与建立依靠团队所有人的共同努力。也许，个体在某一方面确实做出了可喜的成绩，确实该得到某个荣誉，但这并不意味着其他人就毫无用处，毫无功劳。没有他人的鼓励、支持和配合，个体或许照样默默无闻。把功劳归于大家，个体不会受到任何损失，但这种谦虚和集体意识却是十分可贵的。

相关链接

从雁行理论看团队精神

每年秋天，我们抬头仰望蓝天，总会发现很多大雁从头而过，成群的大雁在长途旅行中，雁群的队伍组织得十分严密，它们常常排成“人”字形或“一”字形，它们一边飞着，还不断发出“嘎、嘎”的叫声。大雁的这种叫声起到互相照顾、呼唤、起飞和停歇等的信号作用。所有的雁群，都是为了“保证物种的存在，不被大自然淘汰”的这个目标而飞行。

雁行队伍

那么，大雁保持严格的、整齐的队形即排成“人”或“一”字形又是为了什么呢？原来，这种队形在飞行时可以省力。最前面的大雁拍打几下翅膀，会产生一股上升气流，后面的大雁紧紧跟着，可以利用这股气流，飞得更快、更省力。这样，一只跟着一只，大雁群自然排成整齐的“人”字形或“一”字形。这就是团队作战制胜的工具，要善于寻找让团队成功的工具，而不是无休止地陷于麻木的、程式化的、不知对错的培训状态。

每只大雁鼓动双翼时，对尾随的同伴都具有“鼓舞”的作用。雁群排成“人”字形时，比孤雁单飞增加了71%的飞行距离。你在一个团队中，与拥有相同目标的人同行，能更快速、更容易地到达目的地，因为彼此之间能互相推动。

当一只大雁脱队时，它立刻感到独自飞行迟缓、拖拉与吃力，所以很快又回到队形中，继续利用前一只大雁所产生的浮力。如果我们与大雁一样聪明的话，我们就会留在与自己目标一致的队伍里，而且乐意接受他人的协助，也愿意协助他人。

当领队的大雁疲倦了，它会退到侧翼，另一只大雁则会接替飞到队形的最前端。轮流从事繁重的工作是合理的，轮流担任与共享领导权是必要及明智的，对人或对大雁群都一样。

队伍中后面的大雁会以叫声鼓励前面的伙伴来保持整体的速度，继续前进……如果我们拥有大雁的感觉，我们将像它们一样互相扶持。相互间的鼓励会振奋队员的精神，坚持到底。

当有大雁生病或受伤时，会有其他两只大雁脱离队伍，协助及保护它。这两只大雁一直伴随在它的旁边，直到它康复或死亡为止。然后它们自己组成队伍开始飞行，努力去追赶原来的雁群。如果我们与大雁一样聪明的话，我们也会互相扶持，不论是困难的时候还是顺利的时候。

二、成功团队精神的表现

一个成功的团队所具有的团队精神是什么样的呢？我们先来看一个故事。

案例赏析

蚂蚁团队如何求生存

有人做过很多次关于蚂蚁团队求生的实验。

第一个实验：把一盘点燃的蚊香放进一个蚁巢。开始，巢中的蚂蚁惊恐万状，大约20秒钟过后，许多蚂蚁见难而上，纷纷向火冲去，并喷射出蚁酸，可一只蚂蚁喷射的蚁酸量毕竟有限，因此，很多“勇敢者”都葬身火海，但更多的蚂蚁前仆后继，不到一分钟，就将火扑灭了。火灭后，幸存的蚂蚁立即将牺牲的蚂蚁尸体拖走，并盖上一层薄土以示安葬。

第二个实验：一个月后，实验人员又把一支点燃的蜡烛放到原来的那个蚁巢进行观察。尽管这次火势凶猛，对蚂蚁来讲灾情更严重，但蚂蚁们凭借上次灭火的经验，它们的“头儿”迅速调兵遣将，有条不紊地协同作战。不到一分钟，点燃的蜡烛即被扑灭，更重要的是没有一只蚂蚁因此牺牲。它们灭火的表现，令人震惊。

第三个实验：实验人员点燃一大片枯死的野草，为了逃生，众多蚂蚁迅速积集成群，抱成一团，然后像滚雪球一样飞速滚动，逃离火海。很显然，最外层的蚂蚁被烧死了，但里层的蚂蚁活了下来。实验人员发现，当下大雨涨洪水时，蚂蚁也会抱成团随波漂流，直到冲上岸去。当然，水中会留下不少蚂蚁的尸体，但它们到死时也紧紧地抱在一起。

【点评】

在蚂蚁的世界里，它们一旦遇到困难似乎不需要领导的指导，也不需要别人的监督，就能根据环境的变化快速地调整做出决策，迅速解决眼前的问题。它们之所以能有条不紊地处理“麻烦”、完成工作，就在于有很好的团队合作意识和献身精神。

对于成功的企业来说，团队精神的特征通常表现如下。

（1）员工凝聚力增强，以企业为家。

（2）部门合作畅通，运作流畅。

（3）团队中人人相处和谐，办事有效率。

（4）员工致力于减少浪费，成本观念强。

（5）员工荣誉感强，做事有整体观念。

（6）团队成员优势互补，以共同目标为导向，发挥每个人的特长。

比如，两个运动队一切准备就绪之后，拉开了攀岩比赛的序幕。A队在攀岩之初就强调齐心协力，注意安全，共同完成任务。而B队则一直聚在一起商量着什么。比赛开始了，A队在全过程中几处遇到险情，在大家齐心协力之下，排除险情，胜利完成了任务，然而却花费了大量的时间。而B队早就完成了攀岩任务。那么，B队在比赛之前做了一些什么呢？原来，他们把队员个人的优势和劣势进行了精心的组合：排在第一位的是个比较机灵、动作灵敏的小个子队员，排在第二位的是一位高个子队员，女士和身体庞大的队员放在中间，排在最后的是具有独立攀岩实力的队员。结果，他们几乎没有遇到险情地迅速地完成了任务。

从以上的案例可以看出，团队精神中的合作对成功起着举足轻重的作用。团队精神不仅要齐心协力，还有优势互补，以共同目标为导向，发挥每个人的特长。

西游智慧

唐僧师徒四个在各方面差异如此之大，竟然能容在一个群体中，而且能够相处得很融洽，甚至到西天取得了真经。这是一个千辛万苦的过程，在实现取经目标的过程中，他们遇到了各种各样的障碍，但他们的战斗力是惊人的，这其中团队精神发挥着重要作用。

比如在女儿国，唐僧和猪八戒因为误喝了照胎泉水而导致腹痛，只有堕胎泉水才能化解疼痛。孙悟空在与守泉人激烈对抗的时候，如果不是沙僧的暗中帮助，孙悟空怎么可能那么顺利得到泉水呢？兄弟齐心，其利断金。孙悟空的神通固然是广大的，但是如果没有其他人的指点与帮助，只是一个人孤军奋战，他又怎么可能取得成功呢？

三、团队精神不佳的表现

买过螃蟹的人都应该知道，放了很多螃蟹的篓子不盖盖子，螃蟹也爬不出去。原来，只要有一只螃蟹往上爬，其他的螃蟹便会攀附在它的身上，把它拉下来，到最后一只螃蟹也爬不出去。这就是典型的个人逞能、没有团队精神的表现。

一个团队成员没有团队精神，往往会出现下表所示的情况。

个人与团队不协作的表现与后果

表现	后果
高高在上（养尊处优，发号施令）	敬而远之
处事不当（独断专行，经验不足）	慎而远之
唯派是举（拉帮结伙，山头主义）	离而远之
不讲廉洁（监守自盗，徇私舞弊）	厌而远之
城府太深（为人圆滑，模棱两可）	畏而远之
优柔寡断（无果断力，做事拖拉）	躁而远之
游移多变（观念模糊，人云亦云）	恐而远之
讲而不做（空头口号，做事无果）	搪而远之
不循章法（执法犯法，权大于法）	散而远之
乱施批评（粗暴干涉，否定一切）	避而远之
刚愎自用（目中无人，自以为是）	怒而远之
粗陋鲁莽（形象欠佳，缺乏素养）	鄙而远之
平庸无能（不学无术，才能平庸）	藐而远之
打击报复（心胸狭窄，百般刁难）	躲而远之
薄情寡义（人在情在，人走翻脸）	恨而远之

四、团队精神激励的方法

团队中对员工精神世界的整合、有效利用对员工的精神激励，是其中最重要的一个环节，它贯穿于团队领袖的思想谋略，团队成员的心态激情，团队整体的精、气、神等的全过程。因为凡是成功的团队都应该是一个和谐的团队，都应该以共同的价值取向为基础，以深厚的情感氛围为纽带，以统一的战略目标为动力，才能够产生强大的凝聚力和向心力，从而引发无穷的执行力和战斗力。也就是说，团队是要有精神的。

那么，如何运用精神激励法有效地激励员工呢？具体如下图所示。

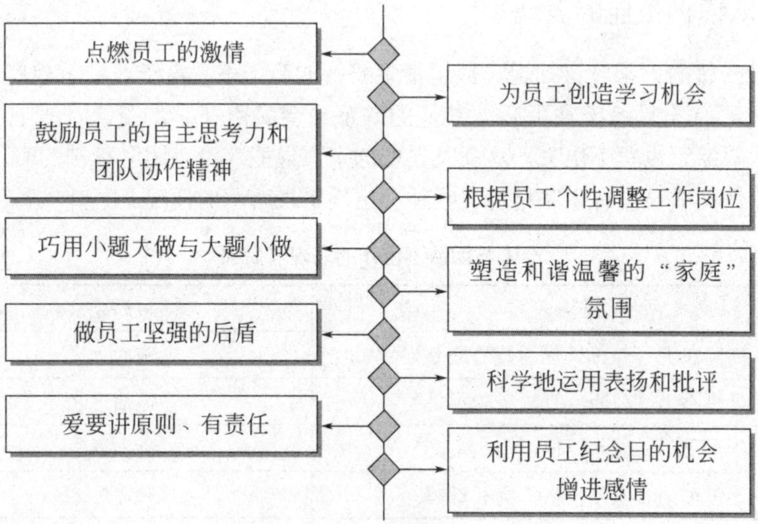

精神激励的方法

1.点燃员工的激情

作为上司，有义务用自己的激情点燃员工的激情，建设朝气蓬勃、斗志昂扬的团队。只有点燃了员工的激情，才能走过一段段艰苦的日子，冲破来自外部环境的一切阻力和障碍，迎来胜利的曙光。上司与员工的激情是互为拉动、互为感染的，员工的激情也能使上司不敢懈怠，充满活力。

2.为员工创造学习的机会

俗话说，“一花开放不是春，众花开放春满园”，上司在自己不断学习、不断提高的同时，还应该义不容辞地承担起为员工创造学习机会的责任，还要安排各种培训活动，提高大家的整体素质。任何一个优秀的团队都是学习型团队，也只有学习型的团队才能不断积累持续发展的动力。

另外，上司要多当教练，少当裁判，带领大家一起进步，这是最明智上司的做法。

3.鼓励员工的自主思考力和团队协作精神

员工是有依赖性的，他们会把责任一层一层往上推，这种“孩子哭抱给娘”的不负责任的做法，势必导致团队执行力的下降。

那么，上司就应该鼓励员工的自主思考力和团队协作精神。一方面鼓励大家带着答案提问题，自己的问题自己解决，自己的事情自己办，自己的路自己走；另一方面要正确对待和充分整合员工的建议和意见，让他们有机会参与团队管理，帮助员工树立正确的价值观和主人翁意识，以提高大家的自主思考能力和独立作战能力。

同时，上司要鼓励团队之间的“小诸葛会”，给大家畅所欲言的机会，以提高大家的团队协作精神，督促大家集思广益，取长补短，共同发展，共同进步。

4.根据员工个性调整工作岗位

从一定意义上讲，人才是上司培养出来的，人人都是人才。一块地不适合种麦子，可以试试种豆子；豆子种不好的话，可以种种瓜果；瓜果也种不好的话，可以种种花生，应该就能成功。因为一块地，总有一粒种子适合它，也终会有属于它的一片收成。

这就是说，员工到底能不能成为人才，上司的管理起决定作用。如果上司能够结合团队的实际情况，结合员工的个性，帮助员工在一个适合的岗位上实现自我价值，这样就能够人尽其才，各尽所能，“八仙过海，各显神通”了。不过，晋升的机会是留给有准备的人的，而员工如果在团队中确实找不到适合自己的岗位，那就离淘汰不远了。

5.巧用小题大做与大题小做

在工作中犯错误是难免的，但是，尽量减少错误是可能的。上司要想方设法让员工走正确的路，做正确的事。

在一个团队的日常管理中，员工犯一点儿小错，出点小儿问题，如说了一句错话，账簿上差几毛钱等，表面上看起来是小事，但完全有可能形成一种不良习惯。这时候，上司最好从细节抓起，不妨小题大做，以使大家随时警惕，防微杜渐；但如果一旦犯了大错，反而要大题小做，大家都要冷静下来，镇定下来，积极寻求弥补的办法，彼此帮助，克服困难。因为这个时候追究责任是没有任何意义的，只会贻误战机，错上加错。

6.塑造和谐温馨的“家庭”氛围

幸福的家庭基本都是相同的，就是让家庭成员都有归属感和安全感，还要让家庭成员都有责任意识和付出精神，这几种因素应该是相辅相成、互为作用的。

那么，这个“家庭”的上司就是家长，他以家长的心胸与魄力努力塑造家庭氛围，把大家的力量攥成一个“拳头”，准确有力地打出去，才能产生源源不尽的能量，使大家为实现共同的目标而努力奋斗。

7.做员工坚强的后盾

员工的意见和建议，对于上司能够做出正确决策是具有相当重要意义的。所以，上司善待员工的意见和建议，尊重他们的想法和方案，这样会创造一种互相理解、互相信任、互相支持、互相鼓励的积极向上的发展氛围。

上司担任这样三种角色：后盾、导航员和阶梯，使大家都能够获得稳定感和成就感，工作开展就没有了后顾之忧，就能够放开手脚，开拓进取，困难也就应该迎刃而解。这样，不但上司的威信提高了，团队的战斗力也得到了加强，业务开展自然水到渠成。

8.科学地运用表扬和批评

上司应善于运用表扬和批评，把其变成一种“工具”，监督和促进员工的发展，对员工的发展有百利而无一害。

严厉有时候是一种更深刻的爱，而批评也可能是最大的财富；如果一个没有培养价值的员工，上司是不愿意拿出时间和精力来批评他的。但有技巧的鼓励也是精神激励的一种非常好的方式，它必然会将作用放大很多倍。所以在工作中，上司有必要表扬多于批评，鼓励重于谴责，重点培养大家的自觉思考力、自主工作力和自发执行力，让大家在接受批评和表扬的过程中不断成长。

9.爱要讲原则、有责任

一个团队要想健康发展，稳步提高，必须要建立一个公平、公开、公正的环境，那么上司的爱就应该讲原则、有责任。这种爱的基础就是制度，即大家都必须要遵守的行为准则。也就是说，上司对于员工，要做到支持但不娇惯，帮助但不纵容，用制度来规范和约束大家的行为。

团队中矛盾是客观存在的，主要是看对待矛盾的态度和处理问题的方法。营销公司内部的矛盾主要体现在上司与员工之间的矛盾、财务部门与业务部门之间的矛盾、营销员与营销员之间的矛盾等，这些矛盾得不到有效的解决，员工心里是不会平衡的，团队是不会和谐的。

所以，制度也是上司运用精神激励的一个很重要的组成部分，“没有规矩，不成方圆”，有了制度，员工都知道怎么做了，知道应该做什么了，才能有效地制止员工的惰性，激发员工的积极性，结果自然事半功倍。

10.利用员工纪念日的机会增进感情

每个人都有自己非常注重的纪念日，包括生日、结婚纪念日、晋升的日子等重要日期，这对于上司来讲是很好的增进感情的机会。这个时候，上司可以通过电话、短信、电子邮件、微信、聚会、礼品等方式，与员工进一步拉近关系，增进友谊。其实，这种情况下员工并不是太在意上司是否给予物质奖励，而重要的是一种精神的安慰，让员工感觉到被尊重、被关注和被理解。

员工是一个团队最大的财富，善待和尊重员工，成为建立和谐团队工作的重中之重。作为上司，如何利用精神激励法调动大家的积极性，这是一种方法，更是一种学问。员工的幸福建立在上司的爱心和责任心的基础上，上司注重细节管理和过程控制，洞悉员工的心态，调整员工的精神状态，让大家能够“100瓦灯泡发100瓦的光”，那么，这个团队的成功指日可待。

场景沙盘

1. 如何激发团队士气?

林×是公司的生产总监，领导着公司最大的部门，管理着公司最多的员工。在平时工作中，生产部的工作任务比较紧，而且工作环境差，员工工作压力都比较大。有时候遇到生产设备故障，还会耽误生产进度，出现产品质量问题。平时工作苦劳多，功劳少。所以对生产部来说，激发团队士气很重要，这可以让大家长久保持工作积极性和热情，做出更好更多的产品。如果你是生产总监林×，你会如何激发团队士气呢？（多选）

【选项】

A. 为部门设立长中短期目标，让日常工作具有挑战性，帮助大家获得完成工作时的成就感

B. 要求各级管理者能够以身作则，从严管理，保证生产部工作的严肃性

C. 在管理中具有人情味，关心大家的心理、家庭、健康和利益，讲话接地气

D. 有“大哥”情怀，经常鼓励和赞赏员工，给予他们在工作方法上的帮助

【最佳选择】

A、C、D

【解读】

要激发团队士气，关键是能够站在员工的角度，为其设身处地考虑为什么要努力工作的原因。在团队日常管理中，可以从以下方面入手提高团队士气。

（1）确定大家可以看得见的阶段性目标，同时树立符合每个成员共同利益的愿景目标。一个有战斗力的团队，应该将长、中、短期目标结合起来，日常工作完成有挑战性、有及时反馈的阶段目标，获得完成工作时的成就感和阶段满足感，增强团队有能力完成任何工作目标的自我效能感，就能够增强团队工作时的信心，提升团队的士气。然后，要知道一个人要想成功，就必须建立自己的梦想；一个团队要想成功，就要善于给团队成员“造梦”，使他们和你一样有梦想，并为梦想而不断追求。

（2）领导者要有奉献的精神，以身作则的品质，“带头大哥”的气魄。由于下属在能力、经验、掌握的信息等方面都不如自己的上级，所以他们只会放大上级的缺点，只会比上级更加恐惧。要知道，管理者自己做不到的事情，别指望下属员工一定做得到。在工作中，管理者如果能做到以身作则，率先垂范，以工作

热情感染员工，具备一种被大家追随的品质，做一个言行一致、表里如一的上司，就能够起到很好的行为示范效应，增强大家工作的信心。这是一种很简单，却很强大的力量！

（3）管理者具有人情味。在工作沟通时，就要沟通工作问题，要沟通情感，关心大家的心理、家庭、健康和利益，讲话接地气，主动帮助大家解决生活和情感方面的问题，就能大大提升具有人情味的领导魅力，获得大家在心理上的信任和支持。在你的带领下，团队建立起良好的人际关系，大家获得团队配合时的人际满足感，这也是激发大家努力工作的能量来源。

（4）在利益分配上，管理者在物质上坚持“多付出少收入”的原则，为大家着想，有一点儿自我牺牲精神，多关照下属成员的利益，比如平时请大家吃吃饭，在收入和奖金分配方面，让大家得到自己应该得到的，或者最好超出原有的预期，就会让他们觉得为你工作很值得、有收益，就能够从根本上抓住大家为什么为你工作的理由。

（5）有“大哥”情怀，平时经常鼓励和赞赏员工，给予他们在工作方法上的帮助。当团队成员工作表现出色的时候，要及时给予鼓励，让他们得到认可，获得价值感，从而增强完成工作的信心和自我效能感。

（6）把快乐带给你的团队，用你的幽默、积极和善意，赋予团队积极的正能量，把工作环境和工作氛围变得快乐一点儿，让大家喜欢他们所做的工作，他们就会把工作的热情一直保留下去。

2.如何重新点燃老员工的工作激情?

客户服务部主管张×年纪轻，能力强，是公司的业务骨干。今年被提拔为主管一职后，工作积极性更强了。但他下面所带的组员有很多资历和经验都比较丰富的老员工。其中有两个组员虽然算不上“刺头”，但工作态度比较消极。一个喜欢抱怨，凡事都要挑毛病，看阴暗面；另一个经常找一些理由迟到和早退，破坏公司的考勤制度，也对其他组员产生消极影响。更让张×烦心的事，这两个组员有时候还会煽动其他组员反对自己。所以在很多时候，大家配合不好，张×经常只能自己加班加点完成一些专项工作。他也尝试与组员们沟通交心，激励大家，可是效果不明显，尤其是这些老员工。所以对张×而言，最近有些身心交瘁，在团队管理方面力不从心。那么，张×该通过哪些方式，重新点燃老员工的工作激情呢？（多选）

【选项】

A. 管理者以高工作指导、高关系维护的推销式管理方式为主

B. 允许他们把部分精力回归家庭，通过家庭的成功，增强事业上的满意感

C. 多请他们分享工作经验，指导年轻员工的成长，提高他们的工作成就感

D. 给予老员工荣誉称号或公司内部聘用的职称，让他们获得更好的存在感

【最佳选择】

B、C、D

【解读】

公司里的老员工，经验丰富，熟悉业务，经历了很多工作上的场面，是公司的宝贵财富。但由于他们资历老，没有得到良好的发展机会，现在又被一些年轻人管着，心里就容易不平衡。时间一长，他们觉得在工作上很茫然，没有目标，升迁又没有希望，不知道自己该干什么，只能每天混日子。如果按这种心态继续发展下去，他们又会产生自卑感，感觉自己跟不上时代，越来越没有希望，很失败，尤其是与年轻的后起之秀相比。所以对团队管理而言，如何激发老员工的活力，重新点燃他们工作的激情，是很重要的一项目标。可以通过以下方式来部分改善。

（1）尊重老员工，以低工作指导、高关系维护的参与式管理为主，而不是指示型的家长式管理。由于老员工的业务成熟度较高，所以不必过于关注他们工作的过程，但要定期检查他们工作的关键节点，给予善意的支持和提点。在组织工作交流和讨论时，多以谦虚的请教口吻征求老员工的意见，以平等的态度共同探讨问题；在他们工作表现出色时，多给予表扬和鼓励，提高他们的价值感和自尊感。

（2）鼓励老员工发现自己的新的需求点，通过多元化的工作价值观，获得良好的工作和家庭生活平衡状态，以提高其工作和生活满意度。公司的管理岗位毕竟有限，老员工一时也很难得到晋升的机会，但是主管可以帮助他们找到心灵上的其他需求点，会有良好的平衡效果。方法可以有：第一，多组织集体活动，如聚会和爬山，给他们更多的接纳和关心，让他们感受到组织的温暖；第二，多请他们分享工作经验，指导年轻员工的成长，提高他们的工作成就感；第三，允许他们把部分精力回归家庭，通过家庭的成功，增强事业上的满意感，也是获得心理平衡的必要手段。

（3）给予老员工荣誉称号，如五年贡献奖、十年度贡献奖，或授予公司内部聘用的职称，如一级工程师、高级工程师等，并体现为一定的薪酬或补贴，也就是开通职业发展的双通道，让一些有资历但没有机会晋升为管理人员的老员工，名利双收，获得良好的存在感。

第五章
锻造非凡的团队领导力

场景导入

何老师："通过我们前面的讲述，大家对团队激励方面的问题还有什么要补充的吗？"

杨经理："没想到团队激励有这么多学问，特别是对员工进行精神激励，我还是第一次听说，看来以后要好好运用。"

何老师："一个人需要被激励，一个团队更需要激励。一个优秀的领导人要懂得如何激励团队，把团队激励起来，个个情绪高昂，个个充满自信，这样才会产生巨大的行动力，达到团队的目标。试想一下，如果一个领导者不懂得激励团队的话，个个情绪低落，个个没有自信，个个软弱无能，都没有行动力，你的团队就没有凝聚力。

"我们永远要记住，团队的目标大于个人的目标，团队的利益大于个人的利益，公司的目标大于团队的目标，公司的利益大于团队的利益！我们一定要用团队精神来告诉我们团队中的每一个人，所以我们做的任何事情一定要为团队目标着想。"

黄经理："作为管理者，我们都希望成为一个优秀的领导人，带领好自己的团队，可是在实际工作中，总会遇到很多问题，离'优秀领导人'这个目标还有很远的距离啊。"

何老师："一个好的团队，必然是管理者和被管理者之间互相成就的。优秀的员工是团队发展的基石，好的管理者是团队持续创造价值的保障。由此可以看出，这就需要我们的管理者具备一定的领导力。"

苏经理："那我们该怎么来锻造这种领导力呢？"

何老师："作为一个团队的领导者或管理者，要有效行使领导权力和职能，仅靠组织赋予的制度化权力是远远不够的，还必须从心理层面上力图影响团队行为，拥有令人信服的威信，对团队成员产生有效的号召力和影响力。否则，就容易出现有权无威、上下离心的不良领导关系。下面，我们来具体分析。"

第一节 影响领导能力的关键因素

随着社会和经济的飞速发展，企业之间的竞争也越来越激烈。虽然竞争方式多种多样，但归根到底，企业之间的竞争无疑是人才的竞争，人才的竞争无疑又是团队的竞争，而团队的竞争就是团队领导者的竞争。

一、领导者自身的素质

所谓领导者，是在组织中担任一定的领导职位、拥有一定的领导权力、实施领导职能的人。领导者是团队活动的主体，在团队行为中起到主导作用。领导者在一定领导权力的基础上，由领导者的职权和个人素质共同形成对团队成员的影响力。

除了领导者所拥有的权力外，领导者的品德、才能、业绩、学识、个性等，都能对下属产生巨大的吸引力和感召力，为实现其领导效能创造条件。这些可以被概括为领导威信或魅力的范畴。

在有关领导行为的理论研究方面，主要分为特质论、行为论和情境论。其中，特质论假定领导者具有一些与普通人相区别的特定的心理素质（特质），这些特质可能是先天的，也可能是后天培养的。高效能领导者的特质主要表现在下图所示的五个方面。

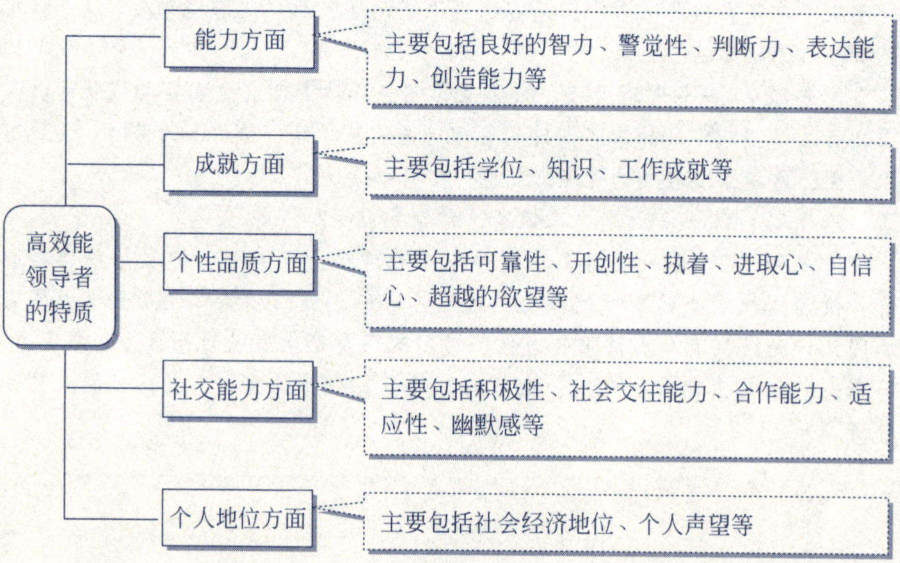

高效能领导者的特质

二、管理权力的落地

领导者作为团队成员之一，其权力和地位是高于其他成员的。在正式的团队中，团队领导者被正式委派为运用领导权力、履行领导职能、担任领导责任的领导者身份，对下属具有正式的影响权力。

相关链接

领导者和管理者的区别

领导者和管理者是两个相关但并不相同的概念。管理者，注重的是“管”和“理”，主要工作行为表现为处理具体事务，主要的工作对象是人、财、物的信息等；而领导者注重的是“领”和“导”，他们需要前瞻性地引领群体工作方向，制定行动战略，其工作对象主要是人，需要对下属进行激励和指导。从工作的层面上看，领导者的工作具有战略性和方向性的特点；而管理者的工作只具有战术性和操作性的特点。从领导者和管理者的概念内容来看，管理者所处于的事务层面和操作层面，并不能保证其拥有较好的领导效能。如果一个团队的领导者不能对下属的潜能进行激励和引导，其领导效果将大打折扣。

下面我们将团队领导者的工作职能融入团队领导者中，从团队领导者的较高层面，去理解和分析团队领导者的行为及其作用方式。

1.领导者是团队方向的引领者

在由一定人群构成的团队中，团队领导者的工作具有判断前进方向、制定行为路线的作用。团队领导者在带领团队成员实现工作目标时，往往需要在一定的模糊、未知情境下进行工作和决策，因此团队领导者必须带动和激发团队成员的工作积极性及信心，借助一定的方式影响下属的心理和行为，对下属的行为具有强烈的吸引力和感召力，能够激发他们的工作热情和奉献精神，才能带领整个团队与时俱进、达成目标。

2.领导权力的转化

真正能够帮助团队领导者实现有效管理行为的不是组织赋予的正式权力，而是一种能够让下属真正信服和追随的心理影响力。有的人有权无威、有令不行，有的人无权有威、有令则行。有的团队领导者，将“一群羊”带领成“一群狼”；又有的团队领导者，将“一群羊”还是带领成“一群羊”。这其中的差别，就在于有没有将权力转化为影响下属心理和行为的能量，激发下属的梦想和行动，重塑员工群体的行为。

案例赏析

缺少领导效能的总经理

Y企业是一家大型国有企业集团的下属企业，规模不大，人数不多，但员工意见很多，企业凝聚力很低。根据管理咨询项目合同的要求，项目组对Y企业的岗位说明书、绩效管理和薪酬管理体系进行梳理及完善，提交的咨询方案也完全符合以往的技术要求和经验，也得到了中高层管理人员的认可。

在一次职代会的沟通说明会上，咨询方项目经理将人力资源管理改革后的薪酬管理体系和岗位评价结构、薪酬级差进行了技术说明，全体员工基本保持沉默，没有直接提出意见。这时，一个营业部收费员突然站起来，严厉质疑他的岗位评价分数和薪酬等级，质疑“为何是全公司最低的？”项目经理立即将岗位评价过程和技术进行了解释，但该收费员完全不予理解，进行情绪性对抗。在现场的紧张阶段，公司总经理并没有起身安抚现场情况，而是选择保持沉默。之后说明会不了了之，草草收场。

当天晚上，项目经理在家中接到了一个陌生号码打来的电话，原来是白天那位营业部收费员打来的。这位收费员在电话中对项目经理进行人身恐吓，威胁要去状告项目经理和公司总经理，原因是他认为受到了“人身歧视和侮辱”。当然，这是无理要求和恐吓，收费员之后并没有提交申诉。事实上，结果只是在电话中和公司说明会上，提高了自身的影响力和议价筹码，让公司必须听取基层收费员的意见。

【点评】

事后项目经理与集团人力资源部进行了沟通。得出的结论是，Y企业的总经理管理风格比较弱，管理方式太过民主，领导力和执行力不够。多次有员工通过争吵和极端情绪表达，维护了个人的利益，让公司的改革难以进行下去，也让员工的气势压过了管理层。长久以往，有令不行，有责不担，有权不用，Y企业处于一盘散沙的状态，经济效益和员工收入也停留在较低水平。

影响力能够通过一定的心理作用，对他人施加显著的心理影响，并使对方发生所期待的改变。所以，领导权力不能够直接落地，还需要通过“影响力”的中介转化作用，才能落实为管理和规范下属的力量。

西游智慧

按常理说，唐僧悲天悯人，一副菩萨心肠，又手无缚鸡之力，像个文弱书生，怎么能领导并管理好一个团队并取得胜利？原因就在于他的领导影响力。

唐僧有着悲天悯人的情怀，只要见到有人受难，不管自己处于什么境地，有什么危险，都要去帮助别人，即使明知是妖怪，也会心生不忍去救。常常孙悟空抓住妖怪或强盗，他也会慈悲为怀，劝孙悟空放其一条生路。

他不仅自己诚心礼佛，还不厌其烦地教导弟子们向善，改邪归正。一路上更是苦口婆心劝诫孙悟空不要乱杀无辜。经过他不断地教诲，几个徒弟有了很大的改观，孙悟空不再随便滥杀，即便是妖怪，也只是降服而已。

唐僧正是在取经途中，一步一步影响着三个弟子，影响着他们一心向善，影响着他们诚心礼佛，最终功德圆满。

在很多时候，领导者不影响下属，下属就会反过来影响领导者。影响力是人和人之间作用的一种基本力量，影响力也是领导行为和领导能力的关键标志，如下图所示。

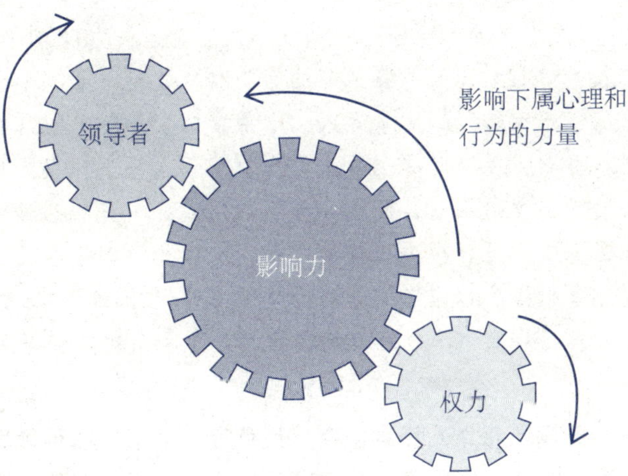

影响力的中介作用

案例赏析

项羽的“失人心”和刘邦的“得人心”

司马迁所著的《史记·卷九十二·淮阴侯列传》记载如下。

韩信拜将后，刘邦问韩信有何定国安邦的良策。韩信问："同您东向而争天下的不是项羽吗？那大王自己估计一下，论兵力的英勇、强悍、精良，同项羽比谁高谁下？"刘邦沉默良久，认为不如项羽。

韩信再拜，赞同地说："不仅大王，就连我也觉得您不如项王。可是我曾经侍奉过项王，请让我谈谈项王的为人。项王一声怒喝，千人会吓得胆战腿软，可是他不能放手任用贤将，这只算匹夫之勇。项王待人恭敬慈爱，语言温和，人有疾病，同情落泪，把自己的饮食分给他们。可是等到部下有功应当封爵时，他把官印的棱角都磨光滑了也舍不得给人家，这是妇人之仁。项王虽然独霸天下而使诸侯称臣，可是却不居关中而都彭城，又违背义帝的约定，把自己的亲信和偏爱的人封为王，诸侯对此愤愤不平。诸侯见项王驱逐义帝于江南，也都回去驱逐他们原来的君王而自立为王了。凡是项羽军队经过的地方，无不遭蹂躏残害，所以天下人怨恨他，百姓只是在他的淫威下勉强屈服。名义上虽为天下的领袖，实质上已失去民心，所以他的强大会很快变成衰弱的！在这种情况下大王如能反其道而行之，任用天下武勇之人，何愁敌人不被诛灭！把天下的土地分封给功臣，何愁他们不臣服！率领英勇的一心想打回老家去的士兵，何愁敌人不被打散！"

"况且三秦的封王章邯、董翳、司马欣本为秦将，率领秦国弟子已有数年，战死和逃亡的人不计其数，又欺骗他们的部下和将领投降了项羽，至新安，项羽用欺诈的手段坑杀秦降卒二十余万人，唯独章邯、董翳、司马欣得脱，秦人对这三人恨之入骨。正在这时项羽以武力强封这三人为王，秦国百姓都不拥戴他们。您入武关时，秋毫不犯，废除秦苛酷刑法，与秦民约法三章，秦国百姓无不想拥戴你在关中为王。根据当初诸侯的约定，大王理当在关中称王，关中的百姓都知晓。可大王失掉应有的封爵而被安排在汉中做王，秦地百姓无不怨恨项王。如今大王起兵向东，攻三秦的属地，只要号令一声即可收服。"

【点评】

相比之下，史载刘邦为人豁达豪爽，且有容人之量。这种领导能力和人格魅力是项羽学不到的。草根出身、看似百无一能的刘邦，能让张良、萧何、韩信等旷世奇才为己所用，最终打败贵族出身的项羽，可见其领导水平和组织才能有多高。所以，领导者的成功，关键不在于自己的出身有多高贵、能力有多强，而在于能够领导和团结一批高能力、高水平的人才为自己的理想和事业奋斗。古今中外，伟大的事业都不是领导者一个人能够完成的，而是依靠团队共同完成的。领导者作为团队的核心，其个人魅力和领导水平，将决定整个团队管理的效能，影响共同事业的成败！

三、非权力影响力的建立

所谓影响，是影响者通过一定的力量或方法，对主要影响的对象的心理施加影响，从而使其出现所期望的心理和行为状态。团队领导者的影响力是指团队领导者在领导过程和人际交往中，影响其团队成员思想和行为的能力。影响力往往通过一种能够为他人乐于接受的方式，决定着人们意识改变的大小和力度。影响力也表明了一种试图影响或支配他人的倾向，影响力发起者往往通过各种劝说、干预甚至是强迫行为来改变他人的思想、动机或行为。因此，在一个团队中，影响力发起者能够更好地树立个人权威，或者得到其他团队成员的认可和支持，从而拥有更好的领导效能和权威。

在领导关系中，领导者是对被领导者施加影响，借此实现领导职能的人。领导者具有影响下属心理和行为的力量。领导者与被领导者的关系，从表面上看是领导者通过权力控制被领导者，但其实质是在领导关系中施加影响和接受影响。所以，影响力是领导有效性的关键因素，也是领导者具有领导效能的重要标志。

构成影响力的来源主要有两大方面：一是权力影响力；二是非权力影响力。

1. 权力影响力的构成

从权力影响力的构成来看，主要包括下图所示的三个方面。

法定性权力

法定性权力是指领导者所固有的、由组织授予的合法的权力。法定性权力取决于领导者在组织中职位的高低，它通常被认为是被组织所正式授予的权威地位，包括拥有一定的职位、权限和声望

奖赏性权力

奖赏性权力是指领导者具有分配资源和奖励他人的权力，包括提供奖金、加薪、晋升、赞赏、工作安排等令下属产生重要依赖的权力

强制性权力

强制性权力是指领导者具有剥夺资源和惩罚他人的权力，包括罚款、降薪、降职、批评、惩罚性工作安置等令下属产生恐惧的权力

权力影响力的构成

从上图可以看出，权力影响力往往带有强迫性和不可抗拒性，下属也往往是被迫接受和服从，它对下属的心理和行为具有一定的惩戒作用，但其负面影响力

的强度是有限的，容易引起下属的抵触情绪。下属的积怨一旦爆发，往往容易产生极坏的负面影响。

2.非权力影响力的构成

非权力影响力与领导者的职位、身份或权力大小没有必然关系，它不是强制性的，不具有直接的奖励和惩罚的力量。它的作用往往侧重于被影响者的心理层面，具有持久性和深刻性，表现的影响结果往往是潜移默化和自然而然的。所以，非权力影响力往往也被称为非强制性影响力，主要来源于领导者个人特质或其他个人属性。

非权力影响力主要包括下图所示的四个方面。

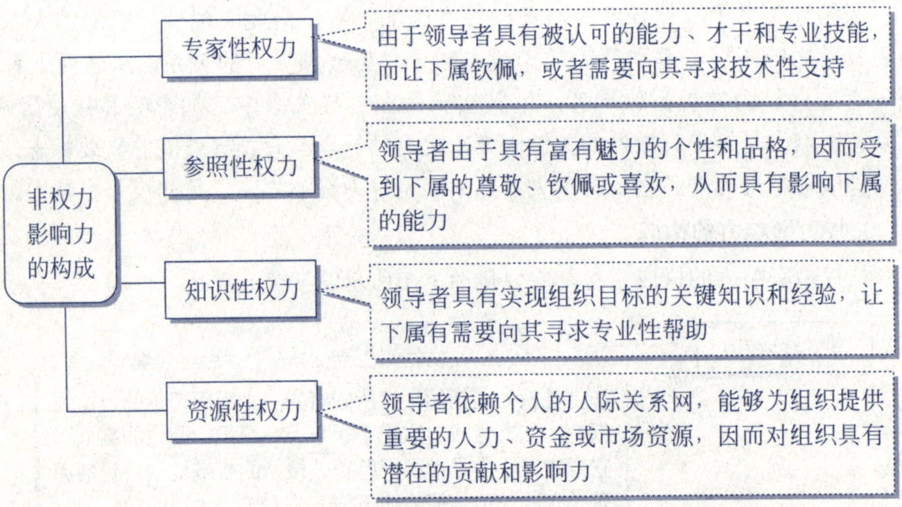

非权力影响力的构成

3.非权力影响力的体现

非权力影响力是领导者的一种综合影响力，它与中国文化下的“领导威信”概念具有明显的联系。长期以来，威信是我国考察领导/管理者的重要指标，也是检验下属是否拥护领导者/管理者的重要依据。有效的领导，取决于管理者对下属的影响力，也就是管理者的领导威信，它决定着管理者的综合管理效能。

在中国，领导威信主要是指领导者个人的威望和影响力，是领导者个人的一种特征。《辞海》有“威信”条，其解释为：“有威则可畏，有信则乐从，凡欲服人者，必兼具威信。”威信，含威望和信誉之意。威信，是人的个性的一种潜在的说服力、影响力，是一种非权力性的影响力，是人们对有一定地位的人的一种发自内心的赞扬、尊敬和信任。在个人威信的影响过程中，领导者运用权力、知识、才能和人格魅力去影响、管理被领导的个人或群体，以实现企业的目标。领导威信是领导者自身因素和行为产生的，能够赢得下属拥护和支持的非权力影响力。

在国内一些研究中认为，树立领导威信必须强化柔性管理手段，除了权力、岗位之外，管理者的威信还包括管理者的品格、素质、知识、能力等因素。影响力有强制和非强制之分，前者指权力，后者指威信，但有权力不一定有威信；威信的来源包括以德取威、以学识取威、以才取威、以信取威、以诚取威等方面。

可见，中国人对“领导威信”的理解，主要还是管理者自身所拥有的在领导或管理方面的综合影响力。

相关链接

领导者如何树立威信

大家都知道，没有威信的管理者，不可能在组织中起到领军作用。有些人，虽然担当了主管职务，但没有威信，员工对他的指令及要求视而不见。

那么威信是什么？威信，包含着威望与信誉，是无价之宝，是领导者必须具有的素质与资本。管理者要有虎威，即像老虎一样威风八面，人见人畏（敬畏），业绩突出，行动迅速，诚信为本，它不仅仅关系到个人的成功，更影响着团队的士气与前程。威信是一种大品格，是一种大诚信，是一种大能力，是一种大智慧，是一种大勇气。在企业内主要由专业专长、从业经历、工作绩效及人格魅力构成。管理者不是靠权力去管理，而是通过人格魅力的影响来构筑主管威信。那么管理者又如何获得真正的虎威呢？

1.以德树虎威

领导干部要以“德”立威，即要注重修心立德，注意非权力影响，力求品德高尚，做到平民化；良好的品德是职场的通行证，它能散发出一种自然魅力，是一种让人在不知不觉中被影响的力量。管理者能做到心正、言正、行正、身正，正气凛然，才会赢得敬重，才能成为员工的贴心人。

2.以“公”立虎威

一个管理者是为“公”还是为“私”，是为“员工”、为企业，还是为“个人”，是决定人心向背的关键，是检验一个人是否全心全意为企业奋斗，是否具备作风正派特质的试金石和分水岭。管理者在企业管理活动中，如对干部使用、评先评优、员工福利及对人事处理等方面，一定要切实做到公开、公平、公道、公正。对事不对人，“一碗水端平”，奖罚严明，不徇私情。这样才能赢得员工的认可，继而赢得员工的尊敬和威仪。在用人上做到任人唯贤，不搞任人唯亲；量才而用，适才适所。坚决抵制和纠正用人上的不正之风，必威信满企业。

3.以“能”添虎威

“能”是指管理者的领导能力、管理能力、沟通能力、解决问题的能力，也包括思想教育能力、宣传鼓动能力、用人处事能力、观察分析能力、联系众人能力、创新开拓能力等多方面。管理者能力的强弱决定威信的高低，能力强的管理者能维护好众人的团结，发挥出集体的战斗力，调动起众人的积极性，处理好周围的关系，能使集体中的每个人都佩服他、信任他，从而服从他。

4.以“诚”取虎威

诚，就是诚实、守信，这是管理者最基本的要求，也是中国人民引以为傲的美德。“人无信而不立”。历史事实说明：人无诚信不立，家无诚信不和，业无诚信不兴，国无诚信不宁。一个诚实守信的民族，才能跻身世界民族之林；一个诚实守信的国家，才能为国际所信赖；一个诚实守信的领导，才能为群众所拥护。管理者尤其是“一把手”，对领导班子其他成员的充分信任，副手就能大胆工作，对“一把手”洋溢着敬佩之感。“一把手”绝不能对副手不讲诚信，更不能对下属在提拔上压着、相处上挑着、交往上冷着、关系上僵着。这样，必将失去自己的威信。要学会在工作中淡化权力意识，把事情交给可放心的下属去完成，是对他人的一种信任，也是一种良好授权。

5.以“和”凝虎威

“和”是指管理者要与众人“打成一片”，以情带“兵”。“和”为两种：一种是“宽”，就是要对下属“动之以情，晓之以理，导之以行”，进行“软”处理；另一种是“狠”，就是对一切违反原则的，要绳之以“法”，众人才能“明其威”，威信成于民心，存于民心，这就要求管理者加强锻炼，严于律己，防微杜渐。一个现代企业的管理者，要有爱心，还应有一点儿人情味，这是一种品德、涵养乃至境界。例如：批评员工，要讲究方法，懂得批评艺术的真谛是使人欢而不是招人怨，把事情办得合情合理。历史事实说明：不讲原则就没有战斗力，不讲感情就没有凝聚力。管理者要善于和人，方可和天下。

6.以“绩”固虎威

管理者在工作上凭自己的努力和聪明才智，创造良好的个人业绩，能树立自己在公司领导和员工面前的虎威，大业绩必令人刮目相看。在工作中能很好或超额完成岗位关键绩效（KPI）指标，每个月都能干成几件实事，每年都能干成几件大事，平时有机会就做点儿好事，一定能赢取在员工面前的威信。

领导者在领导方式和行为方面具有较高的影响力和威信时，更加容易赢得下属的信赖和好感，也增加了下属对组织的信任和认同。上级管理者之所以能够对下属产生威信，是在下属对上级产生信任感和对组织产生认同感之后，引起了情感上的归属和共鸣，从而激发了工作热情，提高了员工的工作满意度，进而对工作的投入状况产生显著的正面影响。

在领导威信的影响过程中，领导者运用权力、知识、才能和人格魅力去影响、组织、控制被领导的个人或群体，以实现领导工作的目标。在领导管理实践中，团队领导者应该脚踏实地，德才兼备，努力提高自己的品行、才干和实绩，有意识地培养和树立自身威信，这样可以获得下属对领导者的信任和对企业的认同，改善下属的敬业度与工作产出，进而提升团队凝聚力和工作效能。

相关链接

沉稳根性培养方法

（1）不要随便显露你的情绪。

（2）不要逢人就诉说你的困难与遭遇。

（3）在征询别人的意见前，自己先思考，但不要先讲。

（4）不要一有机会就唠叨你的不满。

（5）重要决定尽量与别人磋商，最少要隔一夜再发布。

（6）走路与说话不要慌乱。

以上是领导者应具有的六种沉稳根性，其在心理学方面的价值在于改善了领导者的领导特质和领导威信。

第二节 强化领导行为的心理法则

每一位领导者都因其具有不同的个性、成长经历、工作经验而具有各不相同的领导方式或风格。具有感召力和影响力的领导行为，往往来源于领导者个人的领导方式和领导艺术，它有助于加强领导者与下属之间的相互信任和支持度。理性的领导者都知道，要将权力和影响力表现出来，还需要通过艺术的领导方式。优秀的团队领导者会抓住每一个机会，来施加他对团队成员的心理影响，用以身作则来展现他的高瞻远瞩和崇高愿景，再用丰厚的薪酬激励来报答忠实的追随者。这些行为方式体现了领导者个人的价值，也成为追随者愿意追随的领导特征。虽然有效的领导力是每一个团队领导者所期待拥有的能力和资源，但它不是不可学习的。每个人都具有领导的潜力，通过一些专门的领导理论和实践的学习，可以快速地提高领导力，改善领导艺术。在学习中，我们应当把握一些领导行为的作用心理法则，这将帮助我们更好地理解和运用现有的各种领导力理论。

那么，有哪些可以强化领导者非权力影响力、提升领导效能的底层心理规律呢？下面将对此进行重点分析，其中需要运用一些社会心理学方法，内容与之前提出的职场人际关系管理的八个心理密码，具有异曲同工之处。

一、发展自身的智力水平

工作中体现出的智力水平，主要表现为具有丰富的专业知识、社会文化知识和工作经验，拥有精深的专业领域技能，以及在具体工作中展现出的高超领导能力、管理能力和工作能力。

智力是人们认识客观事物并解决实际问题的一般能力，主要包括记忆、想象、观察、判断、语言和学习等能力。智力通常表现为能够改变自身和周围环境，找到或创设新的环境以及适应环境的能力。智力的高低通常用智商来表示，用以表示在同类人群中智力发展的水平。

智力水平的高低与先天条件和后天条件有关，主要包括遗传条件、教育条件、早期智力开发、社会经历和主观努力等因素。除了智力的先天影响条件以外，智力的发展还受到后天的学习教育、丰富的社会实践、挑战性的机遇、个人的勤奋努力和行为的影响。

美国心理学家雷蒙德·卡特尔把智力划分为流体智力和晶体智力两大类。如下图所示。

流体智力	晶体智力
是一种与基本心理过程有关的能力，受先天遗传因素影响较大，主要包括知觉、记忆、数理运算、逻辑推理能力等，一般随着年龄的增长逐渐减退	会随着人们年龄的增长而逐渐丰富和提高，受后天的教育文化影响较大，它主要指人们在社会学习和实践中所掌握的专业技能、语言能力、经验判断能力和想象力等

智力的分类

博士观点

通过人们主动的社会学习和实践，在掌握丰富的社会文化经验后，能够逐步提高自身的晶体智力水平，最终改善整体智力水平。

智力水平的高低可以有效地预测人们的职业成就和管理业绩，或反映一个人的情商水平。只有较好的智力水平，才能适应变化迅速、竞争激烈、压力较大的管理岗位需求。因此，通过智力水平测评，可以为管理人员的选拔和岗位配置，提供重要的人才测评数据。

智力水平的高低对普通员工和常规性工作而言，高智商未必有高效率，但较高效率者的智商往往也在中等偏上水平。但如果从事一些技术开发和高难度的生产操作，往往需要较高的智力水平。

根据智力水平的高低，可以结合工作效率对工作做以下安排。

智商分数与工作效率

工作效率	智商分数
必须安排在智能作业中，如管理工作和技术工作	126分以上
工作效率很好，可从事一定开发性工作	111～125分
工作效率一般，可安排常规事务性工作	96～110分
效率较低，可安排重复性工作	85～95分
效率很低，可安排简单重复工作	85分以下

在智力水平与管理岗位的匹配方面，一般认为较好的智力水平是优秀领导者的必要条件。一般情况下，智力水平较高的管理者，认知、信息加工和逻辑思维能力比较强，具有多通道的信息处理能力，因而反应速度较快，往往能够在很短的时间内对问题提出多个解决方案，并优选自己的言行方式，因而表现出的情商水平也较高。智力水平的高低与管理业绩之间的关系表现为以下方面。

智商分数与管理业绩

管理业绩或专业成就	智商分数	
	一流公司	一般公司
可以成为高级管理人员，并取得较好业绩	126分以上	121分以上
可做中高级管理人员，并取得一定的业绩	116～125分	111～120分
能够胜任基层管理工作	106～115分	101～110分
适于一般性工作	90～105分	90～100分
不适于管理工作	90分以下	90分以下

二、主动灵活的报酬支付方式

在领导和下属的关系中，领导通过发布工作指令，影响下属的行为和心理，要求下属根据领导的计划和指令完成工作，因此领导者是这种关系中的受益者；

而下属在工作中付出了自己的体力、脑力、时间及其他资源，因而是付出者。所以在工作关系中，领导者的收入和下属的付出，构成一种不平衡的关系。

为了消除工作中的这种不平衡，管理者应该在工作之外的利益分配关系中，遵守“多付少收”的原则，让下属得到的利益分配达到或略微超出预期，就会消除员工原有工作中的不平衡心理状态，让员工获得在经济利益上的补偿，因而在心理上就会获得新的平衡，在今后的工作中就更加愿意主动接受领导者的领导和指令。

如果领导者对下属的经济利益分配较多地超出下属们的预期，还可以建立“逆向”的不平衡状态，让下属形成“士为知己者死”的追随心态，从而在工作中更加努力，积极报答领导的关心和支持。所以在这种领导和下属的工作及利益关系中，体现的还是一种平衡和交换法则。这也是职场人际关系的一个核心密码。

案例赏析

刘经理请客

人力资源部刘经理所在的B企业，在往年年底时，都会组织全体员工在省内进行一次短途旅游。自2016年12月以来，集团总部发布一条规定，要求各事业单位大幅缩减活动经费。而B企业也毫不例外地严格遵守了这些规定。但作为长久以来实施且效果良好的员工活动方式，如果完全停止，会影响部门的凝聚力和员工之间的感情沟通。因此，刘经理与人力资源部副经理商定，2017年年底由两位经理请客，请全部门十位同事利用周末双休时间，一起到邻近的城市泡一泡温泉。事后刘经理说，“总共花了八千多元，加强了部门之间的感情，这个客请得值！”

【点评】

领导者除了需要主动对下属给予经济上的激励和补偿以外，还需要注意提供灵活的、多样性的报酬方式。领导者应该懂得如何使用多种多样的物质激励和精神激励形式，并能够在合适的时间将合适的报酬支付给合适的目标。

三、主动的情感交流

根据赫塞和布兰查德的情境领导理论，管理者要根据下属的成熟度来选取不同的领导风格，这包括高工作导向-低关系导向、高工作导向-高关系导向、低工作导向-高关系导向、低工作导向-低关系导向四种不同的上下属关系，并可以构成以下的四种管理效果。

赫塞和布兰查德的情境领导理论

<table>
<tr><th colspan="2" rowspan="2"></th><th colspan="2">关系工作导向</th></tr>
<tr><th>高</th><th>低</th></tr>
<tr><td rowspan="2">关心人导向</td><td>高</td><td>高绩效
低不满
低流动</td><td>低绩效
低不满
低流动</td></tr>
<tr><td>低</td><td>高绩效
高不满
高流动</td><td>低绩效
高不满
高流动</td></tr>
</table>

工作导向的管理方式，强调任务管理和绩效管理，对员工进行严密监督，把下属视为完成任务的“工具”。这种风格的领导，在工作沟通时只强调工作任务和绩效，显然缺乏领导的魅力和管理的柔性。

事实上，不论出于哪一种领导与下属关系，适度地关心员工，照顾员工的利益，尊重员工的个性，给予情感方面的交流，都是十分必要的。因为人区别于动物的关键，在于人具有丰富的意识和情感。我们必须充分重视员工的情感和情绪诉求。在工作沟通之余，留下一些时间询问下属可能面临的困难，他的心理感受，甚至包括在家庭关系和生活方面的问题。诸如“晚上要加班，准备到哪里吃饭啊？”“有没有女朋友？需要帮忙介绍一下吧！”

这些看似不起眼，但点点滴滴的问候，能够融化员工心中的坚冰，提高管理方式的柔软度和领导者的领导魅力。当然更重要的是获得了员工的理解和信任，在上下级关系中，除了工作的关系外，还加入了情感联系。其关键作用在于，当领导者布置临时或突发任务时，下属会更加尽力用心地完成这些工作。这样完成的工作质量，才是让领导者真正放心的。

四、赋予工作使命感

每一个人的工作，可以是谋生的手段，可以是孝敬父母的方法，也可以是成就人生愿景的理想，所以在不同的人眼中，工作的目标和意义是不一样的。如果一个人只是为了拿毕业证去读大学，为了好就业去考研究生，为了赚钱去工作，那么他不仅在事业上行走不远，而且在工作时也不易产生兴趣和热情。所以对同一件事情的不同看法，能改变我们的信念和行动。作为团队的领导者，我们应当赋予整个团队工作正义感和使命感，让我们的工作具有感染力，引发员工们的共鸣，就可以为他们在工作中提供重要的精神支持，让员工的行为焕发出激情和生命力。从这个角度来看，常说的“画饼”，也是一种有效的激励方式。

五、进取的领导风格

做一个有感召力和魅力的团队领导者，应该把奋斗作为自己的人生哲学，也作为激励整个团队努力奋发的信念！富有进取心和上进心的领导者，崇尚更高的工作标准，勇气十足，敢于冒险，具有强烈的自信，精神焕发，富有想象力和抗压能力，这种个性和情绪特质，能够对团队成员产生强烈的激发作用，带动他们情绪高昂地去实现每一个工作目标，积极地克服工作中的每一个困境，并在工作的过程中享受到满足感和成就感。

对每一个人而言，在工作中都容易回避困难，容易消极悲观，也容易工作倦怠。而作为团队的管理者，我们应当为团队成员注入积极的情绪，带领他们用积极的心态发现工作的意义，并且享受工作、热爱工作。当团队成员受到领导者积极情绪的影响时，便会更加愿意追随，从而让领导效能具有更好的感情支撑。

六、以身作则，率先垂范

优秀的团队领导者，都深深地懂得“以身作则”的重要性。对大多数下属而言，他们的工作经验、能力和阅历，都不及自己的上司，他们往往只知道遵从上司的指令行事。上司做不到的，不要期望下属能够做得到；上司没有信心的，不要期望下属更有信心。下属往往只会放大上司的缺点，在面临不确定的情况时，也容易比上司更加恐惧。所以下属往往只是管理者的一面镜子，而不能成为点亮管理者心灵的明灯。对很多团队而言，如果领导者不冲在前面，首先面对恐惧和不确定性，用自己的信心影响身边的下属，那么下属只会陷入更加恐惧和忧虑的状态中。结果当然是团队业绩无法提高，战斗力折损，目标难以实现！

世界著名实业家、哲学家稻盛和夫先生曾说，“工作是磨炼一个人品格的最佳场所”。作为领导者，应当具有一种能够被下属乐于追随的品质，能够成为大家工作信心的来源，在做人做事方面成为大家的榜样。所以不管你是否愿意，你都必须主动面对更多的压力和挑战，对自己提出更高的要求，甚至需要逼迫自己成为一个意志坚定、言行主动、值得考验的上司，一个受人尊重和爱戴的领导者。

博士观点

如果一个领导者的工作行为能够显著代表团队多数成员的利益，“为民请命”“挺身而出”，主动帮大家解决工作或生活方面的困难，就能够很好地起到以身作则的作用，成为下属学习和追随的对象。

七、主动地发布和交流信息

社会心理学的研究发现，一个在组织中处于信息交流中心位置，能够有效上传下达各类信息，又能够影响和控制其他成员信息交流的人，容易成为潜在的领导者。因为在组织中，信息是一项重要的资源，对潜在的资源分配和管理行为起到重要的影响作用。所以掌握信息最多的人，往往能够做出最优的决策，并利用所掌握的信息对其他人施加影响。所以在一些国有企业里，领导秘书往往成为成长较快的领导者候选人，关键就在于秘书经常围绕在领导周围，掌握了较好的信息资源。

除了信息交流的位置外，信息的交流量也是提高领导者非权力影响力的重要因素。在组织中交流信息最活跃的人，往往对其他人发出的信息较多，对群体的影响力也较大，因而容易成为领导者的候选人或获得更快的职位晋升。所以在工作场所中，我们不一定要求自己的发言具有很高的质量。其实对很多人而言，利用每一个可以当众发言的场合积极宣扬自己的看法和能量，是一种非常有效的对其他人进行影响的方式。

除了在正式场合积极发言外，还更加需要利用非正式场合的舞台。社会心理学的研究也发现，社会交往和政治技巧在个人职位晋升中具有非常重要的作用。对开会的现象，有人称为“小事开大会，大事开小会，特别重要的事不开会”，这其实反映的是一种非常有趣的组织行为现象。影响很多事情最终决策的往往不是正式的组织沟通（如开会、上下级的工作场所沟通），而恰恰是一些容易被人忽略而实际又有重要潜在影响的非正式沟通方式（如聚会、聚餐、集体活动）。因为正式沟通往往影响的是人们的理性思维，而非正式沟通恰恰能够影响人们的感性思维，拉近人与人之间的心理距离，弥补立场之间的鸿沟，实现有效的换位思考和妥协，因而可以起到有效改变他人态度的作用。

八、灵活运用中国文化下的管理方式

在中国传统文化影响下（中国传统文化的渊源主要来源于“稻耕文化”，欧美等西方国家的文化渊源主要是“狩猎文化”），中国人的群体个性往往与欧洲和美国具有很大的差异。在领导方式方面，比较有中国文化特色的主要有德行领导和家长式领导。

1.德行领导

目前，中国虽然一直强调业绩导向和市场导向，但领导者的德行因素一直受到企业和员工的高度关注。

《韩非子・五蠹》有言“上古竞于道德，中世逐于智谋，当今争于气力”。韩愈《原道》曰“凡吾所谓道德云者，合仁与义言之也，天下之公言也”。可见，道德是一种社会意识形态，是一种社会共识，是人们愿意共同遵守的行为准则和社会规范。

而具有良好德行的团队领导者，在为人处事方面具有更高的敏感性，能够为团队成员在道德思想和行为中注入强大的道德影响，防止出现道德败坏行为，这对于提高团队的凝聚力、激励员工士气、满足员工精神需求方面，具有重要的心理和行为示范作用，因而也可以得到团队成员的拥护和支持，获得良好的领导影响力和领导效能。

西游智慧

在取经团队中，唐僧虽然没有降魔除妖的本领，但唐僧身上有着其他三位徒弟没有的东西。唐僧信念坚定，有着崇高的理想，在整个取经过程中，他从不抱怨，也没有任务牢骚，以坚定的信念鼓励徒弟们，因此，他是取经队伍的核心。尽管在西天取经的路上有千难万险，前途险恶，但唐僧没有退缩，没有丝毫动摇取经的决心。在任何情况下，都做到了意志坚定。唐僧潜心于佛学，在取经路上，无论是在荒郊野外，还是在繁华闹市，或是道观寺庙，只要一有空闲，他都手不释卷，专心钻研佛学。

他的这种勤奋刻苦的精神以及对佛学的虔诚，是几位徒弟望尘莫及的。三个徒弟之所以心悦诚服地接受他的领导和管理，不仅是因为他的道德感化，还在于他深厚的佛学造诣。

在企业管理中，良好的道德感化是一种很好的管理手段，也是管理中的最高境界。一个企业，固然需要完善的规章制度来实行管理，使管理更科学合理，但对良好的道德培养也不可或缺，这就是人们常说的企业文化，制度是通过强制性进行管理，文化是精神的感化。因此，现在许多企业都在大力提倡建设企业文化，这也是企业管理不断发展的必然产物。

相关链接

中国文化下的德行领导

孙利平博士的研究发现，企业领导者的德行领导主要包括正直廉洁、关心下属成长、遵守社会规范和仁厚诚挚四个方面，并能够对下属的工作满意度、忠诚尽责、离职意向、敬业度和利他行为等有显著影响，这反映了领导者的道德品质、模范表率作用，能够对下属的心理和工作行为产生明显的激发和促进作用。

梁建教授发现下属对领导的道德要求包含三个方面。

（1）要为人正直。

（2）在人际交往上，要严于律己，能宽宏大量，做个谦谦君子。

（3）在工作方面必须做到敬业，还要有高专业素养。敬业及专业素养是对经理人新的道德要求。

2. 家长式领导

在华人企业的管理文化下，还有一个明显区别于西方管理文化的领导方式——家长式领导。

台湾组织行为学家樊景立与郑伯埙将家长式领导定义为：一种表现在人格中的、包含强烈的纪律性和权威、包含父亲般的仁慈和德行的领导行为方式。国外学者莱丁提出家长式领导的特征如下图所示。

家长式领导的特征

- 在心态上，下属必须依赖领导者
- 偏私性的忠诚使得下属愿意服从
- 领导者会明察下属的观点，据以修正自己的专断
- 当权威被大家认定时，不能视而不见或置之不理
- 层级分明，社会权力距离大
- 没有清晰的权威或严格的制度，领导者的意图并不明确表达出来
- 领导者是楷模与良师

家长式领导的特征

家长式领导理论告诉我们，中国文化下的团队管理，可以适当体现家长式权威，适度实行专制型领导。领导者可以像家长一样，牢牢控制决策权、专家权和奖赏权。而下属虽然不会对家长式领导十分满意，但在心里还是接受和认可这种领导方式的，并会认同领导者的权威和魅力，愿意接受领导。在这样的领导方式下，下属往往不必过问政策和目标的制定情况，只需要努力执行任务即可。不过家长式领导方式的运用，还需要结合下属的成熟度和接受情况，适度调整运用的力度。

案例赏析

宋江是如何收服武松的

《水浒传》第二十二回横海郡柴进留宾　景阳冈武松打虎

（宋江杀了阎婆惜，逃到柴进庄上避难。刚好碰到因为误伤别人也逃到此处的武松。）

那大汉听得是宋江，跪在地下哪里肯起，说道："小人'有眼不识泰山'！一时冒渎兄长，望乞恕罪！"（领导者的好名声是最有效的广告）宋江扶起大汉，问道："足下是谁？高姓大名？"柴进指着道："这人是清河县人氏。姓武，名松，排行第二。已在此间一年了。"宋江道："江湖上多闻说武二郎名字，不期今日却在这里相会。多幸！多幸！"柴进道："偶然豪杰相聚，实是难得。就请同做一席说话。"

宋江大喜，携住武松的手，一同到后堂席上，（主动示好，人际关系进入良性循环）便唤宋清与武松相见。柴进便邀武松坐地。宋江连忙让他一同在上面坐。武松哪里肯坐。谦让半晌，武松坐了第三位。柴进教再整杯盘，来劝三人痛饮。

宋江在灯下看了武松这等人物，心中欢喜（领导者必须具备识人之道），便问武松道："二郎因何在此？"武松答道："小弟在清河县，因酒后醉了，与本处机密相争，一时间怒起，只一拳打得那厮昏沉，小弟只道他死了，因此，一迳地逃来投奔大官人处来躲灾避难。今已一年有余。后来打听得那厮却不曾死，救得活了。今欲正要回乡去寻哥哥，不想染患疟疾，不能够动身回去。却才正发寒冷，在那廊下向火，被兄长劈了锨柄；吃了那一惊，惊出一身冷汗，敢怕病倒好了。"

宋江听了大喜。当夜饮至三更。酒罢，宋江就留武松在西轩下做一处安歇。（第一次见面，吃饭喝酒，加深感情）次日起来，柴进安排席面，杀羊宰猪，款待宋江，不在话下。

过了数日，宋江取出些银两予武松做衣裳（第一次送钱，表示关心）。柴进知道，哪里肯要他还钱；自取出一箱缎匹绸绢，门下自有针工，便教做三人的称体衣裳。

话说，柴进因何不喜武松？原来武松初来投奔柴进时，也一般接纳款待；次后在庄上，但吃醉了酒，性气刚，庄客有些招待不周之处，他便要下拳打他们；因此，满庄里庄客没一个道他好。众人只是嫌他，都去柴进面前，告诉他许多不是处。柴进虽然不赶他，只是相待得他慢了。却得宋江每日带挈他一

处，饮酒相陪，武松的前病都不发了。（别人嫌弃，宋江不嫌弃，只看优点，武松为其知人善用而更加感激）

相伴宋江住了十数日，武松思乡，要回清河县看望哥哥。柴进、宋江两个都留他再住几日。武松道："小弟因哥哥多时不通信息，只得要去望他。"宋江道："实是二郎要去，不敢苦留。如若得闲时，再来相会几日。"武松相谢了宋江。柴进取出些金银送与武松。武松谢道："实是多多相扰了大官人！"

武松缚了包裹，拴了哨棒要行，柴进又治酒食送路。武松穿了一领新制的红绣袄，戴着个白范阳毡笠儿，背上包裹，提了哨棒，相辞了便行。宋江道："贤弟销等一等。"回到自己房内，取了些银两，赶出到庄门前来，说道："我送兄弟一程。"（第二次送钱，表示情谊，并主动相送）宋江和兄弟宋清两个等武松辞了柴大官人，宋江也道："大官人，暂别了便来。"

三个离了柴进东庄，行了五七里路，武松作别道："尊兄，远了，请回。柴大官人必然专望。"宋江道："何妨再送几步。"路上说些闲话，不觉又过了二三里。武松挽住宋江手道："尊兄不必远送。常言道：'送君千里，终须一别。'"宋江接着道："容我再行几步。兀那官道上有个小酒店，我们吃了作别。"（依依惜别，主动付出感情，情意深重）

三个人来到酒馆里，宋江上首坐了（做大哥就坐大哥的位置，不必也不能谦让）；武松倚了哨棒，下席坐了；宋清横头坐定，便叫酒保打酒来，且买些盘馔果品菜蔬之类，都搬来摆在桌上。三人饮了几杯，看看红日半西，武松便道："天色将晚；哥哥不弃武二时，就此受武二四拜，拜为义兄。"（终于感化，得一好兄弟）

宋江大喜。武松纳头拜了四拜。宋江叫宋清取出一锭十两银子送予武松（第三次送钱，锦上添花）。武松哪里肯受，说道："哥哥客中自用盘费。"宋江道："贤弟，不必多虑。你若推却，我便不认你做兄弟。"武松只得拜受了，收入钱袋里。宋江取些碎银子付了酒钱（主动买单，有担当精神），武松拿了哨棒，三个出酒馆前来作别。武松流泪拜别自去。

只说武松自与宋江分别之后，当晚投客店歇了；次日早，起来打火吃了饭，付了房钱，拴束包裹，提了哨棒，便上路，寻思道："江湖上只闻说及时雨宋公明，果然不虚！结识得这般弟兄，也不枉了！"（武松心服口服，为之感动。而宋江的感情投资，骤然升值）

【点评】

宋江一方面很真诚，另一方面很讲策略，这样就让人无话可说、心服口服。你心里知道他可能在用一些手段，也不会觉得有什么不好，因为他确实是在为你好，为大家好！所以说，只要目的正确，手段可以灵活些！宋江的策略是：交友关键在于交心，交心可以长久，交心需要付出，交心必有回报！

第三节 提升领导水平的领导艺术

要管理好一个企业，领导一个团队，就要懂得一些领导艺术。所谓领导艺术，就是指领导者个人素质的综合反映，是因人而异的。领导艺术不是与生俱来的，而是在长期的工作中学习和实践形成的。要想成为一个出色的领导者，必须要有丰富的管理经验、杰出的智慧和卓越的才能，这是造就领导艺术不可缺少的重要条件。

一、恩威并施

《孙子·始计》言："将者，智信仁勇严也"，之后曹操亦注："将宜五德备也。"其中，"仁"和"严"是在管理团队时体现的品德，表现为一种宽严相济、恩威并施的人性化管理方式。所以，领导者不但要有威武之仪，更要有仁爱之心。

但许多的领导者习惯于以权压人、唯我独尊，动辄训斥下属，造成上下级关系不和谐，严重损害了工作团队的凝聚力和战斗力。作为一名优秀的领导，不仅要树立权威，更要懂得施恩，恩威并施。

西游智慧

《西游记》中，观音菩萨的领导艺术归纳为一句话就是"恩威并重"，当唐僧团队遇到困难时会即时出现，解决问题；当唐僧团队内部出现不和谐因素时，又用她的权威统辖下属。

为了收服孙悟空，观音菩萨让唐僧亲自去把他解救出来，后来收服猪八戒和沙僧，甚至白龙马时都统一口径，说只有保护东土大唐取经的和尚去西天取经才能脱灾解难，否则就受轮回沉沦之苦，让他们从心底对唐僧感恩戴德。

观音菩萨组建取经团队后，并没有从此不问后事了，而是一直密切关注着取经团队的进展，教育并监督师徒四人，观音菩萨成为取经团队背后真正的领导。原本观音菩萨的职责任务是解救黎民百姓的苦难，普度苍生，可还要外加管理这个团队，而且把这支取经团队管理得井井有条。观音菩萨管理的精髓理念就是"恩威并重"。管理者要能驾驭属下，在团队中树立自己的威严。都说慈母多败儿，严师才能出高徒。做领导的要有领导的魄力，属下犯错就不能心软，她让孙悟空被紧箍咒折磨得痛苦不堪，都是"威"的表现。

中国的领导者一般都采用自我定位为一个团队的家长，然后对团队的每个个体进行恩威并施的指导和教化。唐僧也不例外，从"恩"上说，无疑，经过观音菩萨的安排，唐僧将孙悟空从五行山下解救了出来，有再造之恩。

领导应做到“恩威并施”。“恩”就是关心和爱护下属，多为员工解决生活工作中遇到的困难，而不只是言语亲和。“威”就是制定合理的规章制度。员工按制度行事，把分内事做好，企业就会健康稳定发展。领导亲和的态度不会影响领导的个人权威，更不会让团队秩序混乱。

那么，作为领导者，对团队成员该如何做到恩威并施呢？具体如下图所示。

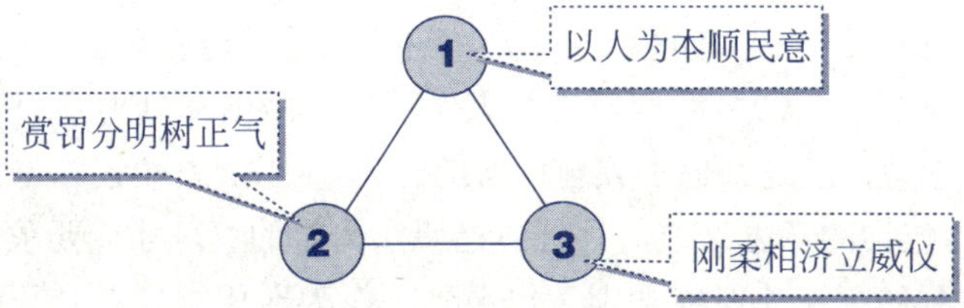

领导者恩威并施的准则

1.以人为本顺民意

领导对下属应当多一些人文关怀，这是当领导首要的品质。要养成与下属交心谈心的习惯，放下架子，主动接近下属，了解他们的近忧远虑，诚心诚意、力所能及地帮助他们解决工作生活中的难题，真正做到以德服人，切忌以“领导”自居，划清领导与被领导的界线，高高在上，拒人千里。做重要决策时要体现民主，主动征求下属的意见，及时调整策略，争取下属最广泛的理解和支持。

2.赏罚分明树正气

如果有功不赏、有过不罚，就无法鼓动士气，积极的人会变得不思进取，落后的人也就甘于落后，整个队伍就会丧失凝聚力和战斗力，必然导致政令不畅。必须从严明赏罚制度入手，不偏私，不失信，赏要赏得郑重其事，罚要罚得心悦诚服。另外，与什么样的下属最亲近，也能体现领导者的赏罚态度，好领导必须近君子远小人。王安石批评孟尝君“夫鸡鸣狗盗之出其门，此士之所以不至也”，如果亲近喜欢阿谀奉承、评头论足的人，刚直有才德的人就会与领导者疏而远之，领导者个人和整个团队的浩然正气就树立不起来。

3.刚柔相济立威仪

对待下属宜以亲善为佳，领导者面带微笑，下属就会如沐春风；领导者冷若冰霜，下属就会敬而远之。但是，不能一味只做老好人，对待下属的错误言行，必须及时、友善地指出，动之以情，晓之以理。对待下属严重的错误，必须义正词严地提出批评。这样，领导者才会既有亲和力，又有不怒而威的威仪。

作为领导者，要学《西游记》中观音菩萨的领导艺术，恩威并施，既体现领导的权威，下属犯错要指出、批评，又要展示领导的胸襟，及时肯定下属的工作成绩，多奖赏表扬。

二、以身作则

所谓以身作则，就是以自己的行动作为榜样。美国全国疾病研究中心教授L.杜嘉说："你的下属一看你的行动，便明白你对他们的要求。"要让别人跟着你转，你就要能吸引人家而且比别人要转得更快。企业领导敢为人先、身先士卒才能激发下属的活力；反之，畏首畏尾，踟蹰不前，则会严重地影响企业组织的活力和表现。管理就是领导。领导就是领着员工走、导着员工行的那个人。管理是以身作则，带领下属工作。不能以身作则，这样的管理徒有虚名。

成功的领导，在于99%的领导者个人所展现的威信和魅力及1%的权力行使。而这种威信与魅力，正是来自于领导自身的行为。古语说："己欲立而立人，己欲达而达人。"这句话的意思是说，只有自己愿意去做的事，才能要求别人去做，只有自己能够做到的事，才能要求别人也做到。作为现代领导者必须以身作则，用无声的语言说服员工，这样才能具有亲和力，才能形成高度的凝聚力。

美国玫琳凯化妆品公司以"领导者以身作则"为所有管理人员的准则。公司创始人玫琳凯·艾施每天都把未完成的工作带回家继续做完，她的工作信条是，"今天的事绝不拖到明天"，她从来没有要求她的员工也这么做，但她的助理以及七位秘书，也都具有她这样的工作风格。

由此可见，表达责任感和工作热情的最令人信服的方式就是以身作则，用生动真实的例子感染员工。作为一位领导者，你想要什么样的员工，首先自己就要成为那样的人。领导者只有严格地要求自己，起带头表率作用，才能具备说服力，才能增强自己的凝聚力。

在一个团队中，各级管理者都起着至关重要的作用，所以，在任何一个团队中，每一级的负责人在提出工作要求、颁布管理规则的时候，要求每一个下属做到的，管理者自己必须首先要做到；每一个下属能做到的，管理者必须要做得更好。

前日本经联会会长土光敏夫就是以身作则的典型代表。土光敏夫是一位地位崇高、受人尊敬的企业家。他在1956年曾出任东芝电器社长。当时的东芝人才济济，但由于组织太庞大，层次过多、管理不善、员工松散，导致公司绩效低落。土光敏夫接任之后，立刻提出了"一般员工要比以前多动三倍的脑，董事则要十倍，我本人则有过之而无不及"的口号，来重建东芝。他的口头禅是"以身作则最具说服力"。他每天提早半小时上班，并空出上午七点半至八点半的一小时，欢迎员工与他一起动脑，共同来讨论公司的问题。在他的带领下，东芝电器蒸蒸日上，成为日本乃至全世界的知名品牌。

管理者绝不能忽略自身对下属可能产生的影响，更需要知道自己会对下属产生深刻的影响，自己的乐观和悲观情绪会同样富有感染力，而且自己一举一动、一言一行的表现都会影响到周围所有人的情绪、语言和行为。管理者发出的信号是非常重要的。所以说，管理者的每一个决定和每一个行动都是对下属的一次绝好的培训机会。

管理者应当明白，以身作则、身先士卒不是喊喊口号就行的，而是要管理者的真抓实干、真才实学。管理者应当记住，管理者是被学习的榜样，不是被赞扬的对象。给别人树立学习的榜样远不是一件容易的事情，那意味着必须时时刻刻不断地自强和自制。

比如，作为管理者，当你要求下属要加班赶点时，而自己就不能在下午5点准时下班后去打高尔夫球了；当你在为其他人因上网浪费工作时间而批评不已时，自己就不能在上班正忙时在线“炒股”；当你刚在会议上提出裁员以节省不必要的开支时，自己就不能购买整套崭新的豪华办公室家具。

作为管理者要以身作则，这点说起来容易做起来很难。

比如每天你的工作都是按时、高质量地完成了吗？你所做的工作是被动地完成还是积极地去寻找问题？你每天都是准时上班吗？

一般来说，管理者不畏风险、勇挑重担，就会带动下属，起到表率作用，激发下属的活力。俗话说：“干部带了头，群众有劲头。”可以从许多方面，找到管理者应当从自我做起的道理。员工观察和评价上司常常是先看他（她）做什么，而不是先看他（她）说什么。言传身教是很重要的。

既然是领导，是管理者，就要学会走在下属的前面，领着他们，导着他们，而不能尾随其后，否则，领导和管理就虚有其表、名不符实，员工也不会听从指挥，积极地去完成企业组织的任务和目标。管理者要下属听从指挥并不困难，只有一个方法，那就是以身作则。如果领导自己都不遵守，却期待员工去遵守，这是有悖情理的。

发号施令并不能帮助管理者实现自己的意图。真正的管理者是通过以身作则来实现的，而不是简单的行政命令。无论管理者喜欢与否，他的做法都会成为组织其他成员的榜样。管理者对他们有着巨大的影响，他们事事都会从管理者的身上寻找原型。

那么，管理者如何做到以身作则呢？不妨试试下图所示的方法。

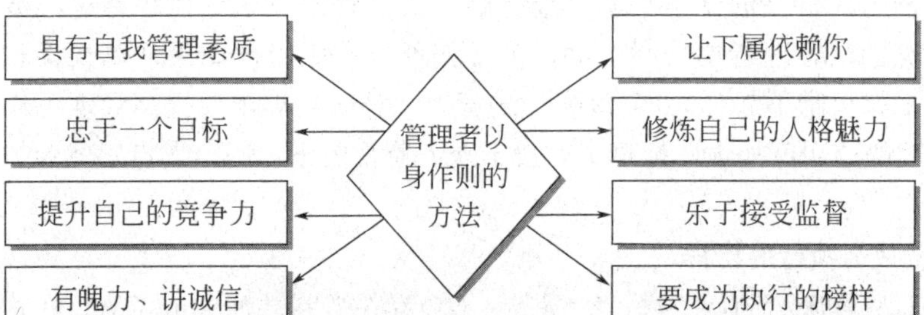

管理者以身作则的方法

1.具有自我管理素质

善于自我管理的管理者能够独立思考、工作，无需严密的监督。管理者要事事为先，严格要求自己。一旦在员工心中树立起威望，就会上下同心，大大提高团队的整体战斗力。得人心者得天下，做员工敬佩的管理者将使管理工作事半功倍。

2.忠于一个目标

大多数人都喜欢与将感情和身心都奉献给工作的人共事。除了关心自身外，管理者应忠于某样东西：如一项事业、一件产品、一个组织、一个工作团队或一个想法。

3.提升自己的竞争力

培养自己的竞争力，竭尽全力以达到最好的效果。管理者掌握着对组织有用的技能。管理者的绩效标准应比工作或工作团队要求的要高。

4.有魄力、讲诚信

管理者独立自主、有判断力。员工可以信任他们的知识和判断力。他们有较高的伦理道德标准，值得信赖，并且勇于承认自己的错误。

5.让下属依赖你

管理者要以身作则，并不是说你要整天板着主管的面孔，也不是说你每天要为检点自己的行为而谨小慎微、战战兢兢，你也可以通过你的个人特点，如专长或个人魅力等来影响下属，这样下属就能信赖你、依赖你，这样你就会成为整个团队真正不可缺少的角色，而不仅仅是因为权力而建立起来的权威。

6.修炼自己的人格魅力

一个优秀的管理者，应该具备优秀的人品。管理者要成为一个道德品行端正、公正、正直、无私的人；要一心为公，勤政敬业；厉行节约、廉洁自律；规范经营、科学发展；服从大局、强化执行；阳光心态、自强不息；注重沟通、亲民爱民。要时刻注意自己的言行举止，时刻关注员工的情感需求，不断提升个人影响力。

7.乐于接受监督

据报道，日本“最佳”电器株式会社社长北川先生，为了培养自己员工的自我约束能力，自己创立了一套“金鱼缸”式的管理方法。他解释说，员工的眼睛是雪亮的，管理者的一举一动，员工们都看在眼里，如果谁以权谋私，员工们知道了就会瞧不起你。“金鱼缸”式管理就是明确提出要提高管理工作的透明度，管理的透明度加大，把每个人置于众人监督之下，每个人自然就会加强自我约束。

8.要成为执行的榜样

个人与集体、“小家”与“大家”，不免存在着利益冲突或矛盾。在管理实践中，遇到的最大难题之一是执行力不足。要解决这个问题，需要树立与培养执行力的文化。在这其中，管理者自身的模范执行、严格执行，对执行力文化的塑造具有至关重要的作用。

当管理者在完成上级交代的任务的时候，在执行企业规章制度的时候，在带领全体员工努力完成本单位或部门工作目标的时候，如果能做到“令行禁止”“千方百计”“服从大局”，规范经营，科学发展，以高度的责任感与紧迫感做好各项工作，则无疑对全员执行力的提升具有巨大的示范效应与杠杆作用。

当管理者以自身高度的执行力与责任感，要求员工全面落实与提升执行力的时候，执行力不力的弊病将迎刃而解。随着全员执行力的提升，各项工作必将焕然一新。

管理者是一个团队的先锋，也是员工体会公司文化和价值观的第一个接触点，自己本身的工作能力、行为方式、思维方法甚至喜好都会对团队成员产生莫大的影响。作为管理者，就一定要勇当下级学习的标杆。有一位伟人说过“榜样的力量是无穷的”，管理者要想管好员工必须以身作则。

博士观点

成功的领导需要的不仅仅是领导者个人的成功，更多的是要成为组织里面的“榜样”和“舵手”。

三、强化执行力

何谓执行力？可以简单直白地解释为：执行力，就是保质保量地完成自己的工作和任务的能力，也可以说是按时按质履行好自己的工作职责的能力。有企业管理专家认为：一个企业的成功，30%靠的是战略，30%靠的是运气，另外40%靠的是执行力。也有专家认为：三分战略，七分执行。不管哪种说法，都是把执行力摆在了比较重要的位置。

可见，执行力对一个企业的生存和发展具有重要的现实意义。否则，即使把目标定得再高，措施和计划制定得再好，如果没有具体落实到行动上，不执行或执行不力，那么，所制定的措施和计划就无法执行到位，所定的目标就无法实现。

日本丰田进入美国市场很早，是1957年。有人预言丰田会超过通用等公司，成为世界第一大汽车商。美国总统将三个汽车厂的负责人叫了过去，因为美国三大汽车厂市场份额降到60%以下，日本丰田第一次超过克莱斯勒。

这三个负责人后来派人到日本学习，因为他们觉得再也没有比仔细观察日本同行更好的方法了。

他们去考察时，日本汽车厂将大门打开，欢迎进来，随便参考，随便照相，随便与工作人员交谈。

汽车不是日本人发明的，汽车的流水线也不是日本人设计的，做汽车的机器也不是日本人想出来的，美国人都有，而且是美国人先做出来的，日本人也不知道他们来看什么。

后来才发现真正的问题在于执行力。日本丰田用5年时间做到零库存和及时上线，所有的供应商在一起培训，做到一种标准、一种表格，这是美国人做不到的地方。

这三个汽车厂的负责人终于明白，确实没什么好看的，真正问题是贯彻力度。

很多管理者有一流的创意和点子，注重制定一流的战略，但是下属却用三流的执行力来对待一流的战略，最后的结果与想象的大相径庭。但如果企业有一流的执行力，即便创意和战略差一点儿，企业也会充满希望。

东北一家大型国有企业因为经营不善导致破产，后来被日本一家财团收购。

厂里的人都在翘首以待日本人带来先进的管理方法。出乎意料的是，这家财团只派了几个人来，除了财务、管理、技术等重要部门的高级管理人员换成了日本人外，其他的根本没动。制度没变，人没变，机器设备没变。日方就一个要求：把先前制定的制度坚定不移地执行下去!

结果，不到一年，企业就扭亏为盈了。日本人的绝招就是无条件的执行力。

任何一家企业要想获得成功，都不能缺少执行力。团队执行力越强，企业越有希望。一流的执行力是企业生死存亡的关键，是企业核心竞争力的重要体现。如果企业没有执行力，那么企业就将失去核心竞争力。如果没有执行力，一切创意、战略、计划都将成为空中楼阁。

作为新中国成立后国家投资兴建的第一座百货大楼——王府井百货大楼赢得了太多的荣誉，但是在市场竞争日益激烈的今天，它已经逐渐失去了“中国第一店”的风采。

1996年，王府井高层在谋求变革的路上迈出了第一步——邀请著名咨询公司麦肯锡为其设计集团的主业连锁经营方案。

同年，还请安达信咨询公司开发了计算机管理信息系统。1997年，又请麦肯光明广告公司进行了市场营销和广告总体策划。

但是，这所有的一切都仅仅落在了“纸上”，没有落到“地上”。耗资500万元请麦肯锡做的战略规划方案没有最终贯彻下去，它的风采依旧只成为一种过去。

决策层、管理层说与做的背离，必然导致执行层、作业层无所适从，或者向上看齐。这就是王府井集团最终失去在市场上重塑“中国第一店”机会的根本原因。

IBM总裁郭士纳曾说：“一个成功的企业和管理者应该具备三个基本特征，即明确的业务核心、卓越的执行力及优秀的领导能力。”在他看来，执行力是企业成功不可缺少的特征之一。

那么，如何强化团队的执行力呢？具体如下图所示。

强化团队执行力的法宝

1. 计划要切实可行

对于管理者来说，在让员工执行决策之前，管理者首先要根据本企业的实际做出科学决策，保证计划切实可行。

案例赏析

老鼠们的馊主意

有一只黑猫，它每天都能捉10多只老鼠，让老鼠们吃尽了苦头。于是，老鼠们召开研讨会共商对付黑猫的办法。有的建议加紧研制毒药，有的说干脆一齐扑上去把黑猫咬死。最后，还是老奸巨猾的鼠王提出了一个与众不同的想法："老鼠杀猫是不可能的。如果不能杀死它，就应设法躲避它。咱们推选出一名勇士，偷偷地在猫的脖子上挂个铃铛。这样一来，只要猫一动就会有响声，大家就可以事先躲起来。"老鼠们公认这是个很好的想法。但怎样执行呢？高额奖金、颁发荣誉证书等办法一个又一个地提出来，但讨论来讨论去，老鼠们也没有找到一个敢于执行这一决策的勇士。

【点评】

有好的想法却不能执行，那只能是空想。同样，对于一个团队来说，管理者有了决策，但因脱离了实际，无法执行，最终也无济于事。

2. 尊重制度才能执行制度

企业制度的建设和执行都是在一点一滴的具体过程中坚持下来的，大的制度要执行，小的制度也不能放松。如果只建立制度而不谈如何执行，那么这个制度本身的威信就会荡然无存。所以，一个组织要想拥有强大的竞争力，首先要在行动上尊重制度，然后才能从根本上尊重执行。

案例赏析

康佳的禁烟制度

康佳是我国著名的彩色电视机生产企业，其内部有一条规定：不准在工作场合吸烟。这条规定看似简单，执行起来却有很大难度。但是经过一件事后，康佳的这条规定在员工中得到了认真地贯彻。

员工小黄20多岁，既有学历又有技术，在某一次企业合并中进入康佳。康佳当时的领导班子对这名员工非常器重，很快就让他担任了一个车间的副主任。员工小黄在走向领导岗位之后，更加积极肯干，表现优秀。但是，他有一个无法克服的习惯，那就是喜欢吸烟。为了执行工作场合不准吸烟的规定，小伙子只能在午饭时或者下班后猛吸几口，以解烟瘾之苦。

一个偶然的机会，小黄发现车间的楼梯拐口处可以作为吸烟的好地方，他个人认为这个地方不能算作工作场合。有一次，他又像往常一样在这个地方点着了香烟，却刚好被公司的副总经理迎面撞上。副总经理当时虽然没有说什么，但是很快从人力资源部发出了三条通告：第一，免除小黄车间副主任的职务；第二，罚款；第三，全厂公示。

【点评】

公告张贴之后，在整个车间引起了巨大的反响，部分员工认为公司的管理方式太过强硬，采取的惩罚动作过大。但是，在这件事之后，康佳没有人敢在工作场合吸烟了。

3.令行禁止

执行是没有大小事之分的，所有事情，无论大小；所有人，无论职位高低，只要是既定的规定，都要执行，要做到令行禁止。

海航集团公司董事长陈峰有过一段难忘的军旅生活，军队中的严格管理、绝对的执行力等优良军风被他移植到现代企业管理中来。

遇到违纪违规的人和事，陈峰处理起来不留丝毫情面。一个给员工和外界印象颇深的故事是：海航创建之初，两名到美国接受培训的飞行员，回来时已是腊月二十九，便直接回家过春节，没按规定先回公司报到，结果立即被开除了。看似不近人情，但陈峰说，公司的规矩建立不起来，会影响一大批人。惩少而教多，这是严厉，也是善良。

4.做事要做到位

在工作中，很多人知道，如果把工作做到59%就是不合格，就很可能被“炒鱿鱼”，但是把工作做到100%又太困难、太辛苦，也不现实，于是很多人觉得，如果能把工作做到90%就已经很不错，很满足了。殊不知，公司的各项工作之间是环环相扣的，很多看似不错的90%，最终带来的结果是59%，依然是不及格。这也就是说，执行经不起打折，只有每个环节都有一流的执行力，才能保证最终的执行到位。

真正的执行是“做好了”，而不仅仅是“做了”。很多企业的员工只是满足于“做”，却不重视结果。表面上看来，他们整天在付出、在努力、在忙碌，但是这种忙碌是表象，忙得没有任何效率，忙得毫无意义。

只有做好了，才会让人印象深刻。团队管理者只有不断地对自己提出要求，高质量地完成工作任务，才能不断提升自己的产品质量。如果在执行过程中，仅满足于“做了”这一点，不仅会浪费公司的资源，还会影响公司的声誉和形象，使企业陷入危机。

5.制度面前人人平等

中国人凡事讲“人情”，由于种种原因，管理者对犯错之人经常法外开恩，网开一面。殊不知，这看似有人情味，却是在破坏制度，纵容违反制度的员工，打击遵守制度的员工的积极性。

也有不少企业的管理者认为，制度是用来约束员工的，是给员工执行的，自己位高权重，可以凌驾于制度之上。有了这种想法之后，他们的行为就会屡屡与制度发生冲突，在这种情况下，制度的权威性和严肃性就会被破坏，管理者个人的影响力也会降低，甚至会造成整个企业的执行力低下。

联想从一家默默无闻的企业到今天的中关村龙头企业，这样的成就并非偶然，而是主要取决于两大基本因素：第一点是联想的领路人柳传志的战略意识；第二点就是联想强大的组织能力。这种强大的组织能力主要是通过其制度的刚性来体现的，而这种刚性的制度正好可以克服知识分子创业队伍的先天性弊端，使组织的制度落到实处。

以开会迟到为例。联想规定，开会不准迟到，如果迟到的时间超过5分钟，与会者就不用参加会议了；如果迟到5分钟以内，那么迟几分钟就在门外站几分钟然后再进来开会。正好有一天柳传志迟到了，他迟到的时间大概是三四分钟，于是，他按照规定站在门口，直到站够了规定的时间才走进会议室。试想，连公司的老总都能以身作则，其他的员工又怎么能不遵守制度呢?

因此，在执行过程中，管理者一定要放下所谓的“面子”“人情”，一视同仁地对待全体员工，也包括自己，这样才能传递“人人平等”的公平理念，才能树立制度的威严，强化执行的力度。

6.有计划地执行

古人说：“凡事预则立，不预则废。”意思是，不论做什么事，都应事先做好计划和准备，否则，就很难把事情做成。

在执行过程中，管理者应鼓励员工学会制订计划，按照计划去执行任务，这样效果会更好。怎样做计划呢？其实，只需要对所要做的工作划分步骤，分清阶段，规划好每一步做什么，每一天做什么，这样就能按部就班地把任务执行到位。

身为企业管理者，有必要在公司推行有计划的执行习惯，让每个员工在接到任务之后，都有制订计划的意识。

比如，你让员工完成一个项目策划，员工脑子里会想到：我将用几天完成这个项目策划？第一天干什么？第二天干什么？如果每个员工都能如此有条不紊地执行任务，那么团队的执行力将会异常强大。

博士观点

作为一名管理者，你不可能凡事亲力亲为，你也没必要事必躬亲，但是在某些方面，你一定要为员工做出表率，影响和感染员工形成良好的执行习惯。这样，企业制度的执行力才能做到完美，企业的工作才能真正落实到位。

场景沙盘

1. 如何让下属在心理上真正接受你的领导?

最近公司的一些管理岗位做了人事调整，由原行政部经理徐 × 调任公司人力资源总监，全面负责人力资源部的各项工作。由于前任人力资源总监吴 × 在人力资源部工作了多年具有比较高的威望，所以徐 × 接手人力资源部的工作后，面临的第一个问题是如何让大家接受他的领导，这对今后顺利开展工作非常重要。如果你是新到任的徐 ×，你会通过哪些措施提高你的领导威信，让大家在心理上真正接受你的领导？（多选）

【选项】

A. 努力工作，干出业绩，让大家相信你

B. 请大家吃吃饭，增进情感交流

C. 有时候给大家下马威，让大家服从你的领导权力

D. 在工作中偶尔幽默一下，并经常鼓励大家，消除他们心中的恐惧感

【最佳选择】

A、B、D

【解读】

管理者在带领团队时，如何凝聚人心，让大家都喜欢你、接受你，这是一个重要的领导艺术问题。除了你个人在业绩、能力和道德方面比较突出，能够带领大家更好地完成工作以外，还要注意一些管理方面的细节，就能够起到事半功倍

的效果。具体可以包括以下几方面。

（1）面对困难和压力时，具有担当的工作精神，能够以身作则，承担责任，而不是直接把责任往下推，能够主动带头加班，这些行为都能够起到很好的示范作用，也让团队成员感到放心，有依靠。

（2）平时注意送给大家一些小礼物，或请大家吃吃饭，增进情感交流，继续展现你的担当作风。

（3）在利益分配时，遵循多付出多收入原则，让下属员工得到应得的回报，最好能够超出一点儿他们的预期，让他们之前在工作上的付出得到精神和物质上的奖励，这样就容易获得在心理上的平衡，找到为你工作的意义。

（4）在工作中和工作场所以外，都有意发布一些最新消息，让大家知道你的消息很灵通，这样你也可以处于信息交流的中心位置。在团队里，你发言的数量比质量还重要，交流信息最活跃的人往往能够提升领导力。

（5）平时在工作中有幽默感，帮助大家放松紧张的工作情绪；并且，你经常以工作热情激励大家，消除大家心中的恐惧感，这样他们在情感上对你更加依赖。

通过以上措施，你的领导力就很具有魅力了，下属们在心理上也逐渐接受了你的领导。更重要的是，努力让自己具有一种被追随的品质，培养你的领导魅力，提高你的心理影响力，这样，才能让下属在心理上真正接受你的领导。

2.如何通过组织协调能力开展团队工作?

技术部的刘×最近被公司任命为Y技术分部的经理，上任伊始，他就面临着如何组织开展团队工作的任务。除了刘×自己，Y技术分部还有5位技术人员，他们的工作目标是根据营销部反馈的客户信息，设计开发Y系列产品。在这样的研发工作中，需要大量的组织协调工作。那么刘×该如何通过运用组织协调能力，开展好团队工作呢？（多选）

【选项】

A.具体组织并实施团队任务的开发工作，与工作中的各方保持密切联系和良好关系

B.做好小组内的沟通和协调工作，定期检查工作进展和工作质量

C.能够体谅和理解他人，愿意就具体情况做出调整与妥协

D.能够制定有效措施，保证工作质量和工作实施进度

【最优选择】

A、B、C、D

【解读】

组织协调能力体现为能够有效使用资源（人、财、物等），以有效的方式利用信息和安排工作的能力，是团队管理能力中基础而非常重要的能力素质。具体需要做到以下方面。

（1）具体组织并实施团队任务的开发工作，与工作中的各方保持密切联系和良好关系，按照工作任务或职责要求，制订合理的实施计划（包括分配工作开发所需的人力、物力资源，制定费用预算，安排进度等）并组织实施。

（2）做好小组内的沟通和协调工作，定期检查工作进展和工作质量，及时收集并解决工作中遇到的问题，

（3）懂得倾听的艺术，愿意就对方疑问做出及时的回应，确保信息的准确传达；能够体谅和理解他人，愿意就具体情况做出调整与妥协；具备较高的协调能力，能够做好部门内、外的沟通工作，保证工作整体的正常运作。

（4）能够制定有效措施保证工作质量和工作实施进度，在任务的主要时点，审查任务进展是否达到要求，及时纠正工作中的偏差。

（5）具备敏锐的洞察力，能及时发现工作中存在的问题并制定应对措施；能通过对工作各实施阶段的评估，及时发现并解决问题，严格监控下属的工作质量；定期向上级报告工作进展情况，及时反映团队内不能解决的问题。

第六章
培养优秀的团队成员

场景导入

何老师："前面我说过，优秀的员工是团队发展的基石，好的管理者是团队持续创造价值的保障。俗话说'巧妇难为无米之炊'，对于一个团队来说，只有好的管理者，而没有好的员工，也无法开展正常的工作，更别说取得团队成绩。"

廖经理："我觉得领导者的领导力固然重要，但是会培养自己的团队成员更重要。"

何老师："不错，很多管理者个人能力很强，在某一领域甚至称得上是专家，但是他们不一定能带领好一支团队。因为他们习惯了做执行中的主角，喜欢大小权力一把抓，喜欢让员工当他们的助手，最后他们取得了突出的业绩，而员工的表现却很一般，整个团队的战斗力也没有得到提升。

一个优秀的管理者，即使不吃不喝、不睡觉，一天也只有24小时可供使用。若不能充分调动员工的积极性，让员工变成精兵强将，那么单靠管理者个人的力量，是不可能推动企业发展的。因此，管理者的工作重点应该是建设团队，让团队成员变得更优秀，这才是企业发展壮大的关键。"

杨经理："那怎样才能让团队成员变得更优秀，让团队力量壮大呢？"

何老师："这就需要我们管理者会正确地用人，选好人，用好人，用对人，并让每个人都有强烈的团队意识，相互间保持协作与支持。同时，作为公司的最高领导者，要在中层管理者心中树立这样一种管理理念：带出一群精兵强将才是你应该做的事，表现自我、突出自我，忽视对员工进行培养，是不值得提倡的。

"一个优秀的管理者不但要自己会打仗，更要让下属们都成为精兵强将，成为独当一面的人物，这样公司才会有希望。因此，管理者要努力把下属培养成人才，培养出一个有战斗力的团队，而不仅仅是追求个人业绩。"

第一节　充分发挥员工个性

个性是一个人的整体心理面貌，是具有一定特征和倾向性的各种心理特征的总和。个性包括受先天条件影响较大的能力、气质和性格等要素，也包括受后天因素影响较大的需要、动机、兴趣、价值观等。在这些要素中，性格和气质是人们个性的核心部分。

一、性格与气质

气质是指个体在心理过程的强度、速度和稳定度等方面的心理特征，它会影响认识、情感、言语、行动的快慢与强弱、隐显程度，且往往具有先天性、稳定性的特点，但无好坏之分。而性格是指与社会和人际相关密切的人格特征及言行方式，一般受后天影响较大，如腼腆、暴躁、果断，有好坏之分。

性格和气质的差别在于，性格主要是后天形成的，受社会环境影响较大，变化容易而且比较快；而气质主要受先天因素影响，比较稳定，难以变化。关于气质的分类，目前已有非常明确且容易区分的气质类型。而对于性格的类型，往往具有不同的分类标准，且分类数量过于复杂。如三国时的刘劭在《人物志》一书中，就对人们的性格做了十二种类型的划分。孔子说："性相近也，习相远也。"意思是说人性往往是在相近的自然本性的基础上，到后来发展成为差异甚大的社会习性。

博士观点

我们在探讨不同个性员工的管理时，要以气质为核心，兼顾不同性格，就能够比较快速地接近员工个性管理的本质。

二、气质的类型

在目前流行的气质类型理论中，占有主导地位的是多血质、胆汁质、黏液质、抑郁质四种类型。

早在公元前4世纪，古希腊著名医生希波克拉底将古希腊学者恩培多克勒的"四根说"发展成为"四液说"，提出人体内有四种性质的体液及其不同的混合状态。后来罗马医生盖伦（公元2世纪）将不同的气质简化为四种类型，就是现在大家非常熟悉的多血质、胆汁质、黏液质、抑郁质四种类型。直到19世纪末，德国心理学家、实验心理学之父威廉·冯特根据感情反应的强度和变化速度，又将气质划分为更有心理科学基础的四种类型，从而更加确立了四种类型在心理学界和实务界的地位。冯特认为四种气质类型的特点如下图所示。

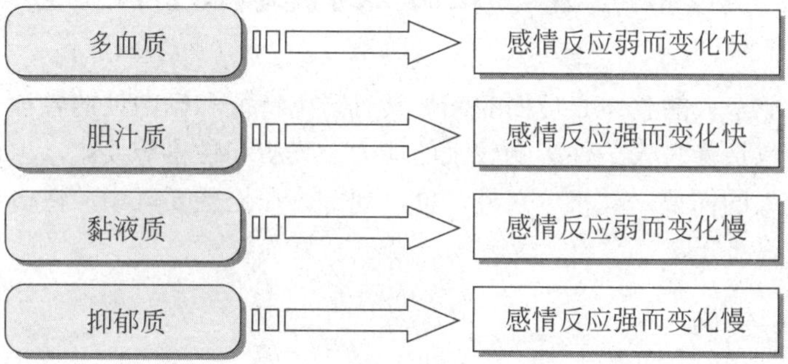

四种气质类型的特点

1.多血质

（1）优点　多血质者通常动作思维敏捷，不甘寂寞，灵活好动，热情，有生动的面部表情，言语表达能力和感染能力强；易于接受新事物，乐于创新，反应敏锐，兴趣面广；善于交际，富于同情心，乐观，适应性强；一般表现为外向、活泼好动的人。

（2）不足　注意力易转移，兴趣广泛多变，心境变化较快，办事多凭兴趣，富于幻想，缺乏忍耐力和毅力，不愿做耐心细致的工作；易屈服于挫折，性情略显浮躁。

（3）适合工作　适合从事社交性、文艺性、多样化、要求反应敏捷且均衡的工作，不太适应做需要细心钻研的工作。可从事范围广泛的职业，如公关、管理人员、驾驶员、医生、律师、运动员、新闻记者、冒险家、服务员、侦察员、警察、演员等。

（4）管理方式　给予他们更多的工作安排和锻炼机会，注意过程管控，多加赞扬，同时加强他们完成工作任务时的自制力，防止出现懈怠和见异思迁的行为。

2.胆汁质

（1）优点　胆汁质者通常精力旺盛、生气勃勃、直率热情、富于表情，开朗、积极、坦率、善交际、动作敏捷；一般表现为急躁、倔强的人。

（2）不足　易感情用事、任性、冲动、脾气急躁，情绪不够稳定，易犯粗心的毛病，有时刚愎自用、傲慢不恭。

（3）适合工作　比较适合做反应迅速、动作有力、应急性强、危险性较大、难度较高而费力的工作，如导游员、销售员、节目主持人、演讲者、外事接待人员，以及其他创新性、开拓性的工作；但不适宜从事稳重、细致的工作。

（4）管理方式　注意运用耐心的启发诱导方式，多听取他们的意见，避免和他们当面争执；在他们表现急躁情绪时，要先进行冷处理，之后再找机会沟通，以理服人。

3.黏液质

（1）优点　黏液质者通常沉着冷静、稳重踏实，说话慢且言语不多，善于克制忍让、心平气和，不易激动，但情绪一旦被激起，就变得强烈、稳固而深刻；情绪不易外露，坚强而有耐性，注意力稳定，不易转移；生活有规律，遇事谨慎，三思而行，遵守既定的工作秩序和生活规律，不为无关的事分心；一般表现为遇事能沉住气再思考应对的人。

（2）不足　缺乏活力，注意力不易转移，行动迟缓，为人拘谨，因循守旧。

（3）适合工作　比较适合做有条不紊、刻板平静、耐受性较高、复杂持久性的工作，而不太适宜从事激烈多变的工作；可从事外科医生、法官、管理人员、技术人员、出纳员、播音员、会计、调解员，以及银行、监督、审计工作等。

（4）管理方式　活跃沟通时的气氛，鼓励他们热情待人，对他们提出要求时要允许足够的考虑时间，不要强迫他们做出决定；在工作中少对他们批评指责，也不能冷处理，而应多加鼓励、赞美，肯定他们的工作表现。

4.抑郁质

（1）优点　抑郁质者通常比较敏感，善于观察，想象力丰富，情感深刻且持久，好静、含蓄，外表温柔，易相处，人缘好，反应较慢，但准确性高，办事稳妥可靠；一般表现为遇事敏感而又多心的人。

（2）不足　不善交际，细心谨慎，多愁善感，情感脆弱，情绪不易外露但体验深刻而持久；遇事缺乏果断和信心，生活中常有孤独胆怯的表现，工作易疲劳，疲劳后也不易恢复。

（3）适合工作　适合从事重复性强、持久细致、比较精细或具有保密性的工作，如档案员、技术员、打字员、排版工、检查员、化验员、保管员等。

（4）管理方式　要多给予他们帮助和关心，提高他们的勇气，不要当众批评指责，更不能让他们当面出丑，应给予他们比较独立的工作空间，配置好适合他们从事的工作岗位。

案例赏析

巧妙安排公司的“关系户”

最近人力资源部王经理所在的公司接收了两个“关系户”。这两个“关系户”来公司工作时间一长，“毛病”就出来了。小陈情绪总是比较消极，喜欢对其他同事和对工作挑毛病，有时甚至会当面与其他同事争执，人际关系不太好。小刘学历不高，不爱说话，但比较本分老实，喜欢静静地坐在位置上。有一次在外面吃饭，他讲的话不超过三句，因此同事们也不太喜欢他。

最近这两个“关系户”都被所在部门的经理投诉了，要求王经理将他们调出现在的部门。王经理思来想去，终于找到了好办法：他将小陈调到了质检部，将小刘调到了行政部仓管室。小陈来到质检部后，不怕得罪人，多次主动发现了产品品质上的问题，减少了公司可能面临的风险损失；而小刘在仓管部门一天到晚坐在靠近门口的办公桌边，虽然几乎面无表情、一动不动，但一直注视着仓库门口的情况，没想到一段时间下来，仓库的不明损耗也减少了。

【点评】

在团队管理中，要充分尊重每一种气质类型员工的现状和特点，在用人和管人时对每个人的特点做更多考虑，可针对每位员工的个性优劣势，安排适当的工作岗位和工作任务，并采取适合他们的沟通方式和管理行为，发挥他们的优势，避免他们的劣势，从而减少人际关系冲突，顺利地完成团队管理工作。

三、性格的分类

关于性格的分类方式有多种，如美国教育学家斯普兰格根据价值观来划分性格类型，包括理论型、经济型、审美型、社会型、权力型、宗教型；英国心理学家培因则根据心理机能的不同，将人们的性格划分为理智型、情绪型和意志型。这些性格类型的划分，并不太适合在团队管理的微观领域中应对不同性格的员工。在微观人才选用和管理的领域，还必须在中国文化下学习中国人的性格分类习惯和应对方式。

刘劭在《人物志》一书中，就对人们的性格做了十二种类型的划分，如“强毅之人、柔顺之人、雄悍之人、惧慎之人、凌楷之人、辨博之人、弘普之人、狷介之人、修动之人、沉静之人、朴露之人、韬谲之人”等。由于人的性格具有稳定性，且现代职场规则和文化具有延续中国古代传统的一面，所以刘劭提出的性格类型与应对方式，对当下中国的企业员工管理也具有很好的指导意义。

刘劭提出的性格分类与应对方式

性格类型	优点	缺点	应对方式
强毅之人	刚烈好强而不能和谐	若不戒备其好强所生唐突之患，却以顺从而表现出屈服与懦弱，则更能增其过刚之性	确立法度以制之，而难以与之谋划机密之事

续表

性格类型	优点	缺点	应对方式
柔顺之人	心思缓慢而优柔寡断	若不戒备其做事时无法统摄之弊，却以为刚烈必然造成他人损伤，则更能使其安于舒缓	与之遵循成法，而难以与之权衡疑难之事
雄悍之人	气势亢奋而勇猛决绝	若不戒备其勇猛所生毁伤跌宕，却以顺从而表现出胆小与懦弱，则会使其气势完全耗尽	与之共赴危难，而难以与之共处平易之境
惧慎之人	畏惧祸患而顾忌重重	若不戒备其因为懦弱而失义气，却以用武而要表示亲近或拉拢，则会更增加其已有疑心	与之保全所有，而难以与之讲求节操之理
凌楷之人	坚守意志而刚劲特行	若不戒备其衷心之坚守与护持，却以辩驳而逞显其人为之浮辞，则会使其专一之心更强	与之守持正道，而难以与之附和众人之意
辨博之人	论事说理能丰富周延	若不戒备其言辞空泛而无遮拦，却以为是典范而受其束缚牵制，则会促使其流泻而不止	与之泛泛而谈，而难以与之确立规约之条
弘普之人	意在追求其周全和恰	若不戒备其交往之人鱼龙混杂，却只以耿介自守而求有所不为，则会使其更入浑浊之地	与之安抚众人，而难以与之改变世俗之习
狷介之人	讥刺清流而荡击浊恶	若不戒备其所守之道常有狭隘，却以世俗红尘为污秽不净之乡，则会使其更加拘泥狭境	与之守持节操，而难以与之谋划变通之事
修动之人	有崇高而远大的志向	若不戒备其心意之过大与繁多，却以为沉静乃是滞塞不通之道，则会使其锐意更加坚定	与之共趋于前，而难以与之守持于后之位
沉静之人	循规蹈矩而思虑再三	若不戒备其沉静易成迟滞淹留，却以为求变必然导致疏漏不密，则会使其以懦弱为美德	与之深谋远虑，而难以与之谋划速决之事
朴露之人	见解可疑而固执己见	若不戒备其表现会有鄙野粗直，却以为计谋即是怪诞不经之论，则会使其真诚过分直露	与之诚信相守，而难以与之研讨变通之情
韬谲之人	探究揣度而求容于人	若不戒备其权术可能偏离正道，却以胸无计谋为愚拙无用之人，则会使其以虚浮为可贵	与之共成善事，而难以与之矫正偏邪之谋

在对不同性格人才的管理方面，刘劭认为，人的本性是不可改变的，领导者要摒弃改变人的本性的幻想，对这十二种性格人才的优点和缺点要有清楚的认识。关键是要用人所长，避其所短，合理应对，才能使各种性格的人才真正发挥出特有的价值。

西游智慧

唐僧师徒四人各有所长，如唐僧的坚定执著，孙悟空的神通广大、疾恶如仇，猪八戒的乐观豁达，沙僧的忠厚淳朴。但每个人也分别存在性格及行为上的缺陷。

唐僧：死板，固执，不懂变通，轻易相信别人，不汲取教训，自以为是。

孙悟空：个人主义倾向严重，自由散漫，不服从管理，一意孤行，好大喜功。

猪八戒：为人圆滑，贪吃好色、懒惰，意志薄弱，容易放任自己，被美色迷惑，爱贪小便宜，喜欢打小报告。

沙僧：个人能力较弱，能力平庸、缺乏主见，遇事易畏缩观望、逆来顺受，有时会犯点糊涂。

唐僧师徒四人的性格和能力没有一个人是完美无缺的，各有所长，亦各有所短，但四个人组合起来，却是组成了一个很好的取经团队。没有唐僧的心诚志坚，取经团队早不知要散几回了；没有孙悟空的超群本领，唐僧也早不知要被妖精吞吃几遍了。由于师徒四人能取长补短，优势互补，因而整合出了最优的结构，形成了最强的集体力量，终于历经十四个寒暑，战胜九九八十一难，取回真经。

团队是人的组合，每个人的性格都各不相同，因此要做好团队的管理，就必须发挥每个团队成员的优点，避免他们的不足之处。其实，现实中的团队是由有血有肉、存在很多缺点的人组成的。所以不可避免地存在许多问题，这些问题不能消除，只能尽量减小。

事实上，团队中的人同其他地方的人一样，他们可能在某方面做得很好，但在其他方面却做得不够好。每个团队都有它自己的强项，也有它的弱项。团队不同于一般的组织在于，团队有明确的目标，并为了这个目标共同努力。在团队里，有各种人，有你不能忍受的成员、有曾经业绩辉煌但现在很平庸的成员，有反复无常、没有主见的成员。只有当你认识到这种差异，努力去了解差异并把差异当作一件好事时，团队才能取得成功。

管理中团队需要的互补，明星团队往往有很好的合力和高的绩效。一只羊带领一群狮子不如一只狮子带领一群羊，一个团队的关键在于团队的领导者。当团队中只有10个人时，领导者应该站前面；当团队中有100人时，领导者应该站中间；当团队中有1000个人时，领导者应该站在后面，团队需要领导魅力与艺术，需要协作与互补。

在现代企业里，每个工作团队里都有可能存在这样或那样有缺点的人，关键是人员素质要高，在人员结构上要尽量科学搭配理念相同的人，容易形成合力，这样的工作团队，其战斗力才能攻无不克、战无不胜。

第二节　完善人才培养机制

优秀的人才不是天生的，而是企业有目的、有计划培养的结果。一套有效的人才能力管理计划，能够帮助企业建立起一支训练有素、熟悉企业文化与流程的人才梯队，提升企业的品牌影响力，并大大增强在人才市场中的竞争力。

一、识别员工的能力

能力是人们顺利完成某种活动所必需的心理特征和综合条件，一般指人们的本领、才能或才干等。能力与人们完成活动的效率高度相关，表现为完成活动任务、学习知识技能等方面的速度与效能。

能力可以分为一般能力和特殊能力，如下图所示。

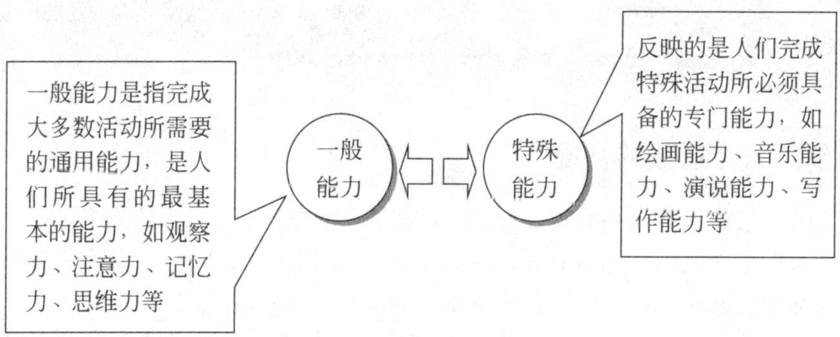

一般能力和特殊能力

由于先天遗传条件及后天教育与成长环境的差异，造成人与人之间在能力上存在着明显的差异，使得不同的员工在其综合能力方面，有着一定的比较优势和劣势。所以在企业管理和团队管理中，要注意识别和区分管理员工的能力，使其能够发挥优势、减少劣势，成为一个高效能的团队分子。

二、建立接班人人才计划

基于对员工能力的主动管理，关键是要建立一套接班人人才管理计划，该计划是每个企业战略计划中不可分割的重要组成部分，是企业基业长青的根本保证。所谓企业接班人计划，是指企业通过确定、评价关键岗位的高潜能内部人才，对其进行系统培养，以便为企业未来的组织战略和管理发展提供人力资本方面的储备及保障。

企业接班人计划的主要任务是为企业储备未来的管理人员，它关注组织经验的延续和继任人员未来的发展，是企业长治久安的保证，对企业的现状及未来发展意义重大。企业接班人计划，依据管理方式和管理重点的不同，可以分为领导人员的接班人计划和管理人员的接班人计划，如下图所示。

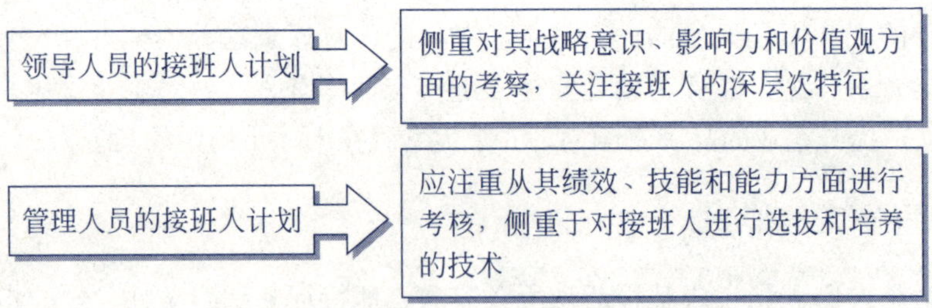

企业接班人计划的侧重点

博士观点

企业要想成为“百年老店”，除了需要注重培养高层管理岗位的接班人外，还需要系统地培育一大批招之能战、战而能胜的中基层管理岗位的接班人。

三、制定人才选拔的标准

美国作家詹姆斯·帕克说：“当某人在他所处的工作范围内成为专才，而且非常热爱那种工作性质，他越热爱，便越难胜任或适应管理工作。”每个人都有各有所长，都有优点和特长，但也有缺点和不足。

在人才选拔过程中，如果用人不当或大材小用都会引起下属的不满，从而影响到工作的效率，严重的还会产生激烈的矛盾，因此，人才使用和提拔应该做到人尽其才，量才使用。

团队管理者可从以下两个方面来制定人才选拔的标准。

1.确定关键岗位及其任职资格体系

关键岗位是人才计划管理的重点环节。可以召开中高级管理人员会议，讨论确定企业中的关键岗位，做好关键岗位描述，定义好岗位职责，尤其应根据可以预见的商业和技术变化确定未来的职责及任职资格体系，包括详细的能力标准、工作经验、行业经验等。

2. 制定岗位胜任评价标准

管理人员胜任力是预测和评价人才是否胜任未来岗位工作需求的主要标准。胜任力是能将某一工作中表现优异者与表现平平者区分开来的个人的潜在的、深层次的特征，可以作为企业选人、育人、用人、留人的标准。基于胜任力的人才计划的目的，在于找出重要职位的胜任标准，评估有多少人才在更高层级的目标职位上具有胜任潜力，并掌握可能的职位或人选匹配，然后交给他们特定岗位所需的知识和技能，使其成为合格的人才。

可见，岗位任职资格体系和胜任力评价标准，构成了一套完整、公平的评价基准，可以以此阶段性地考核候选人才的品质与能力，评估这些人才是否真正具有一个优秀管理者的素质。

四、选拔优秀的人才

360度的人才评估体系是评估候选人才的全面方法。该体系的选拔评估工具主要如下图所示。

内容一	绩效考核，用于发现绩效优秀的骨干员工
内容二	人才评价中心的选拔技术，如心理测评、角色扮演、文件筐测验、无领导小组讨论、模拟会议等，用于预测候选人才是否具有胜任未来岗位的能力潜质
内容三	专业技能考核，用于再次确认候选人才的基本工作技能
内容四	民主评议，用于发现和评估极端评议结果的情况
内容五	结合候选人才的个人基本信息、教育经历、日常工作表现等撰写人才综合评价报告，编制人才素质清单

360度人才评估体系的评估工具

在对人才的选拔上，应主要关注能力（指向未来）和绩效（指向现在）两个维度的表现，并制作如下图所示的人才特征分布图。

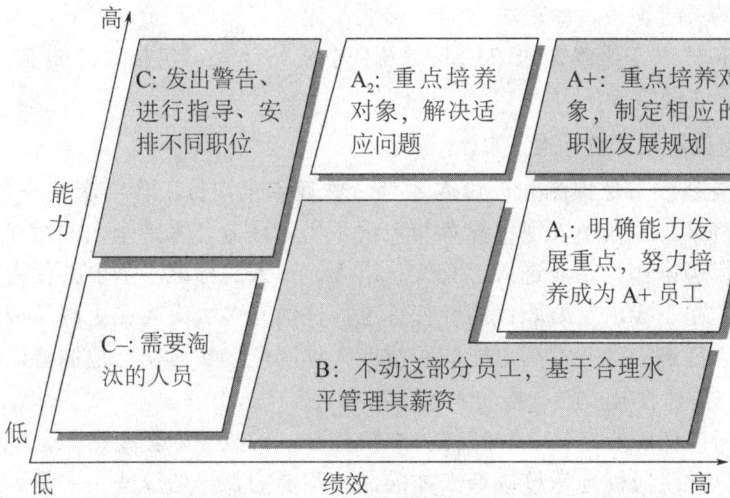

人才特征分布图

从上图中可见六种类型员工及不同的管理方式。

（1）能力和绩效都优秀的员工（A+）。这部分员工适应企业文化，能力得到充分发挥，应作为人才计划的重点培养对象。

（2）能力中等、绩效优秀的员工（A_1）。这部分员工对企业的事业尽心竭力，是员工中的中坚力量，应发掘其潜力，制定能力发展重点，使其发展成为A+员工。

（3）能力优秀、绩效中等的员工（A_2）。对这部分员工也可作为重点培养对象，解决其对组织环境适应的问题，充分发挥其潜力，使其向A+员工发展。

（4）能力较低、绩效较高或中等，以及能力和绩效都为中等的员工（B）。这部分员工潜力一般，不是人才计划的重点培养对象。

（5）能力高、绩效低的员工（C）。这部分员工具有很大潜力但发挥水平很低，可能非常不适应企业环境或岗位要求，可以经过短期考察，调整其岗位，解决其心态问题，若不能提升其绩效则可以将其淘汰。

（6）能力和绩效都很差的员工（C–）。对这部分员工可以直接将其淘汰。根据人才评估报告，将具有高潜能的人才挑选出来，建立人才综合素质数据库，收集人才在性格、工作风格、绩效、能力和管理经验方面的重要信息，淘汰部分不胜任的人才，增补胜任的人才，确保人才的综合素质能够跟上企业发展和职位变化的要求。

五、实施人才培养计划

企业人才管理计划的最终目标是保证组织在适当的时候能为空缺职位找到合适的人选。所以，在人才计划的实施阶段，应主要关注职位空缺的需求及人才的发展状况。企业人才的培养计划，应与企业的整体经营战略和胜任力标准紧密结合，并基于以下几个步骤实施。

（1）设计人才开发方案，为企业人才量身定做职业生涯发展规划。识别出关键岗位的人才后，再根据人才的综合素质评价情况，与将要继任的关键岗位的职责体系、胜任力标准进行匹配，设计出针对人才的培养开发方案，并在实际开发过程中不断进行反馈和优化。

（2）通过一系列正式的领导力和胜任力培训项目，改进未来岗位上的工作模式，提升人才在未来职位上的胜任力。对关键技能的角色扮演是最好的提高行为实践能力的方法，可以有效对后继人才进行角色试演练。聂雪林结合McClelland的动机获得理论，提出了一个胜任力培养策略，包括认知、了解、自我评估，技巧练习、工作应用和后继支援六个阶段，如下图所示。

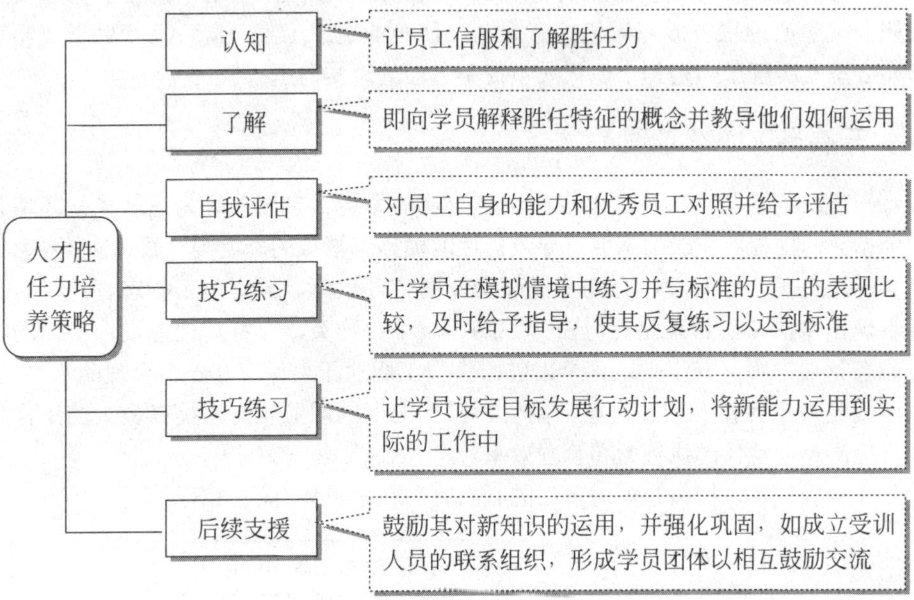

人才胜任力培养策略

（3）为人才分配具有挑战性的关键任务，或让其扮演管理岗位角色，通过理论和实践的双重锻炼，使真正优秀的储备人才脱颖而出。成功的人才计划依赖于领导层是否积极有效地帮助人才能力的提升，是否为他们提供额外的指导，弥补技能和经验的不足。在这个阶段中，领导层应经常与这些人才接触，使其对企业文化、经营战略和目标有更深入的了解，并对其进行重点训练、辅导和培养，使其管理才能得到迅速提升。

（4）定期审视整套人才计划，检验人才胜任目标岗位的效果和质量，不断改善人才评估方式、培养方式和管理方式，结合企业实际需要持续培养出高素质的人才。

企业人才计划的成功，不仅取决于对领导人才的培养和选拔，更要真正形成有效的人才制度，建立起从低层到高层完备的人才培养体制，把人才计划作为一项持之以恒的长线作业，源源不断地再造管理者。然后，做到好中择优，优中选杰出，才能真正培养并选拔出优秀的人才，打造从低层到高层连续不断的、有序培养后备人才链，实现各层级管理人员的平稳更替，确保企业基业长青。

第三节　及时缓解心理压力

良好的职业心态及情绪压力管理已经成为当代企业所有阶层的主要问题。员工职业疲惫心理像一股寒流侵蚀着企业，使企业组织士气下降，而帮助员工塑造阳光心态及缓解压力是每个现代人不得不直面的现实问题。

一、开展员工心态管理

心态决定了员工的命运，也决定了企业的命运。态度→行为→结果→环境是一个循环的过程，积极的态度可导致良性的循环，消极的态度则导致恶性的循环。

开展员工心态管理，有助于提高企业的管理效率。开展员工心态管理，对员工表现出来的心态特征进行分析、归纳、总结、分类，有针对性地设计不同的员工心态管理方案，有步骤地各个击破，将员工职业压力保持在一个合理的水平上，从而促使员工保持高效、健康、愉悦和昂扬向上的职业状态，提高员工的工作效率，提高企业整体的执行力和管理效率。

作为管理者，如何开展对员工的心态管理呢？具体办法如下图所示。

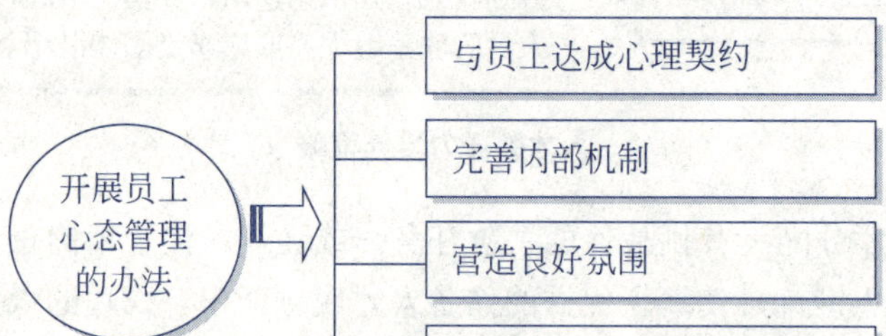

开展员工心态管理的办法

1. 与员工达成心理契约

以构建公平透明的管理体系为切入点，逐步与员工达成心理契约。首先要建立多劳多得、优劳优得的绩效管理体系，充分提高员工的责任意识。全面开展技术比武、劳动竞赛、技能培训，引导员工在提高自身素质中实现心理预期的满足与平衡。

2. 完善内部机制

以畅通员工利益诉求表达渠道为基础，不断完善内部沟通机制。把倾听员工诉求、完善双向沟通作为一项重点工作来抓。建立完善员工思想信息收集网络，及时了解员工的思想动态，疏导情绪，化解矛盾，确保稳定。同时，采取座谈、成立QQ群、与个别员工谈心等方式，针对员工的心理压力进行全面细致的分析，及时发现并纠正员工中存在的不良心态。

3. 营造良好氛围

以塑造“阳光心态”为抓手，营造全力以赴保目标的良好氛围。具体措施如下图所示。

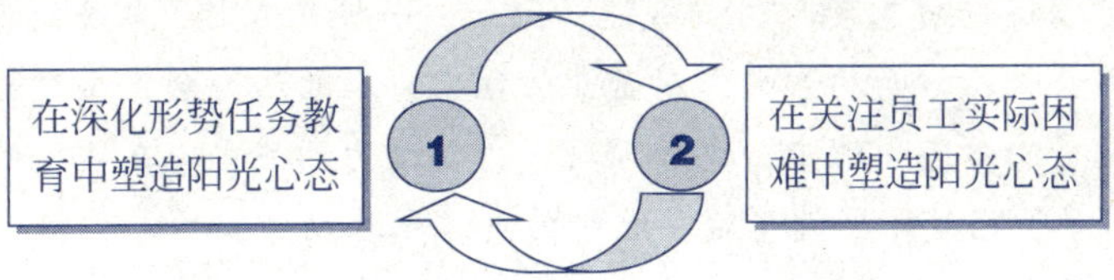

营造良好氛围的措施

（1）在深化形势任务教育中塑造阳光心态

在形势任务教育中，要注重压力与动力并重，实现“双向传递”。围绕生产经营主线，深入讲困难，积极讲潜力，重点讲责任，关键讲措施，引导员工把面对的困难转化为提升管理水平、提高自身素质的难得机遇，鼓励员工克服困难、树立信心。

（2）在关注员工实际困难中塑造阳光心态

尊重员工心理需求，深入调查了解员工生产、生活和学习状况。关注员工现实需要，着力改善员工生产、生活条件。坚决维护员工合理的利益诉求，积极帮扶困难员工，在帮助员工改善生产、生活条件的过程中建立克服困难的信心。

4. 培养员工自我心态调节能力

以构建“空杯心态”为突破口，培养员工主动适应改革发展的自我心态调节能力。要在员工中树立过去的成绩就像沙滩上的脚印，一涨潮就没了，要以更优异的成绩迎接新的考验。进入一个新环境，就要勇于将原来环境里熟悉、习惯的东西“放下”，树立从零开始等工作理念。积极创造条件加强沟通，鼓励员工互相学习，对员工要做到尊重、理解、支持，根据员工能力倾向和工作经历，让他们在工作岗位上得到新的锻炼和提高。

相关链接

开展员工心态管理需要注意的问题

1. 开展员工心态管理需要各级组织更加注重精细管理

只有组织制度更为明晰，管理人员个人素质不断加强，才有可能在繁重的生产经营和改革发展任务中时刻关注员工心态，对员工加强联络、顺畅沟通、随时鼓励、及时奖励。因此，管理人员不仅要对企业各项工作有全面的了解，更要深入学习、积极应用，努力把心理学知识渗透于企业管理的全过程，使各项管理更为精细，更有针对性。

2. 开展员工心态管理要处理好压力与动力的关系

适当的心理压力能够对提高企业管理效率、提升员工工作积极性产生有益的影响，可以促进员工发挥自身潜能。但是，一些员工由于自身能力、知识水平、生活条件等各方面的影响，对企业管理中存在的压力会产生过激反应。因此，在开展员工心态管理中，要处理好压力与动力的关系，在施压的同时要推出不同的载体，搭建不同的平台，及时为员工增添动力，培养积极应对挑战的态度。

3. 要充分发挥企业文化对员工心态的支撑和引领作用

面对企业改革发展的繁重任务、员工多元的利益诉求、复杂的心理状况，切实发挥企业文化的支撑和引领作用显得尤其重要。要用企业文化精神感召员工，通过企业文化理念的渗透，在员工中达成共识、引起呼应、形成共鸣，从而充分发挥员工的潜能，为实现企业发展目标凝聚力量。

二、关注员工心理健康

任何一个企业的生存和发展都离不开员工，而员工的心理状况对企业的生存和发展有着至关重要的作用。

员工心理健康是关乎企业生存与发展的大事。企业的发展需要凝聚广大员工的智慧和力量，充分调动员工的积极性和创造性。从哲学上讲，人的行为是由意识所支配的，因此，什么样的心理状况也就决定着员工在工作中有什么样的行为。

曾有企业管理专家做过实验，员工在和谐健康的心理状况下的生产能力比在不和谐健康的心理状况下的生产能力高出数倍。员工有和谐健康的心理，才能有成就感、归属感，才能激发积极性、主动性和创造性。企业的财富是员工创造的，而员工的创造则来源于其心理。健康的心理可以储存智慧和能力，并能将其转化为生产力。

美国有一家名叫霍桑的工厂，具有较完善的娱乐设施、医疗制度和养老金制度等，但员工仍愤愤不平，生产状况也很不理想。后来有关专家用两年多的时间，找员工个别谈话两万余人次，耐心倾听大家对厂方的各种意见和不满，收到了意想不到的效果，员工的气顺了，产量有了大幅上升。

员工健康的心理不仅是企业发展的需要，更是企业稳定的客观需要。试想，如果某企业的员工心理扭曲，寻衅滋事，挑唆离间，甚至泯灭理性，放任报复，这样日积月累，不仅会导致恶性不稳定事件，也会影响整个社会的和谐稳定。我们一直提倡的科学发展观，其核心是以人为本，而以人为本就是指确保人健康发展。健康发展不仅包括身体健康，更包括心理健康。因此，关注企业员工的心理健康，也是对科学发展观深刻内涵的进一步理解。

三、心理健康管理的意义

企业员工心理健康管理的目的是促进员工心理健康，降低管理成本，提升企业文化，提高企业绩效等。有效的企业员工心理健康管理可以为企业带来无穷的效益，如下图所示。

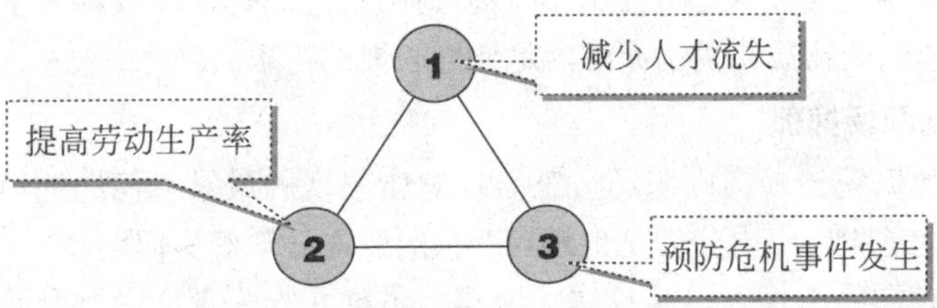

心理健康管理的意义

1.减少人才流失

实施员工心理健康管理的企业能使员工感受到企业对他们的关心，使员工更有归属感和工作热情，能吸引更多的优秀员工；由此降低重大人力资源风险，保护企业的核心资源。

2.提高劳动生产率

通过员工心理健康管理的实施，使员工压力处于最低水平，身心更健康，精力更充沛，由此提高企业的劳动生产力，增强企业的核心竞争力。

3.预防危机事件发生

通过员工心理健康管理的实施，对员工的压力水平进行即时性监控，并推荐适当的指导建议，促进员工随时调整身心状态，预防员工心理危机事件的发生。

四、影响心理健康的因素

近年来，随着社会竞争的日益激烈，员工心理健康问题也逐渐浮出水面，各种心理问题频繁出现，那么究竟是哪些因素威胁着员工心理健康，员工的心理又可能会出现哪些问题呢？具体如下图所示。

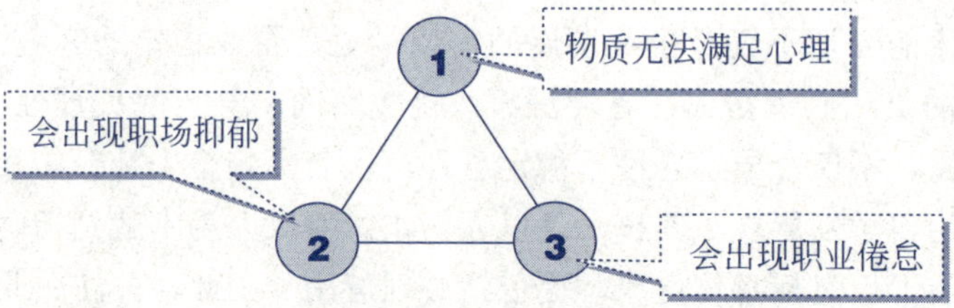

影响心理健康的因素

1.物质无法满足心理

随着生活水平的提高，人们对物质的要求也越来越高。但自己对物质的需求与自身能力之间产生矛盾时，心理就容易出现问题。同时，为了追求更多的经济利益，许多人都在高强度地工作。

长时间高强度的工作状态，让人们的心情越来越糟，情绪低落不说，看什么都不顺眼，即便工资上涨也不会让他们感到由衷的高兴，相反，加了工资后工作压力更大，单纯的物质奖励已无法满足他们心灵的需求。

2.会出现职场抑郁

据相关数据统计，国内职场员工心理健康出现的最常见问题的第一项，就是抑郁倾向，这是职场中十分常见也最为严重的职业心理健康问题。

有抑郁倾向的职场人，其身体、情感、思维和行为都会受到影响。同正常人相比，有抑郁倾向的人明显有记忆力、注意力障碍，工作兴趣严重丧失的情况。如果这种抑郁倾向在较长时间内得不到调节和干预，极有可能发展为严重影响员工心理健康的心理疾病——抑郁症。

3.会出现职业倦怠

当最初的新鲜感和挑战刺激过去后，工作渐渐进入常态时，每一个职场人或多或少都会出现一些职场倦怠心理，这是影响员工心理健康的另一个重要方面。

当员工对自己的个人价值评价与现实中取得的工作成绩不相符时，就会产生心理上的较大落差；同时，由于缺乏理性的个人职业发展规划，现属职位没有发挥出个人的专长与热情，也可能导致职业倦怠的出现；再者，一些员工为了获得金钱与名利，或者为取得成就而透支身体健康等，都会引发不同程度的职业倦怠心理出现。

除了上面提到的几方面因素，还有工作、生活、社会角色的混杂，工作中与高层领导的冲突，企业文化因素的影响，以及办公环境等，也会影响员工心理的健康状态。

五、加强心理健康管理

大多数的员工并不把自己的心理疾病表现出来，他们表面上看起来工作积极，但内心的心理隐患也许连他们自己都不知道。因此，作为企业管理者应注意关注员工的心理健康，而员工自身也应注意及时排解不良情绪。有何不满或问题应及时与相关部门进行沟通，避免因压抑而引发心理疾病，甚至危害生命安全。

员工的心理健康，就是员工有一种高效而满意的、持续的心理状态，主要体现在企业员工五大心理状态，即职业压力感、职业倦怠感、职业方向感、组织归属感、人际亲和感都是均衡的。加强员工心理健康管理是一项复杂的工程，要采取灵活的方式，循序渐进。

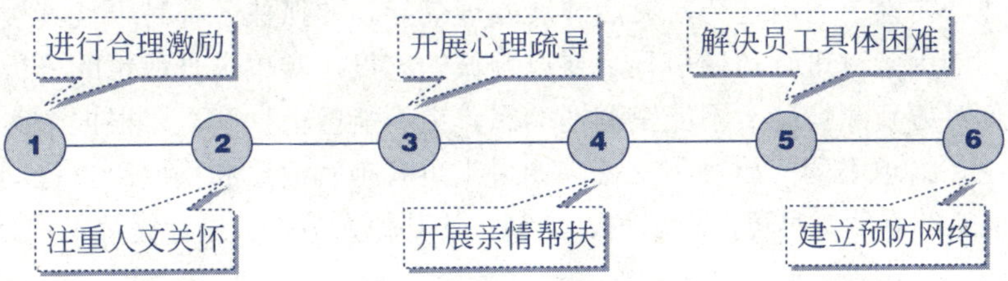

对员工进行心理健康管理的方式

1.进行合理激励

在现代企业管理中，物质激励和精神鼓励仍是一种重要手段。根据马斯洛的需要层次理论，人会产生生理的需要、安全的需要、社交的需要、尊重的需要以及自我实现的需要。这五种需要从低到高排列，只有在前一需要得到满足的时候，才会产生后一个需要；在前一个需要得到充分满足后，后面的需要才会显示出激励的作用。合理激励，能有效激发员工的精神与物质欲望，推动企业和员工共同和谐发展。很多国有企业相继建立了以员工的激励机制和约束机制为核心的人力资源管理制度，不仅为企业的发展和壮大提供了制度的保障，更为加强员工心理健康管理提供了支撑。

2.注重人文关怀

人文关怀就是对人的生存状况的关怀、对人的尊严与符合人性的生活条件的肯定。人文关怀是一个大范畴，其核心是以人为本，关注员工的个人感受和需求，营造和谐温暖的人文环境。面对激烈的市场竞争带来的员工心理问题，充满人文关怀的员工心理管理，能够减少员工对组织的抱怨，树立良好的企业形象；增强员工对企业的认同，促进各部门、各层次员工间的沟通；提高员工士气，改善组织气氛。

3.开展心理疏导

心理疏导是目前国有企业管理者经常采用的方式，其成本低，方式多样，而且有时能起到良好的效果。

开展心理疏导，首先应当对员工心理状况进行深入了解，分析判断员工心理属于哪种失衡状态。要了解员工的心理状况，必须建立良好的员工诉求表达机制。

比如，企业可以充分发挥员工代表、职代会的作用，增强工会的吸引力、凝聚力；企业也可以利用互联网平台设立总经理信箱，或者聘请总经理联络员，为员工与管理者沟通搭建桥梁；企业也可以开办自己的博客、微博，为员工发表意见和看法提供平台。

总之，充分给予员工表达想法、袒露情感的机会和空间。这样，员工在经过了一个发泄不良情绪、释放压力的过程之后，接受疏导时就会比较冷静。

另外，要善于运用技巧，灵活开展心理疏导。要抓住各种易于被其接受的观点和有利的因素，进行疏通引导；要以坦诚的态度，实事求是地帮助分析现实问题，避免对方猜测怀疑；不能空洞地劝慰，更不能敷衍搪塞，要根据个案的具体情况和特点给予不同的启发和支持，如果当事者抱有敌意和采取攻击行动，应采取适当回避的态度，尽可能地忍耐、克制，让其他人员先去进行缓解工作。

博士观点

在疏导过程中，还要注意与员工建立一种相互信赖、相互鼓励的关系，帮助员工树立正确的世界观，从而巩固心理疏导成果。

相关链接

如何释放员工的心理压力

说到为员工减压，有些企业领导往往只想到建一些娱乐休闲设施，改善员工的福利待遇。这些都是必要的，但从员工的角度看，重要的还是要让大家郁闷的心理得到及时的释放。

作为企业可以采取多种方法，如让大家讨论怎样看待我们的心理压力，如何减轻过重的心理压力。通过讨论让大家认识到，有心理压力是正常的，它常常成为人们前进的一种动力。只是心理压力过重就应该及时释放、调整。也可以通过写文章、记日记、写博客，让员工直截了当地说出他内心的压力。

除此以外，企业可以设立总经理信箱、员工绿色通道等，每个人可以将自己的想法没有障碍地直接传递给企业高层领导，高层领导则应给予及时的回复。这种平等交流的方式避免了面对面发牢骚可能产生的心理障碍，在时间上也具有更大的灵活性。

企业领导在与员工交流时，要鼓励员工对生活、对他人、对工作等提出建议，让员工体会到自己是企业和生活的主人，对所遇到的各种问题应该以积极的心态去解决。

如果员工在工作时不能控制好自己的心理状态，遇到突发事件和心理诱因的叠加，极有可能发生极端心理事件。如何避免企业发生极端心理事件？给员工心理减压，建立有效的心理疏导机制是一帖良方。

1. 建立心理谈话机制

针对安全生产过程中随时可能出现的各种问题，企业有必要建立健全的员工心理谈话机制，生产安全部门要做好重点人员的心理谈话疏导。在员工发生违章违纪而受到批评时，要及时进行心理预防谈话，消除员工情绪变化带来的不稳定因素，积极调节好员工心态，全力以赴确保安全生产。

2. 建立心理关怀机制

企业要切实关心员工工作与生活中的点点滴滴。比如员工因病住院、员工家庭成员去世、员工家庭生活发生变故、员工家庭发生矛盾纠纷时，企业应及时走访慰问员工家庭，努力排解纠纷，化解矛盾，这不仅能体现企业的温暖，还能增强员工对企业的凝聚力和认同感。

3. 建立心理预防机制

对员工出现的违章或违纪行为，要按照“危险”“严重”“一般”三个等级进行疏导，分别由车间主任、段长、班组长对直接责任人进行心理预防教育。每当发生违章违纪行为，都应由企业相关部门负责人对违章违纪行为进行分析，了解员工违章违纪的整个发展过程，共同研究并制定预防措施，切实维护员工的合法权益，从源头上消除员工的逆反和抵触心理。

4. 建立心理干预机制

要根据安全生产的实际情况，坚持定期分析本部门、车间安全生产的现状，从一些典型事件和不安全因素的分析中，查找出影响安全生产的各种因素，尤其是重点人员的心理因素成因。然后运用心理学的知识和原理强化对重点人员的心理疏导，引导员工正确运用心理转移、心理排解、心理发泄等心理学知识调节心理、缓解压力、保持心态平稳，以保障员工心态健康。

4. 开展亲情帮扶

有的企业建立了定期慰问制度和跟踪帮扶制度，积极为员工妥善解决困难和矛盾；在重要节假日走访慰问困难员工，发放困难补助；在遇到国家各种灾情、难情和急需帮扶的患病员工，组织各级组织带领员工捐款捐物，伸出大爱之手，把阳光和温暖送给需要帮扶的群体。通过这些制度和举措，使公司员工在帮扶中倾情奉献，在奉献中学会爱与感恩，不断提升心灵品级，养成爱心奉献、感恩报效的良好心态。

5.解决员工具体困难

企业不仅要认真倾听员工心声，更重要的是要解决员工各种具体困难。对于员工的实际困难和合理的需求，要及时、积极地进行协调，帮助员工正确处理人际关系、收入分配、医疗、住房等实际问题。对干部员工在政治上关心，生活上帮助，精神上鼓励，积极为干部员工办实事、办好事，增强大家的归属感、认同感。

企业管理要用情感纽带把全体员工团结起来，倾听员工所言、关心员工所困、了解员工所思，解除他们的后顾之忧，让他们把更多的精力投入到工作中，把感恩之情化作回报企业的热情。

要关心员工及其家庭成员遇到的紧急医疗救治、婚丧嫁娶、助学帮困以及日常生活出现的紧急情况和突发事件等各种实际困难，要采取有效手段，及时提供各种帮助和服务。

制定完善配套的机制，使员工的合理诉求得到切实落实。这样才能真正替员工着想，从而化解矛盾、减少冲突、维护稳定。同时，还要结合本企业的文化和现状，以具体的事例和榜样来教育及引导员工，帮助员工改正自己的不良心态，达到内心的平衡。

6.建立预防网络

在较重的工作生活压力下，员工产生一些心理问题是必然的。此时，要做到及早发现、及早干预，建立健全员工心理健康预防网络，做到防患于未然，如下图所示。

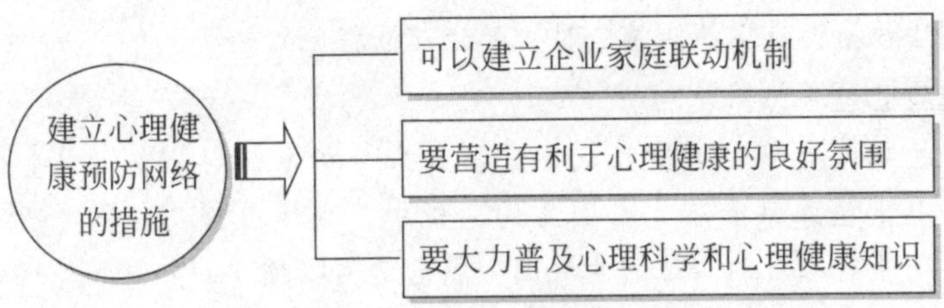

建立心理健康预防网络的措施

（1）可以建立企业家庭联动机制　在工作的班组设置心理健康员，组织参加外出培训和企业定期培训，不断提高其专业水平。心理健康员的职责就是检测所在班组员工的心理健康状况，发现问题主动沟通，自己解决不了的求助于企业员工心理健康工作部门，并跟踪反馈受干预者的心理疏导效果，直至问题的解决。

同时，加强与员工家属的沟通，对员工家属反映的员工心理、行为异常，要引起足够的重视。

（2）要营造有利于心理健康的良好氛围　积极健康、融洽和谐的内外环境，对提高员工控制和调节不良心理的能力，巩固心理教育成果，做好心理疏导工作，具有非常重要的作用。企业可以开展读书创作、知识竞赛、员工论坛、歌咏比赛、体育健身、摄影书法、美术绘画等各种活动，优美、舒心的生活和人际环境能有效疏导员工心理，使员工内心趋于健康。

（3）要大力普及心理科学和心理健康知识　普及心理科学知识，是做好心理教育、培养员工良好心理素质的基础性工作。企业还可以根据自身实际，组织专家编制针对本企业员工的心理测试题库，放在企业网站上，使员工可以随时对自己进行测试，以检测自己心理健康的程度，或者定期邀请专业人士对企业员工做心理健康知识的讲座，开展“一对一”帮扶，使员工及时接受专业的心理咨询师的帮助。

总之，只有员工心理健康了，企业和谐稳定发展才有保障。企业管理者一定要加强对员工心理健康的管理，帮助员工筑牢心理防线，培养健康情绪。这样，企业发展才会有源源不断的力量，才能在改革发展和市场经济的大潮中屹立不倒，稳步向前。

场景沙盘

1. 如何管理大牌员工?

最近一段时间，营销部的高级经理鲁 × 脾气又大起来了，与同事们的关系处理不好，经常发生争执，还喜欢对其他同事指手画脚，好为人师。营销总监孙 × 从中调和，还被鲁 × 顶撞了几次。最近一次，鲁 × 刚刚跟大客户签订一个大订单，心里得意满满，前一天刚受到公司的表扬，第二天上午就整整迟到了两个小时才来上班。渐渐地营销部的同事们都不太喜欢鲁 ×，甚至有人传言，希望公司把他开除。如果你是营销总监孙 ×，你该如何管理这位“耍大牌”的鲁 ×？（多选）

【选项】

A. 狠狠地批评他，告诉他好自为之，下不为例

B. 在办公室与他好好地谈一次心，给他适当鼓励，并希望他注意团队合作

C. 到鲁 × 家里拜访，与他的家人聊聊天，希望一起帮助鲁 ×

D. 在今后一些公开场合，有意对他进行打压

【最佳选择】

B、C、D

【解读】

对待能力强、缺点也明显的老员工，既需要打压，也需要安抚。

（1）可以当面跟他说："你是我们这个团队里面能力最强、最可靠的人，我不会看走眼的。你在我们团队里业绩最好，但如果当着其他同事的面表扬你，其他同事可能就会打压你，在我耳边说关于你的坏话，时间一长，作为领导的我可能也没法分辨是真是假。如果我在同事们面前打压你，他们心里就会更加平衡一些。所以你看，我是公开地表扬你，还是打压你比较好？"这位"耍大牌"的下属就会说："那还是打压我比较好，我比较安全。"这时管理者说："我会尽量做到在私底下捧你，在公开场合适当打压你。"经过这么一说，"耍大牌"的员工就会知道自己行为表现应该有底线，不要引起同事们和领导产生其他看法，因而就会低调很多。这也是一种激将法。

（2）第二种合力打压或提出警告的方式是，挑一些他容易犯，但不太重要的小毛病，如偶尔的上班迟到早退，办公室物品凌乱，要求他做出改善，鼓励他考虑更长远的发展问题。比如告诉他："你将来可能是公司的领导级人物，所以我希望你能够和别人一样遵守公司的规章制度，最好还要带头遵守。这样今后我更有理由提拔你！"这种以升职机会为刺激手段的方式，会比较好地让"大牌员工"有所收敛，赋予他责任感，使他主动约束自己的行为。

（3）最后还要判断一种情况，就是"大牌员工"所带来的麻烦，已经超出他为团队做出的贡献，造成团队士气低落，就要从整体效能角度考虑，是否将他"剥离出"公司，或调整其岗位，用外放或明升暗降的方式，给他一定的警告。

2.如何管理高调张扬的"刺头"员工？

生产部有一个在公司工作了8年的老员工雷×，在生产部他的技术公认可以在同岗位排前三，但就是有不遵守公司纪律的毛病，平时还喜欢喝酒，有时候影响了按时上班，因此是生产部一个令人又爱又恨的"刺头"员工。雷×性格比较爽直，对生产工作有什么意见，经常不顾颜面地提出来，因此也得罪了不少同事。也正因为这些原因，他在公司工作了8年还没有得到提升。

昨天，雷×又因为喝酒而误工了。如果你是生产总监林×，你会怎样处置他？（单选）

【选项】

A.耐心沟通和劝导，希望他改正错误，遵守公司规定

B.对他进行严厉批评，告诉他公司纪律的底线，再违反就开除

C.试探提拔他做班组长，通过新岗位上的责权利来约束他

D.将他调整到不重要的岗位上，经过一段时间磨炼，再考虑是否将他调回

【最佳选择】

C

【解读】

对于这种在团队里敢于直接对抗上级、有意无意违反公司规定的员工，属于

高调张扬的“刺头”。但一般敢于直接对抗上级的人，往往也具有很明显的优点，比如这类人一般技术能力比较强，因而公司也无法将他开除。很明显这是一类属于有能力但态度有问题的员工，也就是他们的动机和意愿不强。这时，作为管理者要分析他们动机和意愿不强的背后原因。

对于这类员工，惩罚和警告往往不能产生作用，因为他敢于直接对抗上级，心理能量就不弱。越是惩罚他，他就越有反抗的动力。而如果想耐心沟通和劝导，往往也不具有作用，因为这种方式以前肯定用过，现在已经变得无效，要是愿意听劝告，就不会到现在的地步。因此，对这类员工要换一个角度分析。

往往高调张扬的“刺头”做出一些有意对抗的事情，是为了吸引大家的关注。但由于缺乏表达的方式，因而就采取像顽皮的小孩那样恶作剧的方式，用负面的行为来吸引大家的关注。那我们就要分析，他希望受到哪些方面的关注呢?

其实只要对他们进行换位思考，就可以发现，他们高调张扬的作风，目的是为了得到关注，获得表扬，或者希望得到晋升。但由于不善于表达和沟通，就往往采用负面的行为。所以解决这类员工问题的方法很简单，就是给他一个高一层级的平台，比如让他做一名基层管理人员，带一个小团队。得到晋升后，他心里的动机和意愿得到了满足，又由于它们本质上仍属于有价值追求的员工，所以很快就会以身作则，带头完成工作，遵守公司的规定，进而由坏变好，成为一名愿意合作的员工。

第七章
进行有效的团队沟通

场景导入

何老师："通过前面的学习，相信大家对团队管理都有了各自的看法吧。"

沈经理："当今社会，全方位提升个人素质是提升领导力的必然途径。领导力的不断提升必须紧跟时代社会的发展趋势。作为领导者，肩负公司的责任，一定要有明确的团队目标，知道你需要什么样的团队成员，有很好的资源整合的能力，还要有带领团队成员达到目标的信心和决心。"

方经理："不错，在社会分工越来越细的今天，企业之间的竞争，已经不是个人赛，而是团体赛。"

何老师："是的，所谓'独木不成林''二人同心，齐利断金''三个臭皮匠，顶个诸葛亮'，再伟大的人，其个人能力也是有限的，这时需要我们从真正意识上，发自内心地明白团队合作的重要性。而沟通是团队精神的直接表现形式，是企业发挥团队合力的基本方法和技巧。只有充分发挥各种沟通方式的独特功能，才能在团队内部做到上情下达，下情上报，增强团队成员之间的理解与信任，最终把工作做好。"

杨经理："我们都知道，团队是由个人构成的，因此就免不了成员之间彼此沟通的问题。沟通是人类行为的基础，但是该如何通过沟通来正确地表达意愿、达到目标呢？"

何老师："那我送给大家一个字，'心'。只有用心才能达到最好的沟通效果！沟通的成功与否不在于说了什么，而在于方式方法。个人认为在和团队沟通时，大家是平等的，任何人都是团队的一份子，所以要先了解每个人的想法和个性，先和每个人交流好，这样才能和团队交流好。团队成员需要的是改善与其他人的沟通技巧，掌握良好的沟通机会。否则，沟通不当或缺少沟通，将会导致双方的误传或误解，甚至导致团队工作的失败。"

第一节　沟通的正确打开方式

沟通是人类生命和生活当中的重要组成部分，它帮助我们获取外部信息，刺激身体器官保持兴奋状态，也让我们获得情感表达和情绪排解的机会。每一天，我们每个人都无法离开沟通。

一、什么是沟通

从本质上讲，沟通是人与人之间的信息交流过程。交往是与沟通相近的一个概念，但它更加广义，往往指人与人之间的信息交流和物质交换，还包括在这个过程中所建立起来的相对稳定的人际关系。而沟通是人与人之间交往的最主要形式。社会心理学的研究表明，人在醒着的时候，大约有70%的时间都在进行着各种形式的沟通。

我们一般所指的沟通是狭义上的沟通，是指人与人之间的交谈与对话过程。广义上的沟通，则包括读书、上课、看电视、上网、玩手机等各类信息沟通方式。在现代生活中，人们总在使用各种丰富和便利的沟通工具，却往往忽视了人们之间的沟通状况，尤其是沟通的质量。

二、不良沟通导致的问题

在日常工作中，我们经常需要与上级、同级、下级和客户进行不同层次、不同方面的沟通。沟通效果的好坏只要深入一想便能自知。良好的沟通，能够有效地传达信息，获得对方热情的回应，营造良好的沟通氛围，实现有效的沟通默契。而不良的沟通，让我们感到压抑、紧张或尴尬，让人避而远之，自然也无法达到我们期待的效果。

那么不良沟通方式存在的问题可能出现在哪些方面呢？具体如下图所示。

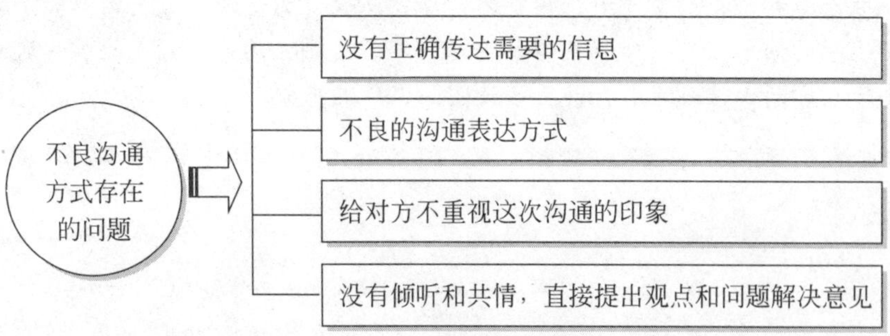

不良沟通方式存在的问题

1.没有正确传达需要的信息

在沟通时表达内容不够清晰，也缺乏逻辑性，不能够站在对方的角度感受对方的理解力，无法获得对方的全部注意和理解。

比如，与一般的生产工人进行沟通时，使用晦涩的理论术语，而不是用通俗的口语，就无法获得工人们的充分理解和共鸣。或者当我们需要表达“我需要得到帮助”的意思时，却说成“这个问题怎么办呀？”就无法立即得到同事们的帮助，而自己也会陷入无人帮助的挫败感中。

2.不良的沟通表达方式

带着情绪、敌意或怀疑的口气与他人进行沟通，只会招来对方同样情绪化的回答，无疑会立即将沟通推上“死路”。在焦虑或烦躁的情绪状态下，人们往往会使用反问句：“这个问题你都不会呀？”“上次开会，难道你没有听到吗？”这样带着情绪的对话从一开始，开放沟通的氛围就被破坏了！

3.给对方不重视这次沟通的印象

拜访客户时着装不整洁；说话时眼神不与对方交流、小动作太多；说话内容不合适，不注意沟通的角色；在约定见面的时间迟到等，都会给对方留下不良的印象，让沟通在一个错误的起点开始，自然也就无法得到我们期待的结果。

4.没有倾听和共情，直接提出观点和问题解决意见

心不在焉地听对方讲话，或者直接打断对方——“这个我知道！”“事情的过程你就简单说一说。”这样的沟通反馈，让对方在直觉上就怀疑，你根本就没有兴趣听他说话，所以也无法将他的想法听进去。对方虽然在当时不会有明显的反应，但在他的潜意识深处，已经不想继续与你深入沟通下去。这样的沟通自然无法解决问题，也没有什么成效。

从信息传递的角度来看，沟通是信息传达与接受的过程，发送者将需要发出的信息进行编码，通过一定的信息通道，将信息传递给接收者。接收者再通过一定的解码方式，力求完全理解发送者的信息内容。在信息的人际传递过程中，能够将信息、思想和情感有效传播，达到改变其他人心理状态和行为表现的目的，这也是我们期待的沟通效果。

三、沟通的要素

从沟通的心理学和社会学意义来看，沟通是人与人之间进行信息、思想和情感的传递与反馈过程，目的往往是促成思想一致和保证情感交流。所以，沟通一般包含下图所示的四大要素。

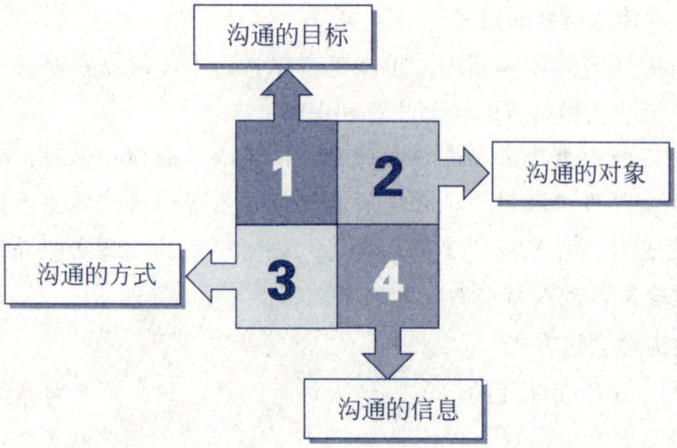

沟通的四要素

从人际关系学的角度来看，沟通具有信息传递、情感交流和管理控制的功能。沟通不仅是信息交流的方式，而且也是领导和管理的方式。沟通搭建起团队成员之间的一座桥梁，联系着大家的利益和思想，让大家能够为一个共同的目标而通力合作。沟通还是团队中的黏合剂，可以让团队成员团结在一个沟通能力非常强的领导人周围，形成强大的团队凝聚力。

我们在胜任力模型咨询项目研究和大量的行为事件访谈中，发现了一个有规律的现象：管理层级越高、发展状况越好、在企业内影响力越大的人，不仅沟通表达能力优秀，而且善于倾听和共情，并且具有一种让对方在交谈时感到愉悦的能力。同时，他们还往往善于自我表达、自我宣传和为自己做广告。他们非常善于抓住每一个机会与交谈对象进行交流，传达他们的思想和指令，宣扬他们的能力和贡献，直到将自己的影响力充分地散播出去。

博士观点

一个有着良好沟通能力的人，容易成为一个受大家关注的人和有影响力的人，因而也就容易成为一个实际的领导者。可见，沟通是每个团队领导者都必须掌握的生存技能和发展技能。

就沟通的信息传达内容和影响效果来看，信息内容只占沟通效果的7%，影响非常小；而沟通时的语气和语调能够影响沟通效果的38%；沟通时的身体语言却能够决定沟通效果的55%——起到最为重要的作用。我们在以前的沟通学习中，只注重学习沟通的内容和良好的口才，却忽视了最为重要的沟通方式问题。要深刻理解和运用有效的沟通方式，非常有必要引入心理学中直达人心的沟通理论和方法，包括倾听、共情，以及焦点解决式沟通、催眠式沟通等。

相关链接

人际沟通应变能力测评

测评说明：

我们与每个不同的人之间存在着性质不同的关系，善于处理人际关系的人，处理事物的应变能力也强。下面一组题需在5分钟内完成，然后将选择的答案分数相加，以测出应变能力的程度。

测评题：

1. 办公空间有限，你不得不将一个精力充沛的供销专家安排在打字员办公桌旁。这位专家是公司的元老，工作一向出色，年薪也相当高，但他常迟到，不到休息时间便去喝茶或小憩，桌上总是乱糟糟的，而这会给那位优秀的打字员造成不良影响，至于那些刚从商业学校毕业、工资较低的业务员更容易受到影响，你将怎么做？

A. 解雇专家

B. 如果打字员、业务员不守规章，就解雇他们。因为商业学校的毕业生比熟练的供销专家容易找多了

C. 无选择（即不想选任何答案）

2. 你与一个下属离开一家餐馆，发现餐馆少找了你们三元钱。你收入颇丰，时间又宝贵，这时你怎么办？

A. 这不只是钱的问题，这关系到原则问题。应该回去提出意见，收回差额

B. 忘掉这事

C. 叫下属去提意见

D. 无选择

3. 你是一个从普通职员提升上来的经理，你的工作很繁忙。同时你的部门有一系列复杂的日常事务，你知道自己比手下任何人都更胜任这些事务。那么，你选择下列哪种做法？

A. 对每件具体工作事必躬亲

B. 把这些事分别派给几个下属去做

C. 无选择

4. 你知道这位可能成为你客户的人是个蝴蝶标本收集者，你带着业务目的拜访他。你拿出一个标本说：“听说您是蝴蝶标本专家，这是我孩子捕捉到的一只蝴蝶，我把它带来是想请教您它是什么蝴蝶。”你预计可能发生哪种情形？

A. 他会觉得你有些冒昧，不合时宜

B.他会对你产生好感

C.无选择

5.你希望一位执拗的同事按你的建议去做，应该怎么办？

A.尽量使他相信这个建议至少有一部分是出自他的头脑

B.只考虑这个建议会给你带来荣誉

C.无选择

6.假设自己是一家商店的经理，一位顾客闯入你的办公室怒气冲冲地发泄不满，你意识到完全是她的错，应如何走第一步棋？

A.努力迁就她的错误看法，对她表示同情

B.心平气和地向她指出其不满是误会造成的，不是商店的责任

C.告诉她去找顾客意见部或专司此职的管理人员，如果要求是正当的，问题会得到解决，找你是没用的

D.无选择

7.有位女士来你店里买鞋，由于她右脚略大于左脚，总也找不到她能穿的鞋。你觉得应当解释一下，你将如何措辞？

A.女士，您的右脚比左脚大

B.女士，您的左脚比右脚小

C.无选择

8.你是老板，一名雇员向你献上有关提高效率的计策。他的建议是你过去自己想过并打算实施的。那么，下面哪种处理方法较好？

A.告诉他你真实的想法，但也对他给予充分的肯定

B.闭口不提你以前的想法，只赞扬他的合作精神

C.无选择

9.下面哪种说法比较好？

A.我恰巧到附近有事儿，因此顺便来和你谈点事儿

B.我专程前来找你谈这件事

C.无选择

10.你和一位才学高深、掌握数国语言的博士交谈，你会：

A.很随意

B.毕恭毕敬

C.无选择

测评计分：

1.B；2.B；3.B；4.B；5.A；6.C；7.B；8.A；9.A；10.A。

与答案选择一样的记3分；“无选择”记1分，其他或不选为0分。

测评分析：

25 ~ 30分：人际关系应变能力很强。不是靠盲目的鼓励或不容分说的手段来解决问题，而是善于以情动人、以理服人，用高超的技巧来使目的得以实现。有资格成为一个大团体的领导者、管理者。

15 ~ 24分：应变能力一般。在正常情形下，能够以合理、适度的方式使他人接受意见，按意图去做。但如果时间紧或情况特殊，往往会做出不当的决定。这说明可能不胜任大范围内关系的管理与协调。

0 ~ 14分：人际关系应变能力很拙劣。不懂得在处理人际关系时因势利导的原则，对人的观察研究也不够，尤其忘记了自己的工作是处理这些关系的，而把自己过分地投入进去，这就很难得心应手地运用技巧来协调好各方面的关系。

第二节　倾听式沟通

在沟通时，除了要正确表达我们的意见、想法和诉求外，最重要的沟通心态就是要能够站在对方的角度做换位思考，拉近沟通双方思想的距离，通过智慧的引导或妥协达到沟通的目标。这种换位思考的沟通方式，就是倾听和共情的重要表现形式，也是能够让一次沟通变得完整、有效的重要方法。

一、什么是倾听

倾听不是沟通以外的一种技能，而是属于有效沟通的重要组成部分。倾听能够更加顺畅地达成思想一致、建立感情和培养信任。狭义的倾听是指听到对方沟通的内容，进而能够理解对方的想法。广义的倾听则能够以更加开放的心态听到对方的诉求和心声。所以倾听不是简单地用耳朵去听别人说什么，而是一种听到他人心灵和心声的沟通艺术。

一般形式的听，听到的是表面化的声音和信息，无法听到对方思想的真正精髓，以及对方在沟通背后隐含着的情绪、信念和价值观。所以在沟通过程中，对我们真正有价值的是倾听。倾听需要用耐心、热情和智慧去听到更加丰富的信息及诉求，帮助沟通双方增进彼此了解和认识，让沟通双方感受沟通的默契，体会沟通的乐趣，也让心灵与思想获得升华。所以，倾听需要全身心地感受和理解对方谈话内容中的表层信息和深层信息，理解对方的真正诉求，甚至能够对对方潜意识深处的价值判断进行了解。这就是倾听和听的显著区别，两者在内容和程度上存在天壤之别。

相关链接

倾听的层次

我在——看着他

我在听——持续的简短回应

我在用心听——重复对方的所说所想

听到的不仅是话——还有对方的感受和心灵

我想要表达的意思——倾听后为对方设身处地提出的观点

二、倾听的原则

在沟通和倾听之初，要有强烈的愿望，愿意听对方讲什么，并不断暗示自己要表示尊重地倾听。在沟通的具体环节，我们要注意下图所示的倾听心理学原则。

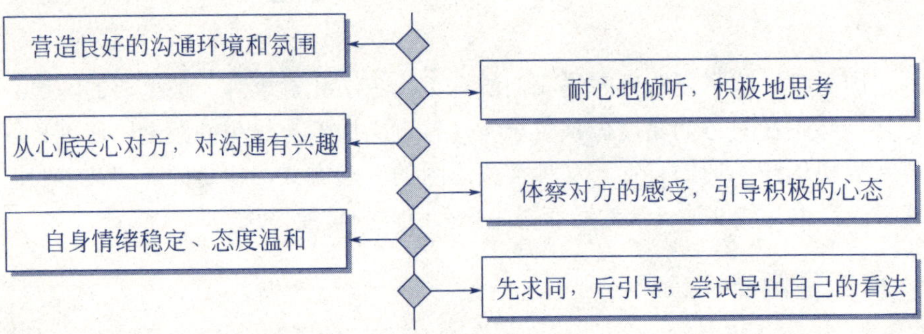

倾听的原则

1.营造良好的沟通环境和氛围

尽量选择一个安静、不受干扰的地方交谈，比如会客室或小型会议厅，以减少周围声音和人群的干扰。在交谈开始时，先寒暄几句，最好能为对方准备茶水或饮料。通过环境和氛围的营造，创建一个良好的沟通场景。

2.耐心地倾听，积极地思考

在沟通时首先让对方表达信息，自己安静、耐心地倾听。在倾听时要注意反馈，保持目光接触，表明自己在专心倾听，并确认自己是否真的听懂了对方的意思。你可以这样说："听到你刚才讲到的内容，不知道我的理解对不对？是不是这样……"在沟通时还要抓住对方的主要意思，不要受到旁枝末节信息的影响，分清沟通内容的主次，抓住事实背后的主要想法，避免产生误解。一旦你得到了对方积极的认可，就可以逐步提出实质的建议。

3. 从心底关心对方，对沟通有兴趣

不断鼓励对方谈出自己的想法，帮助他寻求解决问题的途径，也希望通过这次沟通在对方身上了解到新的信息和观点，也帮助自己站在全局的角度来理解不同人的立场和意见。

4. 体察对方的感受，引导积极的心态

大多数人在主动要求沟通时，在潜意识中真正在乎的不是讲明白一件事情或道理，而是渴望有倾诉和被倾听的机会。所以团队领导者在沟通时，要注意观察和理解对方沟通时的感受，这比了解他的想法更能理解和引导他的行为，获得更好的沟通效果。这种对对方感觉的体察，最好用话语明确表达出来，例如说“我能够体会和了解你的感受”“我希望能够与你一起解决这个问题”（其实对方在潜意识中关注的不是你是否真的可以帮他解决这个问题，而是有人愿意站出来表示帮助，这对他就很受用了）。

5. 自身情绪稳定、态度温和

如果对话的双方一开始情绪就比较激动，必然导致无法讲清楚事情，而且会产生新的误解和摩擦。在这个时候，相互提醒保持情绪稳定是非常必要的，所以应首先展示出自己平稳的情绪，以及温和、善意的微笑。如果情绪还无法平复，应由一方提出建议下次再找机会沟通。等冷静下来时，再独自把事情的来龙去脉整理一遍，找到沟通的起点和可能的解决方法，在下一次沟通时就容易看到解决问题的希望。

6. 先求同，后引导，尝试导出自己的看法

无论对方谈话的内容在你看来是多么幼稚可笑或无理取闹，你都应该看到，对方找机会与你沟通，就是表达对你的信任，你要珍惜和尊重你与他之间得来不易的信任。所以在沟通时，不要居高临下地随意点评他的想法，即使你不赞同，也要给予他一定的理解和安慰，支持在困境中的员工对你来说是一份责任和义务。而对方找你来沟通，多多少少是希望在你这里得到一点儿建议。经过之前良好沟通氛围的营造，你可以开始尝试从多个角度提出自己的看法，并且强调这是在帮他出谋划策而不是做决定，而且要提醒决定一件事一定需要当事人自己做出。即使他当时没有明确采纳你的建议，你也要对他给予鼓励和信任。

博士观点

在以上倾听的心理学原则中，最为关键的是建立和拥有良好的沟通心态。只有当我们的潜意识是乐于倾听的，我们就真正能够敞开心扉，接纳大量的信息和观点，并且可以听到说话者语言背后的真正声音。

三、倾听的重要性

有相当一部分管理者自欺欺人地认为，员工们就要绝对听取他们的意见。一些经理人经常会说这样的话："我说了这么多了，你们觉得我的观点怎么样？"这个时候，可能没有几个人愿意回应你的问话。如果我们总是张着嘴说话，我们学到的东西肯定非常有限，了解到的真相也会少得可怜。

一位管理者要成功，很有必要先听听自己的职员都在说什么，多听听他们的意见和建议，对你的管理工作相当有必要。

为了提高工作效率，有些话是永远不能说的，比如"一直以来，我们都是这么做的。"这句看似简单、常用的话，其实没有任何积极效果，而且还会与提高效率背道而驰。不要再跟你的下属说这句话了，如果你想提高效率和绩效的话。

从现在起，当你的下属带着问题来问你应该怎么做时，建议你看着他们的眼睛，回答他们一句神奇的话："能告诉我，你是怎么想的吗？"先这么说一句，然后再倾听。通常，你会看到以下三种情形发生。

（1）他们想好的正是你想要对他们说的。既然他们就是这样想的，他们就会以最有力的方式支持你和他们都共同拥有的想法。于是，效率就会提升。

（2）他们给你的是一个你从未想过的想法。即使你是领导，也不能保证你的想法最正确，能在市场上赚钱最多。要想赚得更多，就继续倾听吧。

（3）他们的想法根本不可行，其原因他们可能不知道。这时，你的工作就是解释为什么他们的想法行不通。

案例赏析

重视倾听的CEO

小马里奥特是万豪国际酒店集团的董事长和CEO，是创始人老马里奥特的儿子。和父亲一样，他喜欢走动式管理，以四处巡视旗下酒店为乐事。

他有一次巡视一家酒店，注意到顾客对餐厅女招待的服务评分不高。他问经理问题出在哪里，经理说不知道。但是，小马里奥特注意到了经理不安的身体语言，接着问女招待的待遇是多少。得到回答之后，他接着问为什么待遇比市场标准低。经理说：加薪要总公司决定，而他不想提出来。

对话不过30秒，但是小马里奥特发现了三个严重的问题：第一，总公司管得太多；第二，高层重视利润胜过顾客满意度；第三，经理不敢提加薪要求，说明他的上级是糟糕的倾听者。当然，小马里奥特解决了所有三个问题。

小马里奥特说："我所做的，只是改变这位经理什么都不说的习惯，并且告诉他，有人愿意倾听他的问题——这是他的上级主管显然不愿意做的事。"

点评：

小马里奥特很重视倾听，也善于倾听。作为倾听式CEO，他至少有九点经验值得其他管理者学习。

1. 倾听基层员工

直接联络各个部门、各个层级，直接倾听员工的声音，而不是依靠资深员工的汇报和听报告。

2. 倾听对方的身体语言

要从身体语言中发现对方想要隐藏的信息。

3. 善用自己的身体语言

表示自己对正在谈论的主体很有兴趣，不要目光游离，或者不耐烦地敲着铅笔。

4. 保持适当的沉默

保持适当的沉默，还意味着不要太早表示自己已经做了决定，让员工可以无拘无束地讨论。

5. 不要以迷人的表达方式，来判断信息是否准确

一个人能言善辩、善于表达，并不表示他的想法都正确；相反，有些人内向害羞、不善言谈，他的话可能值得一听。

6. 不要选择性倾听

只把注意力放在正面的消息上，对于负面消息则装聋作哑，这样会付出惨痛代价。选择性倾听，几乎和完全不倾听一样糟糕。

7. 要主动倾听，也就是说，要提问

同上级有不愿意听坏消息的天性一样，下级有报喜不报忧和多一事不如少一事的天性。因此，经理人要学会提问。

8. 化倾听为行动

听到问题之后，要解决问题，不管是顾客的问题，还是员工的问题，这才是倾听的本意。

9. 要知道什么时候该停止倾听

到了某个时候，必须停止辩论和收集事实，要根据已经拥有的信息来做出决定。

小马里奥特认为：知道什么时候停止倾听，是测试公司整体倾听技巧的关键时刻。显然，小马里奥特不仅自己倾听，还在打造公司整体的倾听能力。

四、倾听的技巧

只要能认真听取下属的意见，你才能很快建立一支高效能的队伍，并且，这样的高效还会很持久。然而，在倾听的过程中，也要掌握一定的技巧，如下图所示。

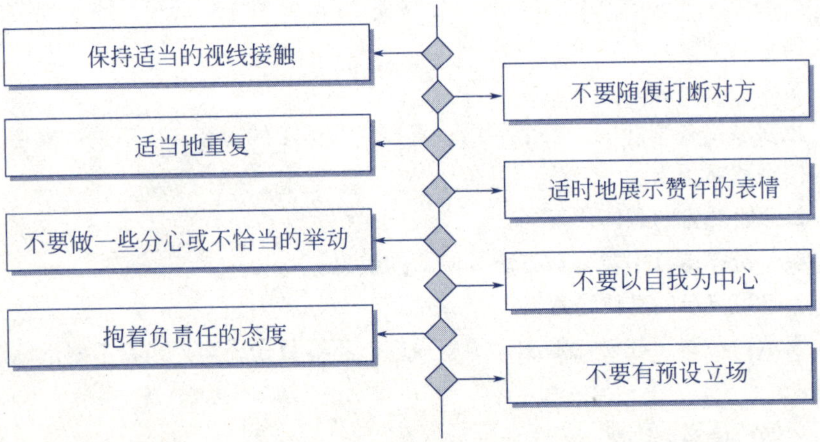

倾听的技巧

1.保持适当的视线接触

在倾听时要保持适当的视线接触，目光对视是对别人的基本尊重。有的人说话的时候，喜欢看着没人的地方，虽然他的本意不是轻视对方，但给别人的感觉就是不舒服。别人说话时，你不仅要用耳朵去倾听，更要用目光去关注，才能鼓励别人敞开心扉，才能说出能够打动对方的话语。

2.不要随便打断对方

在倾听的过程中，注意不要随便打断对方，你应该让对方将自己想表达的意思说完整以后，再表达自己的想法。如果别人说一句话，甚至一句话未说完，你就开始讲述自己的观点，总是这样的话，这就已经不是倾听，而是讨论甚至是争论了。

案例赏析

想当驾驶员的小朋友

美国知名主持人林克莱特有一天访问一名小朋友，问他说：“你长大后想要当什么呀？”小朋友天真地回答：“嗯，我要当飞机驾驶员！”林克莱特接着问：“如果有一天，你的飞机飞到太平洋上空，所有引擎都熄火了，你会怎么办？”小朋友想了想：“我会先告诉坐在飞机上的人绑好安全带，然后我挂上我的降落伞先跳出去。”

旁边的人听了都哄然大笑，小朋友见此情景甚是委屈，眼眶里满是泪水。

于是林克莱特又问他：“为什么要这么做？”小朋友真挚地说：“我要去拿燃料，我还要回来！我还要回来！”

【点评】

这一答案也许出乎许多人的意料，很多人也许会为刚才的失礼而感到羞愧。在交流时不注意倾听，结果会产生误会甚至曲解。所以，在办公室里，听同事说话时应该做到：听话不要只听一半。还有，不要把自己的意思，投射到别人所说的话里面。

3.适当地重复

听别人说话时，听完之后最好是将对方所说的话进行简单的概括，并且复述给对方听，以显示出你在用心听别人说话，而且还在和他一起思考，这样做会让他感觉找到了知音，找到了一种共鸣。注意，只是概括对方说话的内容并且简要复述，这是一种确认，并非是否定对方的思想，你应该尽量避免出现太多的否定词，不管别人的观点是否通情达理。

4.适时地展示赞许的表情

职场交流沟通时不仅仅需要听对方谈话，有时还要根据对方讲话的内容适时表现自己的赞许或者意见。但是在对方讲话时又不适合打断对方，这时面部表情很重要。在倾听对方谈话时适当展示赞许的表情不仅能表现自己的观点，还能鼓励对方说下去，这样更有利于职场沟通的进行。

5.不要做一些分心或不恰当的举动

在职场与人沟通时要全身心地投入，特别是一些重大的谈判时，更需要打起十二分的精神。所以，在倾听时不要做一些分心或者不恰当的举动。交流时分心或者不恰当的举动不仅会影响对方的说话，还会直接影响自己的职业形象和职业素养。

6.不要以自我为中心

在良好的沟通要素中，话语占7%，音调占38%，而55%则完全是非言语的信号。通常，人们在沟通时，会在不知不觉中被自己的想法“缠住”，而漏失别人透露的语言和非语言。所以，沟通时千万不要以自我为中心，让自己成为沟通时有效倾听的最大障碍。

7.抱着负责任的态度

负责任的态度能增加你与他人对话成功的机会。参加任何会议前，都要妥善准备，准时出席，不要随意退席或离席，而且要集中注意力。你是否有过和别人说话，而对方却心不在焉的经验？不要坐立不安、抖动或看表。如果你能决定会议的场地，选一个不会被干扰、噪声少的地方。如果在你的办公室，离开有权威障碍、妨碍沟通的办公桌，站或坐在你谈话对象的身旁。如此，会让对方觉得你真的有诚意听他们说话。

8.不要有预设立场

如果你一开始就认定对方很无趣，你就会不断从对话中设法验证你的观点，结果你所听到的，都会是无趣的。

沟通，就是沟通人与人的心理；倾听，就是了解下属心理的过程，是为了更好地沟通。管理者做好沟通工作，就要善于倾听，不善于倾听的管理者，就不能了解下属的心声。通过倾听，一是能认真倾听下属的心声，满足下属被尊重的心理；二是通过倾听弄明白下属的意思，让管理者掌握工作的进展情况与下属的心理状态。先倾听再沟通，你会抓住下属的要害；不倾听就直接沟通，就会有障碍。

第三节　共情式沟通

共情是由人本主义心理学派创始人罗杰斯提出的概念，与我们日常所讲的“同理心”一词比较接近。

一、什么是共情

共情是一种能够通情达理、设身处地为他人着想的能力，它可以帮助我们了解对方的内心体验，友好地交流双方的内心世界，并对对方的情绪情感做出适当的反馈。

通过共情的沟通方法和思考方式，我们能够比较深入地进入他人的内心世界，了解对方的情绪和感受。这是在心理咨询中，建立良好咨询关系的必要条件之一。与他人沟通时，通过感受对方的内心世界和处境，将心比心地给对方相似的感受，就容易得到对方的接纳，让后续的沟通交流在一种温和与信任的氛围中得到延续。

在日常生活中，我们最容易看到的一种共情是父母对孩子情绪的感同身受。很多父母都会很自然地体验到自己孩子的快乐和悲伤，并给予同样的情绪反应，这就是一种典型的共情。所以共情时就好像自己就是对方，能够用对方的眼睛看待他的世界和他自己，能够进入他的内心世界，从他的内心去感受他的想法和情感。在此基础上形成的这种积极感觉能力，将延续倾听的情感共振过程，为打动人心的心理沟通搭建起联系的桥梁。

二、共情的作用

从共情的对象角度来分析，良好的共情能够帮助沟通对象进入下图所示的心理状态。

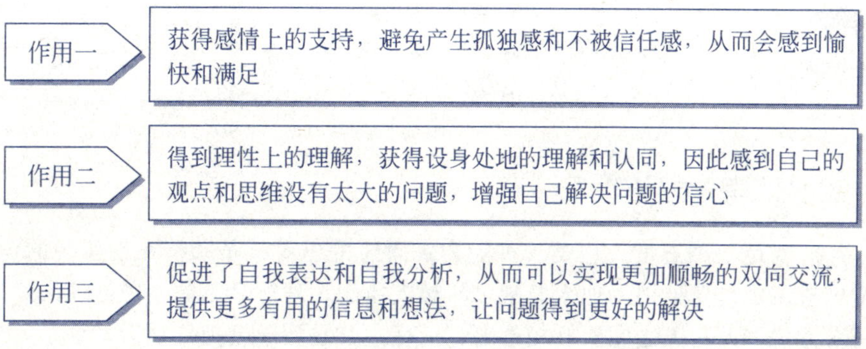

共情的作用

三、共情的使用

正确理解和使用共情的方法应该注意下图所示的几个方面。

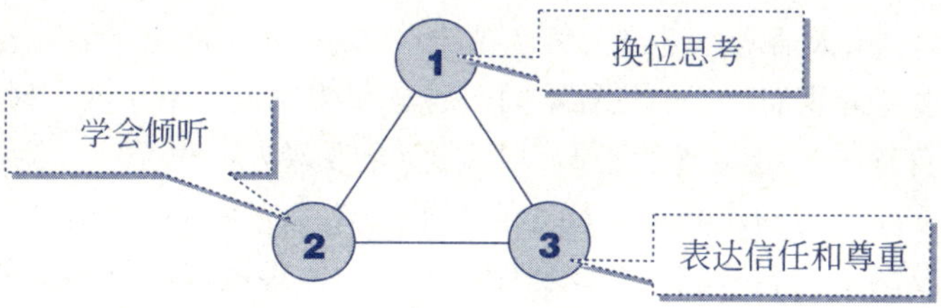

共情的运用

1.换位思考

站在对方的立场理解对方的想法和感受，最大限度地理解对方的内心世界，尽可能地实现感同身受。但共情应该适度，表达共情时要注意因人而异，善于把握对方的角色和自己的角色，能够考虑对方的专业背景和知识背景。在提出自己的看法时，不要求与对方有完全相似的感受，而是能够做到部分设身处地的理解就足够了。

2.学会倾听

使用前面介绍的倾听方法，全神贯注地听对方讲话，并给予积极的语言和动作回应，耐心且温和。

3.表达信任和尊重

在对对方表示充分理解的基础上，开始逐步接纳对方的观点和做出的决定，不做价值判断，尊重对方的选择。然后再以尊敬并且温和的态度说明自己与对方一致的立场，再逐渐转移到善意的建议和建设性的观点方面。

博士观点

认真的倾听，主动的共情，这些设身处地为人着想的沟通方式，有助于稳定双方的情绪，建立健康的人际关系，让沟通更加顺畅，更容易实现沟通的目标。

四、换位思考的好处

共情既是一种态度，也是一种能力。而换位思考就是共情在现实中的运用。换位思考，是设身处地为他人着想，即想人所想、理解至上的一种处理人际关系的思考方式。人与人之间要互相理解、信任，并且要学会换位思考，这是人与人之间交往的基础：互相宽容、理解，多站在别人的角度上思考问题。

一位妈妈带着女儿逛商场，奇怪的是女儿对琳琅满目的商品丝毫不感兴趣，总是急躁、哭泣，妈妈百思不得其解。在一次逛商场时，女儿的鞋带松了，妈妈弯腰为女儿系鞋带，无意中一扭头，发现从女儿的角度看去，看到的都是密密麻麻的人的大腿，根本看不见商品。于是，这位妈妈以后带女儿逛商场，总是尽量抱着她，果然，女儿再也不急躁、哭泣了。

这个故事告诉我们，人的位置不同，看法和想法也各不相同。同样，在企业，管理者和被管理者所处位置的不同，必然会导致双方在思想、行为上的不统一。好的管理者、好的措施，会激发员工的工作热情，促进企业健康发展；反之，会引起员工的反感，甚至抵触。企业犹如一艘大船，乘风破浪依赖于全体人员的力量，在全队发生矛盾，出现不和谐时，管理者们就要多换位思考。

换位思考要求管理者多深入实际、深入基层，体验普通员工的工作学习环境，站在他们的角度观察问题和解决矛盾，检验企业的发展战略和自己的领导方式。

在企业日常管理中，管理者和员工之间难免产生矛盾，如果双方都能设身处地地去替对方考虑，通过换位思考，就能够有效地消除反感和对立情绪，消除成见和隔阂，找到思想上的切入点。多采用换位思考的方法，管理者体贴员工的难处，处理问题会事半功倍；员工从管理者的角度出发，体谅管理者的用心，消除对立情绪，有利于问题的解决。

某汽车维修中心主管讲述了这样一件事：一次，他看见一名员工没有在现场服务，而是在室内休息，本打算上前询问缘由，可一想，与其劈头盖脸地说他一通，还不如自己以身作则，及时顶替这位员工为客户服务。当这名主管在忙活时，别的员工告诉他，那位员工已经感冒好几天了，可他一直坚持带病工作，刚才实在是挺不住了，才进屋去休息一会儿。主管了解这一情况后，庆幸自己刚才没有贸然前去训斥一番，而是及时将这位患病的员工替换下来，让其回家休息。

在企业管理中，换位思考就是指将管理者与被管理者的角色互换，在管理过程中，设身处地地为对方着想。通过换位思考的方式，使管理者和被管理者双方思想统一、利益统一、目的统一，从而达到管理和谐、关系融洽、步调一致、共同发展的目的。

由此可见，管理者善于换位思考有下图所示的三个好处。

好处一	及时了解员工的想法，吸取员工好的意见和建议
好处二	客观地看待问题和矛盾，找出症结，对症下药
好处三	促进上、下级之间的交流沟通，使团队和谐高效，增强凝聚力

管理者善于换位思考的好处

五、换位思考的技巧

恒信董事长李厚霖认为有效沟通有两个很好的原则。第一个是要让对方感受到你的真诚，无论对象是谁，都是这样。别去演“真诚”，谁都不傻，一旦你“演砸了”，会取得适得其反的结果。第二个是换位思考，将你自己完全变成对方。当你跟一个孩子沟通的时候，你得蹲下来，跟他们一起玩。孩子在玩泥巴，你什么都不用说，他玩你也玩，然后他就主动来找你说话了。沟通最大的原则，就是把自己变成对方，对方才会什么都跟你说。做企业也是如此，与消费者、与员工有效沟通的前提是，你要变成对方。

对上级而言，假设上级和下级的立场互换，上级如果能够站在下级的角度去思考某个问题，一方面可以更好地理解下级提出的问题和反映的情况；另一方面可以与下级形成心理共鸣。设身处地地为下级着想，能体现上级的关怀和胸襟，也能让沟通更顺畅地进行。

对下级而言，如果下级能够站在上级的角度考虑问题，可以从更加全面的角度观察和分析问题的原因，从公司整体利益出发，而不是从本部门、本岗位的利益角度设计解决方案。这样的思考方式与换位思考过程可以帮助上级和下级更好地达成一致，提升沟通的效果。

作为管理者，如何做到换位思考呢？如下图所示。

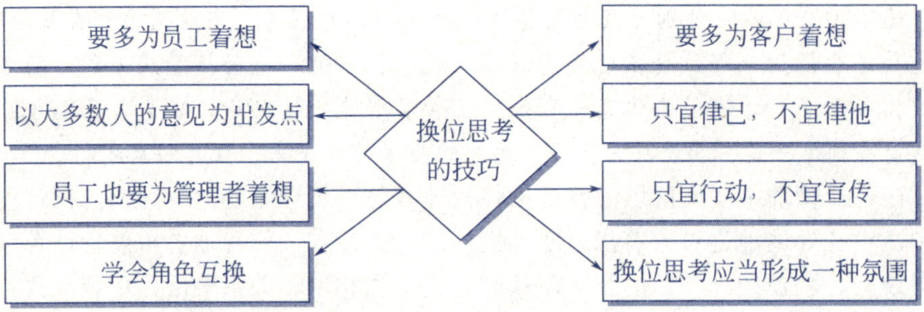

换位思考的技巧

1.要多为员工着想

管理者在制定规章制度时，要多为员工着想，以激励机制为主，以惩罚措施为辅。行之有效的管理规章制度是一个企业赖以实现长期健康发展的基石，但是，企业的规章制度却是制定得五花八门、各不相同。

实践证明，以激励、奖励机制为主的一套企业规章制度会给企业员工带来思想上和行动上追求的目标及上进的方向；而以惩罚、过分严格为主的企业规章制度通常会使企业员工产生逆反心理，会失去积极向上的动力和目的，员工们会以不触犯那些惩罚的制度为标尺来要求自己的言行，既不落后，也不上进。这样下去，员工的创造力和创新力得不到很好的发挥，企业就会陷入一个平庸、缺乏想象力和创造力的发展怪圈。

2.以大多数人的意见为出发点

管理者在决策时要综合考虑各方面的利益，以大多数人的意见、建议和利益为出发点。企业的大政方针是由掌握着决策权的少数管理者们所制定的，企业在进行某项决策时，在充分调查研究的基础上，还要综合考虑各个方面的意见、建议和切身利益，只有这样，企业的决策才能得到大多数人的支持，其决策执行力度就会相应变大。

相反，如果企业在决策时不考虑大多数人的意见、建议，或者触犯了大多数人的利益，那么决策在执行过程中就会首先受到大多数人的阻挠，或者大多数人在执行企业决策时会阳奉阴违，使企业决策流于形式、趋于流产，这样不利于企业的进一步发展。

3.员工也要为管理者着想

企业员工在接受管理时，也要设身处地地为管理者着想，为企业的整体利益着想。企业员工是组成企业的基石，是一个大众群体，同时也是企业管理的受众。

在企业的日常管理、生产、经营中，企业要采取行之有效的形式，更多地教育员工多为企业着想，多配合管理者的合理、正常管理，教育员工们认识到，企业是大家的企业，企业兴盛则员工富足，企业衰亡则员工下岗。管理者对他们的管理是为企业发展着想，员工们只有积极配合管理者做好企业管理，才能使企业朝着正确的轨道前进，企业也才能越来越好，员工们的收益才能越来越多。

4. 学会角色互换

尝试推动管理者和被管理者角色互换，以促进相互沟通、相互理解、相互体谅。

比如，在某些国有大中型企业的基层中，他们采取“今天我来当班长、队长甚至厂长”的换位管理做法，让每一名企业员工轮流坐庄进行企业管理，使他们体会到企业管理者们的辛苦和不容易。

这种做法不失为一种教育职工服从管理的好做法。这样做，能使企业员工设身处地地体会到企业管理者们的艰辛和管理工作的艰难，通过换位思考、换位管理后，企业员工们的集体意识、服从管理的意识和积极配合的行为会被很好地激发出来，员工们会自觉地团结起来，拧成一股绳，共同促进企业的良性发展和改革创新。

5. 要多为客户着想

要多为客户着想，多与他们进行角色互换，从而进一步提高企业的产品和服务质量。企业生产出的产品和提供的服务最终的受众是消费者，企业只有在日常的生产、服务中，更多地为消费者着想，多与消费者换位思考，才能发现其产品和服务的缺陷及不足，才能更好地改进其产品质量和服务水平。只有这样才能更好地赢得消费者的信赖和支持，企业的发展才能有无限可能。

6. 只宜律己，不宜律他

作为管理者，只能要求自己换位思考，为下属着想，为顾客着想，而不能要求下属为领导着想，顾客为商家着想；如果下属善于换位思考，或顾客善于换位思考，则是管理者或商家的荣幸，企业的管理才会顺利进行，商家的销售也容易赢得口碑。

7. 只宜行动，不宜宣传

换位思考在管理中强调重视人情，在默默中做到的效果，要强于先讲出来再付诸行动的效果。企业的经营理念分为对内和对外两部分：对外是指企业的外部形象、对顾客的满意程度等，对外宣传的这一部分应当以诚恳、谦逊的态度表达出来，是企业的追求目标；对内是指企业的内部素质、对员工的要求，换位思考主要指对内这一部分，应当严格、求实，与对外宣传的企业形象本质上一致，形式上却有不同。

比如，某家电商场将售后服务中服务人员的行为规范，以广告的形式打出去，使其家喻户晓，如“到顾客家里不抽烟、不喝水，进门要在鞋子上套塑料袋”等细节。如果在实际中做到，顾客会非常感动，认为服务人员素质高，近人情，管理规范。而事先通过广告大肆宣传之后，给顾客的感觉未免小题大做，甚至有的顾客会认为，这些本来就是应当做到的，没什么可炫耀的，而且一旦有一点未做到，则有失信的嫌疑。

8.换位思考应当形成一种氛围

众人换位思考而非局限于少数人，实质上是人本管理的表现，它更强调满足人的心理需求，通过潜移默化而非规章制度，来树立人人为我、我为人人的观念。因此，应当形成一种氛围，只有把换位思考作为企业文化的一个组成部分，融入每个员工的灵魂深处，落实到每个员工的日常行为中，才能从根本上增强员工的责任心，形成管理上的良性循环，促进企业的发展。

相关链接

沟通时为什么要先安抚情绪

在沟通时，为什么总要先安抚情绪呢？首先，人类大脑左右半球具有不同的功能分工。大脑半球在功能上的不对称是大脑结构和认知的生理特征，这造成了两个大脑半球具有不同的优势特征。在98%以上的习惯使用右手的成年人中，大脑左半球主要负责语言、阅读、写作、记忆、数学、逻辑、推理、分析等方面的功能；而右半球主要负责图画、空间、音乐、情感、想象等方面的功能。做一个概括性的解释就是，大脑左半球主要负责理性思维，而大脑右半球则负责感性思维。

虽然大脑左右半球具有差异化的分工，但它们之间相互影响的能力是不一样的。我们可以思考一个问题：在人们的情绪状态中，是容易贪婪还是恐惧？是容易快乐还是忧虑？我们可以看一下历年上海A股大盘指数的走势，可以发现一个现象：大盘在上涨阶段是比较缓慢的，但在下跌阶段往往比较剧烈。股指的走势就可以反映人们的这种心理特点：股指在上涨的阶段，股民们往往比较疑虑。虽然也比较贪婪（同时具有想在股市中挣到钱的理性思维），但这种情绪对很多人而言并不强烈。但在股指的下跌阶段，很多股民会感受到强烈的恐惧，因为此时如果不及时“杀跌”出货，就可能被严重套牢。损失的可能不仅是利润，而且可能是血本！所以在这种更加容易感受到的恐惧情绪影响下，很多股民做出剧烈的“杀跌”举动，从而造成股指快速下跌。从这个事例中可以看到，人类在情绪的感受中，是更加容易恐惧和忧虑的。这也说明，在某种情绪状态下，的感性思维更容易影响理性思维，大脑右半球的情绪和情感更加容易干扰大脑左半球的理性思维。

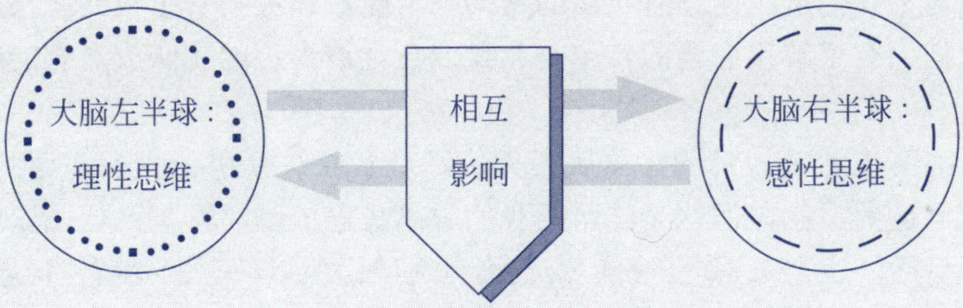

当人处于情绪状态中，理性思维会受阻而变得片面，
此时探讨问题只会激化情绪，难以找到解决方法。

感性思维对理性思维的影响

所以，人们的大脑往往更加容易受到情绪的支配，也更加容易产生偏见和焦虑。当一个人处在情绪状态时，其理性的思维方式往往会受到阻碍而变得片面，这时继续探讨对问题的解决方法也无益，因为只会容易激化情绪，无法进行理性思考，也难以找到解决问题的方法。在与人争吵时，我们往往进入剧烈的情绪状态中，容易陷入委屈、愤怒、受到欺负的情绪或幻想中，并由此产生强烈的自我保护意识和攻击性行为。在这个时候如果想要解决问题，显然是无法实现的。

因此，先化解和安抚情绪，再逐步解决问题，这是一个重要的心理沟通思路。

第四节　焦点解决式沟通

一、管理沟通的积极思维方式

我们大多数人在遇到问题时，一般是以下方式进行沟通的。

（1）这件事是什么时候发生的？

（2）你知道发生的原因吗？

（3）谁负责这件事情？他是怎么做这件事情的？

（4）这件事情到底是谁的责任？

（5）这件事情为什么会失败？

（6）这件事情失败的后果是什么？我们该怎么办？

这样的沟通方法虽然满足了我们的好奇心，知道了问题发生的来龙去脉和责任人，但对于我们解决问题有实质的帮助吗？能够让我们真正找到解决问题的方法吗？我们拥有了解决问题的希望吗？我们会觉得身边的团队成员有能解决问题的人吗？

不！答案当然是否定的。虽然人类的好奇心往往会引导我们在遇到问题时，首先探究问题的原因，但这无法帮助我们脱离目前的困境，甚至让团队的气氛和心情变得更糟，让大家觉得压抑、混乱而且无能。所以，在需要解决问题的时候，追究责任只会引起更多的问题，让大家的心情更加低落，也更加缺乏解决问题的能力。

在面对问题的时候，进行讨论才能立即开始制定解决方案。从积极心理学的视角来看待问题是这样理解的：问题既然已经发生，那么我们急需的是解决问题、脱离困境；我们应当将关注的焦点放在我们可能已经拥有的成功经验上，努力提升解决问题的积极能量，着眼于问题发生之后的未来，相信每个人都有力量、智慧和经验去解决问题，并努力做出每一小步的改变，让面对困境的心态变得更加积极。这将会引发更大的改变，帮助我们脱离困境，争取到下一次成功！

相关链接

积极心理学

积极心理学是人类文明发展史上的一个里程碑，它从积极的角度研究传统的心理问题，是心理学领域的一场革命。积极心理学关注人们积极的情绪体验、积极的人格特征和积极的社会环境。积极心理学采用科学的方法来研究和发现人们心中潜在的幸福感，倡导积极的心理取向，关注人类的健康幸福和积极心理品质，主动思考如何在现有的条件下更好地发展，如何让自己的潜能得到充分发挥。它专注于发掘人类自身的力量，探索人类的爱心、宽容、智慧、乐观等美德，在积极的心理范式中，将注意力转向建立积极的心理趋势和行动上。

二、焦点短程治疗技术

在积极心理学理念的基础上，心理咨询界逐渐提出和发展了焦点解决短程治疗技术。焦点解决短程治疗技术立足于当事人的现状，强调看待问题的积极面与可能性，努力创造一个积极的、充满希望的、导向未来的建构解决之道。

焦点解决短程治疗技术是以寻找解决之道为核心的短程心理咨询和治疗技术。焦点解决短程治疗技术初创于20世纪80年代初，是近30多年来得到良好发展的一种短期心理咨询技术。多年来，很多心理学专业人士已经验证，焦点解决短程治疗技术除了用在心理咨询领域以外，也非常适用于企业的教练工作、管理行为和组织沟通等活动，尤其与员工的心理健康、心理援助、敬业度和幸福感都有着丰富的联系。所以在团队管理中，焦点解决短程治疗技术不仅是一种沟通技术和解决组织冲突的方法，而且是一个能广泛应用的沟通哲学。

基于建构解决之道的焦点解决短程治疗技术，常常着眼于当事人已经拥有的解决问题的方法和资源，再通过心理咨询师去引导和发现这些资源，找到问题解决的积极视角和可利用资源。

由于受后现代哲学思想的影响，焦点解决短程咨询强调语言在建构解决中的重要作用。它首先考虑的远景目标是："想要什么结果，如何切入？"然后再考虑问题的解决策略："如何达到这些目标？"最后再寻求逐渐改善，不要变得更糟。通过一步一步地引导，改变询问的角度，将对方的负向情绪转化为正向情绪，将消极行为转化为积极行为，这就是焦点解决短程治疗技术的核心策略。

相关链接

焦点解决短程治疗技术的基本理念

在团队沟通中，要注意理解和运用焦点解决短程治疗技术的一些基本理念。

1.一般化处理

很多人在沟通时有情绪性反应，主要是因为他们认为自己的遭遇是特殊的、不公平的。而作为沟通的引导者，就要通过例证说明他的遭遇很多人都会遇到，他并不是孤独的，而这些人现在都已经顺利解决了这些问题，这样就会让沟通的对象意识到自己遇到的问题只是常见的暂时性困难，不是无法控制的、极端的情况，届时就可以降低沟通对象的挫败感和恐惧感，帮助他们认识自己的困难，接受目前的处境，平复不良的情绪，举例如下。

员工小张："我在工作中遇到挫折的时候，都会有无助的感觉，面对工作中的问题，我总是个失败者，我觉得很难坚持下去……"

管理者："其实当我们遇到工作中的困难时，都容易产生无助的感觉，这是正常的表现。只是有的人感受深一些，有的人感受浅一些。大家内心受到的煎熬都是差不多的。"

2.例外询问与情绪转化

例外询问的沟通方法，就是了解员工在工作中是否以往遇到过类似的情况，当时解决问题的方法和利用的资源是什么？焦点解决短程治疗技术认为"凡事都有例外"，这些例外的情况恰恰能带来解决问题的办法。在面对工作和生活中的问题时，很多员工往往会感到茫然失措，沉浸在当前的焦虑和压力中，却忘记了自己曾经具有解决类似问题的能力与办法。这时作为管理者就要运用“例外询问”的问句，引导出员工潜在的能力与资源，让其自己找到解决问题的办法。当然此时管理者也可以给予相应的帮助，但解铃往往还需要靠系铃人。如果员工自己就能够解决问题，那么他们就能找到最好的解决办法，举例如下。

员工小张：“我现在见到公司的财务总监就感到很紧张，可能是受我之前犯的那次错误的影响。我知道他其实并没有那么凶，但是我很怕在领导面前说错话，这影响了我的工作表现。”

管理者：“在什么时候你遇到他，你并不会像现在这样紧张？”

员工小张：“在公司开集体大会的时候，我在台下看到他，觉得还是很慈祥的。”

管理者：“那就好！在这个时候为什么你看到他不会感到紧张？”

员工小张：“因为我觉得他也是一个普通人，心地也挺善良的。”

3. 构建解决方案的假设

有时候员工确实没有以往解决问题的经验，管理者就要帮助他设想解决问题后的样子，这就是在创建一个“假设解决方案”。这种方法能够拓展员工的视野，让员工从“问题很难解决”的困境中找出新的线索，进而创造出有效的解决办法。在这个阶段，焦点解决短程治疗技术常采用的问句包括：奇迹问句、初始改变迹象问句。作为管理者，也应当与员工一起探讨解决问题的办法，加入管理者拥有的资源，提供技术和经验方面的帮助，这能让员工更快地脱离困境，树立解决问题的信心，举例如下。

员工小张：“我在以前的工作中从来没有接受过这样的一个任务，也从来没有想到会去完成这样的任务。我现在真的不知道该怎么办？如果失败了会怎样？”

管理者：“如果现在发生了奇迹，你的工作任务已经完成了，你觉得你最有可能在哪些方面做出改变？你的改变会是什么？”

4. 促发行动

通过管理者的有效引导，员工已经逐渐摆脱了负面情绪，并逐渐建立起解决问题的信心。但沟通是否真的有效，还需要依靠员工的行动来检验。这时管理者可与员工共同讨论，如何将成功经验应用到当前的任务中，并让员工整理一下思路，下次继续讨论解决问题的办法，或者让员工立即开始行动起来，运用刚才讨论到的解决问题的有效办法。这时候管理者可以较多地使用“现在、现阶段、目前”等表明当下情境的词汇，举例如下。

管理者：“你现在可以稍微休息一晚，在放松的时候也想想解决问题的办法，然后从收集信息和资料开始，立即行动起来！有新的问题还可以来找我。”

三、建构性思维

焦点解决短程治疗技术认为，问题不一定能够被解决，但仍可以尝试建构新的解决问题之道。任何负面问题的发生，不一定直接带来负面的结果，事情并没有绝对的因果论。因此可以尝试用新的视角看待已经发生的问题，试图从已经发生的问题背后，看到积极的因素，这将可以点燃我们解决问题的希望，并触发我们行动的决心。

接下来逐一介绍建构性思维的四种方法。

1. 从负向目标中构建

从对方话语中的负向目标重新构建，关注对方意识深处或潜意识中的潜在目标。任何抱怨话语的背后，都隐藏着抱怨人积极的心理期待，这有待我们发掘出来。

“我们经理的意见变化太快了，今天是这个意思，明天又是那个意思，叫我们下面做事的人怎么办？”

对此，我们可以这样重新构建，来安抚与引导说话者。

“看得出来，你非常希望可以尽快地获得工作指导意见，以便更快、更好地完成工作。”

“这帮‘90后’员工一点儿苦都不愿意吃，一加班就闹情绪，更加批评不得，还说我不近人情！”

对此，我们可以这样重新构建，来安抚与引导说话者。

“大家都很清楚，你是一位很敬业的主管，你希望这些年轻的员工能够有很好的工作状态和抗压能力，能够为团队带来成绩和荣誉。”

“新买来的设备一点儿都不好用，还不如以前的方便，学习起来也很麻烦。”

对此，我们可以这样重新构建，来安抚与引导说话者。

“你喜欢采用更高效率的设备，这样可以更好地完成工作。那让我们来看看，新的设备是否也能够满足你的工作目标？”

可见，从负向目标中重新构建，一般采用这样的话语。

“我非常理解，你其实很希望……”

“我们都知道你一直是（平和的赞美）……”

“从你的谈话中，我听到你具有非常希望改善……的强烈愿望。”

2. 从负向情绪中构建

从对方说话时的负向情绪中，发现对方的在意之处，并从中找到积极的意义和目标。

“那件事情发生以后，我就感到在这里工作没有什么意思了。”

对此，我们可以这样重新构建，来安抚与引导说话者。

“看得出来，你想找到有效的方法来消除那件事情的负面影响。”

“我觉得目前的工作没有什么发展机会，而且很枯燥，我感到很倦怠。”

对此，我们可以这样重新构建，来安抚与引导说话者。

“你想找个更有兴趣、更有挑战的工作，让自己有更好的工作状态。对吗？”

可见，从负向的情绪中重新构建，一般采用这样的话语。

“你想更好地解决……问题。”

“你有更积极的目标来……”

3.从过去的成功经验中构建

从对方谈话的内容中找到过去成功的经验，并积极地引导出来，关注对方的优点，找到行动的方向。

“我们在招聘的时候看到他在以前的公司表现不错，但他来到我们部门工作以后，表现就非常糟糕。”

对此，我们可以这样重新构建，来安抚与引导说话者。

“他在以前的公司表现不错，一定有它的背景和原因，这些是什么原因呢？”

“新来的上司脾气真不好，经常无缘无故地批评我们，很不近人情！”

对此，我们可以这样重新构建，来安抚与引导说话者。

“遇到一个脾气不太好的上司，真是一件难办的事情。可是你还是与他一起共事这么长时间，你完成了不少任务，结果还不错，你是怎么做到的？”

4.从重要关系人中构建

从说话者的重要关系人中，找到对方的社会支持力量，以帮助他发现解决问题的新角度。

“我的上司总是跟我过不去，说我的工作表现不好，我也不知道哪里不好？”

对此，我们可以这样重新构建，来安抚与引导说话者。

“在你过去的工作经历中，如果遇到困难和低潮，一般是谁最能够帮到你？”

“我现在的处境很尴尬，新来的经理好像不喜欢我，同事们对我也不好，我很想离开这里。”

对此，我们可以这样重新构建，来安抚与引导说话者。

“如果你最好的朋友知道你现在的困境，会给你什么样的建议呢？”

“如果你现在回到家，你的太太会怎样安慰你呢？”

从以上话语示例中可以看出，构建解决之道的谈话方式能够做到有效地接纳问题，正视问题的存在，并不急于立即解决问题，而是将观察问题的视角转向问题的正向功能，引导对方寻求更好的解决问题的角度和方法，取代对问题本身的反复纠缠，保证其有正向的期待，这才是解决问题的关键。

在团队管理中，我们应当强化这种解决问题的理念，避免和减少团队内部的冲突，将团队成员的关注点导向未来和解决问题的轨道上，我们就有了更好的心与心沟通的基础。

四、焦点解决“七步谈话法”

依据焦点解决短程治疗技术及其咨询方式的理念，解决工作场所中的问题，需要把追求问题的原因当作解决问题的前提，并要将管理者和员工的关注点定位到立即解决问题的路径上，这有助于避免在情况不明时讨论原因、追究责任、引发冲突，能够节省讨论问题的时间，加强管理者与员工之间的合作，树立共同的目标，建立协作同盟的关系，这些对后续问题解决大有助益。

将焦点解决短程治疗技术（以下也称之为“焦点解决咨询技术”）的沟通哲学运用到团队沟通、组织谈判、冲突处理等情境，可以归纳出下图所示的三个阶段的焦点解决“七步谈话法”。

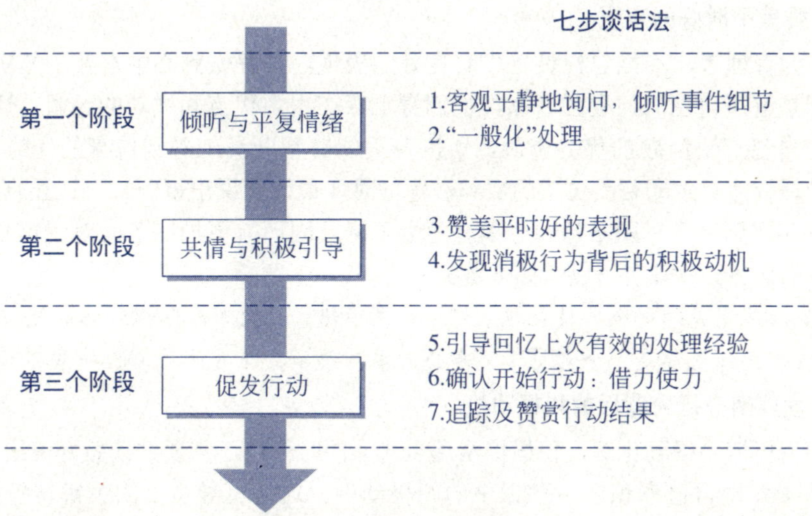

焦点解决“七步谈话法”

1.客观平静地询问，倾听事件细节

在上下级沟通开始之初，员工往往带有不良或防备的情绪，例如犯了错误准备接受批评，或等待管理者布置挑战性的任务。这时员工往往会表现出担忧、紧张、防备、自责的情绪。所以，如何让员工感到放松，帮助员工进行积极的情绪转化，是重要的开场原则。管理者应当通过耐心、热情和智慧的倾听，去听取员工希望表达的信息和诉求，帮助双方增进了解和认识，让员工感到安心。

在这个阶段，平复员工的不良情绪，帮助员工放松心态，以及倾听和了解事情的经过是最重要的。这时管理者可以说：

“我理解你的处境和考虑。”

“我非常理解你的感受，无论谁遇到这种情况心里都不好受。”

“我理解你的压力，无论谁遇到这样的人都会感到有些紧张。”

2.“一般化”处理

在初步的沟通和倾听阶段，如果员工在接受工作任务时做出推脱或辩解的行为，就要注意员工是否有所顾虑或紧张；如果员工在接受批评时，表现出焦虑或不安的状态，管理者就要有意识地主动做“一般化”处理，通过一些例证来说明他遇到的问题和处境并不是孤例，而绝大多数人都能够走出困境。管理者可以这样说：

“看起来你希望自己的努力能够得到赞赏，而不是批评。你为工作付出了很大的努力，而领导对你有所挑剔，无论谁遇到这种事都会觉得不舒服。”

“对，大部分人在这种情况下，都会做出与你一样的选择。”

“是的，我理解你这样考虑和选择的原因。”

3.赞美平时好的表现

作为管理者，不能忽视员工平时良好的表现，最好做到心中有数。其实每个员工都是解决自己的问题的专家，他们身上存在很多优点和成功的经验，这是帮助他们自己解决问题的优势资源，所以赞美能够帮助员工看到自身的优势所在。如果管理者能够主动赞美员工的成绩和优势时（最好能说出事例），员工的自尊感可以立即得到提升，困难感和恐惧感随之下降，因而就更加愿意面对困难和接受挑战性的任务。管理者可以做如下赞美：

“你以前完成的那个项目表现很好，结果不错，让大家都认识到你的能力。”

“我们都知道你是一个老员工，来公司很多年了，与其他员工的关系都不错。”

4.发现消极行为背后的积极动机

当消极情绪得到化解，积极情绪逐步建立的时候，还需要继续做好情绪转化，帮助员工发现自己意识或潜意识中的积极动机。这是引导员工的关键转折阶段，需要对员工的行为动机进行重构。要让员工意识到，他们的抱怨和紧张等“在意”之处，也是他们在潜意识中看重的地方，在此可以引导出员工的积极动机。管理者可以做如下引导：

“我知道你们两位同事的出发点很好，都想把工作做好。现在的问题主要是视角的不同，大家只有工作上的矛盾，没有其他的矛盾。”

“我知道你对自己要求很高，对下属的期待也比较高。你非常看重这份工作，而且你想当一个好的经理。”

5.引导回忆上次有效的处理经验

针对团队管理中的不同问题，管理者可能会面对不同员工的多样需求。有的员工只是期望得到上级的肯定，有的则希望上级给予一定的指导，还有的是关注个人能力的提高和发展的机会，或者是人际关系的现实冲突。这些不同来源的问题，过于复杂而且微妙，如果都由管理者自身直接提出解决方案，可能并不能满足员工当下的需要。所以比较巧妙的方法是做一面员工的“镜子”，帮助员工将改变的途径聚焦于员工自己以往应对问题时的成功经验上，发掘出自身的闪光点。管理者可以通过倾听、归纳与分析，找到适合员工解决问题的经验和方法。管理者可以这样说：

“我很想知道，以前在部门人数很少、工作压力很大的情况下，你是如何保持好工作状态的？你是如何激励自己的？”

“我很想知道，你以前是怎样又快又好地处理好类似问题的？”

“你以前解决此类问题的经验是怎样的？如果现在继续采用这些经验，还需要什么帮助吗？”

6.确认开始行动：借力使力

当员工在管理者的帮助下，发现解决问题的希望后，管理者就要积极促发员工做出一小步的改变。行动不一定马上看到结果，但不行动一定没有结果。在化解了员工的情绪之后，员工通过自身积极、理性的思考，已经发现了解决问题的目标和方向，明确了自己的优势和着力点，获得了以往解决同类问题的经验和信心。接下来，管理者要做的最重要工作，就是要触动员工做出这一小步的改变，这也是管理执行力的体现。管理者可以这样说：

“如果现在让你按照以往的经验和方法去做，有困难吗？”

“你认为现在马上做什么你就能立即改变现状？”

“如果你希望达到的理想状态是10分的话，那么你认为现在属于几分的位置？下一步可以采取的加分动作是什么？”

7.追踪及赞赏行动结果

焦点解决咨询技术提倡“滚雪球”的原理，让一步一步小的行动和改变带来大的进步。当员工逐步开始行动后，对员工做出积极的赞赏和鼓励，是一种正向强化，能够促进员工解决问题的信心，增强良好的自我感受，从而催生出更多的进步和改变。在最后这一阶段，管理者可以这样说：

“我看到你近段时间的工作很有起色，你的思路越来越清晰了！”

“你现在能够主动去和同事讨论解决问题，这是一个很好的开始。”

“有客户向我反馈说，你现在的工作很热情，也很细致，为顾客考虑很周到。这是一个很不错的局面！”

通过以上焦点解决咨询技术的“七步谈话法”，管理者能够解决大多数团队管理中的绩效沟通问题、工作安排问题、冲突处理问题，所以这是一种非常有效的谈话哲学，在很多职场情境中，甚至可能是“万能”的。管理者运用这种沟通技术时，既能帮助员工解决问题、成就自我，又能够让管理者自己在这种积极的沟通中，获得管理方式的信心和能量。在大量的理论研究和团队管理实践中都证明，基于焦点解决短程治疗技术的沟通，真正是一套能够直达人心、征服人心的奇妙语言。它也证明了心理沟通的强大力量！

案例赏析

焦点解决沟通技术在古代的运用——触龙说赵太后

战国时期，赵国的太后刚刚执政，秦国趁机攻打赵国，形势非常危急。赵国向盟友齐国求救，齐国答应出兵支援，但有个条件，就是要求长安君到齐国做人质。长安君是赵太后最疼爱的小儿子，做人质要寄人篱下，在那个动荡战乱的年代，人质的性命常常很难保证。所以对于齐国的要求，赵太后断然拒绝。

赵国的大臣们都十分着急，纷纷劝说太后答应齐国的条件，太后非常生气，宣下旨意："谁再来劝我让长安君去做齐国的人质，我就啐他一脸。"大家一看，都不敢再开口了。

秦国的进攻日益加紧，赵国安全危在旦夕，老臣左帅触龙看在眼里，十分忧虑，决定冒险再劝一次太后。太后听说后，怒气冲冲地在大殿等他。

触龙故意小步缓慢地走上殿堂，先谢罪说："老臣的脚有毛病，不能快走，非常失礼。很久没有来拜见太后您了，担心您的身体，今天特来问候！"

看到触龙老态龙钟的样子，太后不忍苦着脸，接着感慨道："我现在进出也要靠车子才行了，我们都老喽！"

"那吃饭还好吗？"触龙很关切地问。

"只能喝些稀粥，成天这么多的烦心事，哪里有胃口啊！"

"我的胃口也不好，但我还坚持散散步，每天走二三里路，增加点食欲。"

"唉，我可做不到。"太后叹了口气，脸色好多了，先前的怒气基本看不到了。

这时触龙用恳求的语调说："太后，老臣有个儿子叫舒祺，排行最小；不成材，但老臣很喜欢他，老臣想请求您让他当一名侍卫，也算为国家出些力。"

"好啊，他几岁啦？"

"15岁，虽然还不大，但我想趁我活着的时候先安排好。"

"哈哈，原来男人也疼爱自己的小儿子。"太后笑了。

"当然，我喜欢这个小儿子比他妈妈还多呢。没办法，天下父母心嘛！"

太后很开心，谈话的气氛越发缓和了。

这时，触龙趁机说："老臣认为太后疼爱女儿燕后比长安君要多。"

"这怎么可能？"太后睁大了眼睛。

触龙很感慨地说："父母疼爱儿女，总是替他们做长远的打算。当年你送燕后远嫁外地，她也哭个不停，不愿意远离家乡；出嫁后，您非常想念她，但每次祭祀时总是祈祷她不要回国，好好当她的王后。这不是替她做长远打算，让她的子孙世代继承王位吗？”

“是啊！”太后点头说。

触龙进一步说：“您想过没有，三代以前，甚至赵国的开国重臣，现在子还封侯的还有吗？”

“没有了。”太后想了一下说。

“是那些封侯人的子孙都不好吗？没有能力吗？不是的。关键是他们没有功劳。没有功绩却享受很高的俸禄，有很高的地位，时间长了就难服众啦。现在你宠爱长安君，可以提高他的地位，赐予他土地与财宝，可你不让他为国立功，您百年之后，长安君凭什么服众呢？所以我认为您没有替长安君长远打算，说您对他的爱不如对燕后的爱。”一席话，让赵太后醒悟了，她改变了想法，同意长安君到齐国为人质，让他为解决赵国的危机出力。

齐国很快出兵，击退了秦军，赵国转危为安。

【点评】

这是一篇高中语文课文引用的名著，出自《战国策》（记述战国时期纵横家的政治主张和言行策略）。借鉴焦点解决咨询技术的沟通过程，可以看出这段精彩的对话包括三个阶段。

1.倾听与平复情绪

触龙先用道歉，后用“脚有毛病”“饮食”“保养身体”等拉家常的话题逐渐化解了太后的防御意识，并且不断地观察和倾听太后话语背后的意思，寻找切入点。

2.共情与积极引导

触龙通过为犬子舒祺谋职，引出“父母爱子女”的共同感情，做“一般化”处理，并发现了太后消极行为背后的积极动机。而且让太后主动说出“女人爱得特别厉害”。随后，开始引导，“父母爱子女，就要为他们考虑得长远些”，并借助过去的经验：“诸侯国子孙被封侯的，其继承人有在侯位的吗？”最后证明为国家立功才是子孙得以封侯的关键。情理至深，无法撼动。

3.促发行动

说反语借力使力，指出“太后为长安君考虑得太短浅，所以认为您（对长安君）的爱不如燕后。”最后引得太后认同地说“任凭您怎样支使他吧！”——触龙的沟通目标顺利实现。

可见，两千多年前战国时代大臣的游说方法，与从国外舶来的焦点解决咨询沟通技术异曲同工，似乎一脉相承。

第五节　催眠式沟通

在以往的管理沟通中，你是否遇到过下面的情形？

（1）约好员工来谈话，却不知如何顺利开场？

（2）开口之后，却不知怎么引起员工的注意？

（3）不知道怎样建立双方的信赖感？

（4）你是否希望，让员工很快地开始聆听你的谈话？

（5）如何引起员工愿意与你沟通的愿望？

（6）如何让员工听得懂你的意思，并能够听得进去、行动得起来？

在第二章讲述建立团队愿景的方法时，我们详细介绍了潜意识开发和催眠术的原理及内容。如果将潜意识的自我暗示或自我催眠术运用的对象，由自己转变为他人，就能够像催眠师一样，对其他人产生强大的心理影响力。通过含有催眠技术的谈话方式，管理者能够大大增强日常沟通时的效力和说服力，让员工更容易被暗示和影响，以帮助管理者的工作思维顺利地渗透到员工头脑中，从而提高员工对工作任务的理解力和执行力。

一、什么是催眠式沟通

管理沟通中的催眠，是指通过一定的语言表达方式，促成对方对我们某种诉求的深层次认同，其关键是要营造舒适的心理氛围。我们在电视上看到的催眠一般都是表演式催眠，目的只是为了向观众证明，人类的潜意识具有强大的能力！而催眠式沟通是通过交谈使对方进入一种放松且容易接受催眠沟通发起者影响的状态。当然，催眠式沟通不是让对方进入睡眠状态，也不像心理咨询中的专业催眠，而是让对方进入一种仍然保持清醒但注意力更为集中，且更容易接受观点的状态。对于催眠沟通发起者，他的语言和说辞会更有吸引力及推动力。

在催眠式沟通中，措辞和语言是暗示内容的核心。做一名试图影响他人的管理者，你要懂得如何提高自己语言的魅力和影响力，通过深沉而有磁性的发音，以及温和而执着的人格魅力，就能够发挥出语言暗示的影响力。

相关链接

工作和生活中的催眠

在某牛奶产品的电视广告中，我们能看到这样一出场景：清澈的蓝天、温暖的阳光、干净的草地、壮实的奶牛，当然还有温馨的音乐作为背景——这些形象和音乐的组合，共同揭示了该款牛奶产品的高品质：天然、纯正、健康。短短十几秒，让观众对那淳朴而美丽的自然世界充满想象，从而将美好的感觉迁移到牛奶产品上，大大提升了品牌印象和品质好感！

服装也可以改善对方对你的看法和印象，如果将这种认识作用进一步加深，例如在职场上是西装革履形象，在酒吧中则是浪漫休闲装束，就会给不同场合中的交往对象留下良好印象，并产生潜在的好感——这就是认真着装时想要的结果了。

我们在电子游戏厅玩驾驶摩托的模拟游戏时，时而飞奔，时而漂移，身体左摇右晃，似乎正在驾驶一辆飞奔的摩托车——这个状态也近似处于中等程度的催眠中。

在上班小憩时，你做起了白日梦：想象着即将到来的年假，带着女朋友畅游美丽的海岛，享受着美味的烛光晚餐，听着轻盈动人的音乐——这时的你也处于一定程度的催眠状态中。

其实在生活中，当我们凝视入神、深入思考问题、聚精会神地听一段音乐、回忆一段家庭往事时，我们都可能进入深浅不同的催眠状态中。所以从这个角度理解的催眠，是广义的催眠。这时我们的意识比较疲惫或放松，前意识逐渐失去了警惕性，潜意识就从深处逐渐涌上来，让我们进入一种冥想而放松的状态。这种状态可以被定义为催眠状态。

二、催眠式沟通的普适性

无论你是否受过专业的催眠训练，你每天都可能在催眠。无论你是否有意识地使用催眠式沟通，你可能每天都在运用催眠式沟通。这是催眠和催眠式沟通的普适性。

比如，公司新来了一位漂亮的女同事，你看见她时总觉得很舒服、很养眼。你在心里对自己说："她一定很可爱，一定很温柔、很善良，我一定要找机会跟她说话。"当你这么对自己说时，可能对她过誉了，因为你并不知道她的真实为人。但通过这样一段与自己的对话，你就与自己的潜意识产生了连接，并对潜意识做出了积极暗示——这就可能在做自我催眠了。下次当你遇到这位美丽的女士时，你首先会表现出善意、亲切的举止，并影响到对方，因此她的反应真的可能如你所愿——表现得可爱、温柔而善良。

当你对自己自言自语时，可能就在给自己进行暗示，并有意无意地影响和改变了自己的潜意识，也包括其他人的意识——这可能就是做了一次催眠或自我催眠。

又比如，在很多场合我们都会有意无意地把自己的想法推销给别人。中午大家都在选择订哪一家饭店的快餐时，你也许会说："对面街上的猪蹄饭很好吃，那里做得既干净，又很美味，还能吃得饱饱的，不如我们一起去那边吃吧！"——这句话，本质上也是一个催眠，因为你在引发别人与你一起想象一个场景、一次美食，并进入一定程度的注意力集中状态。同时这也是一次沟通，一次推销，更加是一次暗示。你把你的想法，用充满感情的描述包装起来（当然你自己也是高度认同的），推销给别人，让他们受到了你的影响。

你看，这是不是很神奇？我们虽然没有意识到，但我们已经在做了，我们都可能是一个生活中的"催眠大师"。既然催眠与我们的工作和生活如此密切，我们不如好好地学习它、运用它，让它发挥出更好的作用。

管理沟通中的催眠式谈话，可以让员工进入一种注意力高度集中且兴奋积极的心智状态。管理者通过催眠式语言的力量，可以让员工迫不及待地接受暗示，让他们坚定工作的信心，提高解决问题的行动力。同时这也有助于培养管理者和员工之间的信任和情感联系，建立共识，创造双赢的工作局面。

三、催眠式沟通的运用

在管理沟通过程中，管理者可以通过暗示和催眠的方法来不断激发员工的想象力及行动力，同时要注意运用下图所示的四方面的力量。

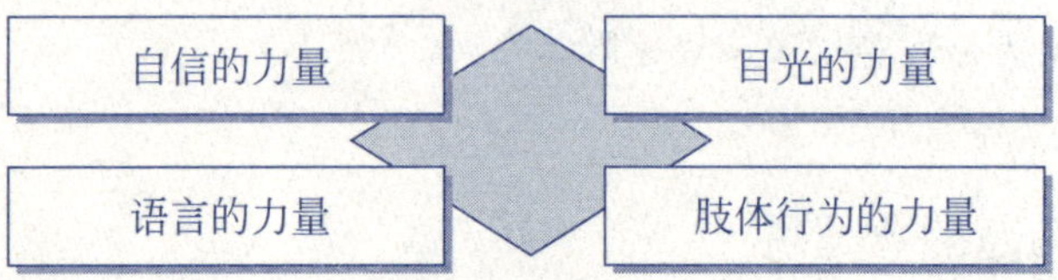

催眠式沟通的运用

1. 自信的力量

自己要完全相信，话语要充满自信。员工的潜意识将会接受强大的心灵暗示，毫不迟疑地接受你的指令。

2. 语言的力量

使用清晰、深沉、磁性的语言。对人们的潜意识而言，低沉的声音更容易被潜意识听到和吸收。

3. 目光的力量

放松、专注地凝视对方，用温和而自信的眼神进行交流。对员工而言，他们可以在管理者自信的眼神中找到力量。

4. 肢体行为的力量

肢体语言在人际交往中具有非常重要的作用，通过你的肢体语言，对方可以感受到你的情绪和心理状态。而你通过调整自己的肢体语言，让你的动作与对方的身体位置、手势、表情反应保持同步和一致，可以让对方的潜意识更好地接受与认可你。

接下来，我们以管理者与员工的一次谈话——“布置挑战性工作任务”为例，来介绍一下催眠式沟通的过程。

步骤一：快速地吸引员工的注意与参与，从对方的立场和情况出发，有针对性地开始话题，并以员工关心的问题为切入点，建立良好的亲和力。

“以前看你在公司工作没有觉得你很特别，经过一段时间工作的了解，没想到你这么有想法，这么有执行力，真是不错！”

“这个任务符合你的优势和喜好，对你是一次挑战，更加是一次发展机会。”

步骤二：描绘对方心中的梦想，通过良好语言的铺垫，为他创造一个舒适的心理环境，并且不断放大他的梦想，直到将他的注意力吸引到你的话题上。

“任务完成之后，你的组织能力和管理能力会有很大提高，你会进入一个新的能力高度。你将会成为公司一名优秀员工！”

步骤三：让对方放松后，再积极地发出催眠暗示，并巧妙地给他描绘将来可能获得的发展和收益，让这幅美好的图景对他产生强大的吸引力。

“完成这个任务后，你距离先进员工的标准更近了。你以后的发展将会更顺利！”

“你知道我们公司有多少个员工在接受有挑战性的任务后，获得了一次晋升吗？”

步骤四：促发行动。

“你看现在马上开始，还是明天开始行动？！”（适当闭嘴和停顿，观察下一步反应）

场景沙盘

1. 员工工作犯低级错误，该如何说？

最近客户服务部负责接听客服热线的员工小张连续出了几单工作错误，要么录入客户资料时弄错对象，要么直接填错了客户资料，显然是态度或情绪不好造成的低级错误。客户服务部主管张 × 觉得必须找小张谈一下，帮助他改善工作方法或情绪方面的问题，不能让班组或整个客户服务部处于被客户投诉的风险中。那么，张 × 找小张谈话时，该如何说呢？（多选）

【选项】

A. 你最近出现什么状况了？怎么这么简单的问题都会犯错？

B. 你这种做法是不对的！

C. 你这样做已经表现很好了，如果修改成这样会表现得更好！

D. 你最近的工作是不是太累了？需不需要找个时间休息一下？

【最佳选择】

C、D

【解读】

主管在帮助员工发现工作错误时，总是喜欢抱着一种治病救人的心态，本能地去指责对方，而且希望通过一次谈话就能够彻底解决问题，结果说话方式比较生硬，给出的建议比较直接，当然沟通的效果就非常不好，无法实现帮助员工改善自我行为的目的。因此，管理者在与员工谈话时，要注意运用正能量谈话话术，基于心理咨询技术中运用的焦点解决谈话步骤，通过积极建构–积极引导–鼓励发生改变的过程，激发员工内在的改善动力，才会取得良好的沟通效果。

员工犯的低级错误，作为主管即使很恼火，也要按捺住自己的情绪，因为你要明白，控制情绪比随意发火，更能有效解决问题。然后再将沟通的重点放在积极关注和赋能方面。比较好的正能量沟通话术如下所示。

（1）“你的工作表现一直以来都得到领导和同事们的认可，甚至还有其他部门领导在我面前夸你。我想最近你是不是工作太累了？要不要申请调休一下？等你放松回来，我会把一些我们部门重要的工作交给你，因为我很相信你，相信你会做得很好；这对你今后的发展也是非常有帮助的！”

（2）“小张，我们一起来看一下这份报表，你在用自己的方法完成工作的时候，已经表现得越来越好了！这些地方做的都挺不错！有很大的进步！以后再处理这种类型数据的时候，可以多用你的方法检查几次，报表就会更加漂亮！加油！”

（3）你现在做的挺不错，如果修改成这样会表现地更好！

（4）你现在做的挺不错，你是怎么做到的？如果这样继续做下去，稍微改进一点儿，相信你会做得更好！

（5）不管你现在遇到什么样的问题，你在公司里都是一位好员工，大家一直都很看好你！

（6）关于这项工作你还有其他思路吗？能告诉我你的想法吗？我该如何更好地支持你完成工作，你有什么建议吗？

2. 员工工作指标未完成，该如何说？

客户服务部负责接听客服热线的员工小刘来到公司工作有半年时间，任务指标一直完成不了，与其他同事相比还有一定距离。最近小刘也显得比较灰心，工作时的情绪不太好，也很少与其他同事说话。客户服务部主管张 × 觉得有必要找小刘谈一下，以帮助他提高工作指标。那么，张 × 找小刘谈话时，该如何说呢？（单选）

【选项】

A. 你的工作指标完成得很不好，比我们团队其他人都要低很多，你知道问题出在哪里吗？

B. 看得出你一直很努力，你做了很多事情，做得很不错，但为什么最近几个月都不能提高指标呢?

C. 你的工作指标完成得很不好，比我们团队其他人都要低很多，人家能做到，为什么你不能做到?

D. 虽然跟其他同事不完全一样，但我相信只要你继续努力，就一定能够做得很好!

【最佳选择】

D

【解读】

面对问题的第一反应，很多主管的负能量说话方式是："你的工作指标完成得很不好，比我们团队的其他人都要低很多，人家能做到，为什么你不能做到?"

而真正有效的说话方式是，继续使用基于积极建构思想的正能量沟通话术。

(1)"看得出你一直很努力，你做了很多事情，做得很不错。虽然与其他同事不完全一样，但我相信只要你继续努力，就一定能够做得很好!"

(2)"你现在工作不能顺利完成的原因是什么？你以前能够做好这项工作的方法是什么？需要我们大家提供什么样的帮助?"

(3)最近你的工作指标不断上升，虽然还没有达标，但每天都在一点点进步，真为你高兴!你是怎么让自己做得越来越好的？再努力一下你就达标了，加油!

负能量沟通话术只在意用证伪的方式，只注意事实依据，忽视员工的情绪感受。表达主管的否定态度，而且带有否定的情绪，显得强势而又无法辩解，所以员工很容易陷入负面情绪中。

正能量沟通话术强调肯定对方的努力和想法，帮助他总结经验，并且站在对方的角度，理解和发现员工产生这种想法和做法的原因，看到他行为积极的一面；然后做出积极引导，赋予员工心中积极的工作能量，建立正面的情绪，用积极的态度去解决问题，实现更好的工作成果。